中国图书馆学会
成立 40 周年纪念文集

中国图书馆学会　编

国家图书馆出版社

图书在版编目(CIP)数据

中国图书馆学会成立40周年纪念文集/中国图书馆学会编. —北京：国家图书馆出版社,2019.8

ISBN 978-7-5013-6808-2

Ⅰ.①中… Ⅱ.①中… Ⅲ.①图书馆学—学术会议—文集 Ⅳ.①G250-53

中国版本图书馆CIP数据核字(2019)第137969号

书　　名	中国图书馆学会成立40周年纪念文集
著　　者	中国图书馆学会　编
责任编辑	唐　澈　高　爽　张　颀　王炳乾
封面设计	耕者设计工作室

出版发行	国家图书馆出版社(北京市西城区文津街7号　100034) (原书目文献出版社　北京图书馆出版社) 010-66114536　63802249　nlcpress@nlc.cn(邮购)
网　　址	http://www.nlcpress.com
排　　版	凡华(北京)文化传播有限公司
印　　装	北京鲁汇荣彩印刷有限公司
版次印次	2019年8月第1版　2019年8月第1次印刷

开　　本	710×1000(毫米)　1/16
印　　张	16.5
字　　数	254千字
书　　号	ISBN 978-7-5013-6808-2
定　　价	78.00元

序　言

作为我国图书馆界全国性、学术性、非营利性的社会组织，中国图书馆学会长期以来密切联系广大会员和图书馆工作者，着力在学术建设、科普阅读、决策咨询、行业协调和对外交流等方面发挥积极作用，不断推动图书馆学科和事业发展，促进全民阅读，成为党和政府联系图书馆工作者的桥梁和纽带以及发展我国图书馆事业的重要社会力量。

中国图书馆学会历史底蕴深厚，前身是成立于1925年的中华图书馆协会。中华图书馆协会是国内第一个全国性的现代图书馆专业学术团体，宗旨是“研究图书馆学术，发展图书馆事业，并谋图书馆之协助”。1927年，中华图书馆协会与美国、英国等14个国家的图书馆协会共同发起成立了国际图书馆协会与机构联合会（简称“国际图联”）。中华图书馆协会对推动中国图书馆事业发展及学术进步等发挥了重要作用。

中华人民共和国成立后，我国图书馆界一直谋划建立全国性的学术和行业组织。1979年7月，中国图书馆学会成立大会在山西省太原市举行，我国图书馆人多年的夙愿得以实现。同年8月，中国图书馆学会加入中国科学技术协会。1981年5月，恢复了在国际图联的合法席位。同期，全国多数省、自治区、直辖市也纷纷筹备成立或者恢复了地方图书馆学会。我国图书馆学术和事业发展迎来了崭新的时期。

40年来，中国图书馆学会不断搭建学术交流平台，开展学科发展研究，活跃学术思想，推动图书馆学理论研究深入发展，逐步形成以中国图书馆年会为核心，以青年学术论坛、百县馆长论坛和未成年人服务论坛等品牌活动为重点，集合中国高校图书馆发展论坛、专业图书馆分会年会、医学图书馆分会年会等系列活动为一体的综合学术交流体系。积极响应国家重大发展战略，开展决策咨询服务，优化事业发展环境，推动行业“首法”——《中华人民共和国公共图书馆法》出台并予以宣传贯彻，先后参与编制《公共图书馆建设标准》《乡镇综合文化站建设标准》等多项行业标准，发布《图书馆服务宣言》《中国图书馆员职业道德准则》。有序承接文化和旅游部全国县级以上公共图书馆评估定级和全国县级图书馆馆长培训等数十个项目，策划实施全国图书馆志愿者行动、全国图书馆未成年人服务提升计划、“阅读推广人”培育行动等重点项目，并在中华古籍保护计划、数字图书馆推广工程、革命文献与民国时期文献保护计划等国家重大文化工程实施中承担了大量宣传推广任务。搭建继续教育体系，打造特色会员服务品牌，为图书馆事业发展培育和储备专业人才，引领我国图书馆事业在不同地域和不同系统实现整体协调发展。不断探索工作机制，发布年度全民阅读工作通知和全国少年儿童阅读年系列活动通知，搭建“4·23”世界读书日活动等平台，引导、协调和组织全国各级各类图书馆开展形式多样的科普和阅读推广活动，让科普阅读链接大众美好生活，开展书香城市（区县级）和书香社区发现活动，图书馆社会影响力持续扩大，文化自信得到彰显，为提高国民科学文化素质、建设文化和科技强国做出了积极贡献。同时，中国图书馆学会已与全球主要国家的学术和行业组织建立了密切的交流合作关系，成功举办了第62届国际图联大会，策划组织了中美图书馆员专业交流项目、中俄信息环境下现代数字图书馆研讨会、中英图书馆论坛等交流活动，积极为会员参加国际图联大会和美国图书馆协会年会等提供专业信息咨询和服务，推荐优秀专家学者在国际图联担任管理委员会委员和其他重要职务，不断推动我国图书馆界提高世界影响力，提升国际话语权。

40年来，中国图书馆学会先后荣获中宣部全国阅读活动先进单位、文化部创新奖、民政部4A级全国性学术社团、中国科协学会创新和服务能力提升工程优秀科技社团、世界一流学会建设项目建设学会等多项重要荣誉。中国图书馆学会党委在中国科协创建星级学会党组织评价活动中获得优秀等次，承办的“党建强会计划”重点项目被中国科协科技社团党委授予“突出贡献奖”。《中国图书馆学报》成为行业首刊，在中国社科院《中国人文社会科学期刊评价报告》中被评为顶级期刊，等等。这些重大成果和重要荣誉，既是中国图书馆学会稳步成长的表征，也是我国图书馆事业不断前进的缩影。这其中离不开中国科协、民政部、文化和旅游部等有关主管部门的大力支持，离不开历届党委和理事会的正确领导，更离不开全体会员和广大图书馆工作者以及各级图书馆学（协）会和图书馆等有关单位的长期协助，也承载着社会各界的关心和厚爱。

学会成立40周年纪念活动的主题是“中国图书馆学会成立40周年：光荣·梦想　守正·创新”，我国图书馆人围绕该主题踊跃赐稿，从不同角度、不同侧面回顾了学会40年的发展历程，深情讲述了自己与学会有关的经历和情感，也有很多关于学会工作的总结和研究及对未来发展的思考和建议。作者中既有吴慰慈先生等老一辈图书馆学家，也有吴建中、朱强、陈传夫、杨沛超、方卿、李广建、程焕文等知名的中青年专家学者，还有很多实践经验非常丰富的图书馆馆长和基层馆员。正是这一代又一代的图书馆人长期坚守、奋斗、传承和创新，铸就了具有我们这个学术共同体独特印记的无上光荣！

习近平总书记在党的十九大报告中指出，中国特色社会主义进入了新时代，这是我国发展新的历史方位。文化是一个国家、一个民族的灵魂。文化兴国运兴，文化强民族强。没有高度的文化自信，没有文化的繁荣兴盛，就没有中华民族的伟大复兴。图书馆肩负着传承文明、服务社会的重要使命，是培育和践行社会主义核心价值观、展现中华文化永久魅力和时代风采的重要阵地，在坚定文化自信、建设社会主义文化强国战略部署中发挥着重要作用。

中国图书馆学会作为长期致力于推动我国图书馆学科和事业发展的社会组织，在这个充满希望、大有作为的新时代，将以习近平新时代中国特色社会主义思想为指引，不断增强“四个意识”，坚定“四个自信”，做到“两个维护”，不忘初心，牢记使命，以学会成立40周年为契机，切实推进“五个中心”建设，努力将中国图书馆学会建成会员服务与行业发展协调中心、学科引领与事业发展研究中心、公共事务与决策咨询服务中心、全民阅读促进与专业指导中心、图书馆对外合作与文化交流中心，为推动社会主义文化繁荣兴盛、建设社会主义文化强国做出更大贡献。

中国图书馆学会理事长
国 家 图 书 馆 馆 长

目 录

坚持改革开放　努力开创学会学术研究工作新局面

——纪念中国图书馆学会成立四十周年*

吴慰慈

一、中国图书馆学会成立及其历史意义

1979年7月9日，中国图书馆学会在山西省太原市宣告成立，这是中国图书馆事业发展史上具有重要历史意义的事件，它结束了新中国成立后30年无图书馆学会的历史，使1925年成立的中华图书馆协会的学术精神和历史传统得到延续和继承；同时也是中国图书馆学会"立足全国，面向亚太，走向世界"的开始。

40年来，中国图书馆学会始终坚持正确的办会方向，按照学会章程，遵循中国科协制定的方针政策，全面推进学会的各项工作，开创了学会工作的新局面。

1980年8月，丁志刚和梁思庄两位副理事长应邀与国际图联主席和秘书长在菲律宾首都马尼拉商议恢复中国图书馆学会的国家协会会员席位问题，双方经过谈判达成了坚持"一个中国"的共识，签署了"在任何情况下，不允许出现'两个中国'或'一中一台'"为基本条件的八点协议。1981年5月，恢复了中国图书馆学会作为中华人民共和国在国际图联唯一合法代表的国家协会会员席位。这是中国图书馆学会起锚远航、走向世界，逐渐融入国际图书馆大家庭的起点。

---

* 笔者历任中国图书馆学会第五、六、七、八届学术研究委员会主任，因此本文着重介绍了这几届学术研究委员会的工作。

吴慰慈，曾任中国图书馆学会副理事长、学术研究委员会主任，现任中国图书馆学会顾问，北京大学资深教授。

1993年8月,中国图书馆学会常务理事、北京图书馆副馆长孙蓓欣当选为国际图联执行委员,成为国际图联中第一位中国执委。在此之后,吴建中、张晓林、朱强、程焕文相继在国际图联中担任这一职务,这标志着中国图书馆国际地位的提高。

1996年8月,国际图书馆协会联合会第62届大会在我国首都北京隆重召开,大会云集了来自世界90多个国家和地区的2600多名代表。代表围绕“变革的挑战:图书馆与经济发展”这一主题,交流了工作经验,研究了学术问题,分析了图书馆在各国经济和社会进步中具有的独特优势和重要作用,共同探讨图书馆迈向新世纪所面临的问题与对策。大会通过交流论文,切磋学术,参观考察,既充分展示了我国图书馆事业蓬勃发展的成就,又为我们创造了与世界各国图书馆界同行相互交流和合作的机会。国际图书馆协会联合会第62届大会在我国的成功召开,至今仍留在广大图书馆工作者的记忆之中。

学术研究工作是中国图书馆学会这个群众性学术组织所开展的各项工作中最重要的组成部分,是最能体现中国图书馆学会性质和任务的工作。在过去的40年里,在中国图书馆学会理事会的领导下,在各专业委员会及其委员们的辛勤努力下,学术研究委员会工作取得了很大的成绩,为促进我国图书馆学学术研究,繁荣我国图书馆事业做出了很大贡献。

二、中国图书馆学会学术研究委员会开展工作的指导思想

(1)坚持马列主义、毛泽东思想和邓小平理论、“三个代表”重要思想、科学发展观、习近平新时代中国特色社会主义思想在学术研究中的指导地位;坚持解放思想,实事求是,与时俱进的原则,切实贯彻“百花齐放、百家争鸣”的方针。

(2)倡导理论联系实际的学风,关注事业发展的重大现实问题。

(3)充分发挥学会学术研究委员会在引领学术方向、鼓励学术创新方面的作用,营造广阔的学术平台与和谐的学术环境,组织、协调全国

图书馆专业工作者推动和促进中国图书馆事业的发展。

三、中国图书馆学会学术研究委员会的工作目标

（1）繁荣学术研究，促进事业发展。在中国图书馆事业进一步发展的关键时期，学术研究委员会认真研究新形势下图书馆工作的规律和特点，研究社会发展对图书馆事业的新需求；密切关注、重点研究我国图书馆事业发展中的重点、难点和热点问题，关注事业发展的重大现实问题，通过严谨务实、卓有成效的学术研究成果和学术研究活动，壮大研究队伍，促进我国图书馆事业的持续、健康、协调发展，开创我国图书馆学研究的新局面。

（2）引领学术研究方向。在学术研究方向上，历届学术研究委员会倡导多样化，引领主旋律；加强对事业有全局影响的理论与实践问题的研究，弘扬主旋律；正确把握我国图书馆学学术研究的方向，密切跟踪、准确把握国际图书馆事业的发展趋势，创造国际图书馆学领域中具有中国特色的中国流派。积极探寻新的学科生长点，推动对学科前沿问题的探索性研究。

（3）组织形式多样的学术活动。学术活动是学术研究的重要载体。七届和八届学术研究委员会在理事会的领导下，学习第六届学术研究委员会的成功经验，团结和发动全国图书馆界的研究力量，进一步开展多种形式、多种层次、多种内容的学术研讨活动，进一步创新学术活动的形式，提升学术研究的层次，拓展学术交流的范围，促进学术研究水平的全面提高。

（4）加强学术道德和学风建设，营造健康、和谐的学术环境。历届学术研究委员会高度重视学术道德和学风建设，努力营造健康、和谐的学术环境。所有参与学术研究和学术活动的人员，都要坚守学术道德，遵循学术规范，杜绝弄虚作假，维护学术尊严。2005 年 11 月 8 日，中国图书馆学会第七届学术研究委员会成立，进一步强化和完善学术团体对学术成果进行科学、公正、规范的学术评价的实现方式，建立了多层次、多样式的学术表彰、奖励体系。通过规范的评价和恰当的荣誉，鼓励扎实系统的基础性研究，鼓励对国家立法和政策制定产生重要影响

的研究，鼓励在国内外学术舞台上为专业领域争得荣誉的研究，鼓励年轻一代的探索性研究。学术研究委员会对学术研究活动中的不端行为、不良风气采取旗帜鲜明的态度和必要的制约措施。对于那些低水平重复、弄虚作假、抄袭剽窃等种种不良现象和行为，采取道德的、法律的、舆论的、评价机制上的制约手段。

(5)发现和培养人才，壮大研究队伍。学术研究，人才为本。历届学术研究委员会高度重视学术研究队伍建设，努力发现和培养学术新人，使研究队伍不断发展壮大。

(6)建设公开透明、高效有序的学术研究委员会工作机制。学术研究委员会肩负着引导、组织、协调中国图书馆界学术研究活动的重任，作为一个群众性的学术团体，其自身工作和运行机制的公开透明、高效有序，是实现工作目标的重要组织保证。七届和八届学术研究委员会继承和发扬前六届学术研究委员会的好传统、好做法，调整和改革与形势发展不相适应、与会员期望尚有距离的工作方法与制度，使学术研究委员会的工作在公开透明、制度规范的轨道上运行。

四、中国图书馆学会学术研究委员会的重点工作

(1)引导、组织、协调图书馆界内开展影响事业发展全局的理论和实践问题研究，具体说，主要包括：

①县级图书馆与社区图书馆研究；

②图书馆立法研究；

③制定《公共图书馆建设标准》的基础性研究；

④中国图书馆员专业职务制度建立与实施研究；

⑤统筹区域发展中的图书馆布局研究；

⑥图书馆活动与著作权问题研究；

⑦进一步完善图书馆评估制度研究；

⑧图书馆权利研究；

⑨图书馆公共关系理论与实践研究；

⑩文献信息资源组织与共享研究；

⑪ 数字图书馆研究；

⑫ 图书馆学教育研究；

⑬ 图书馆学学科研究。

图书馆学研究以及研究成果，要立足于面向社会、影响决策，要通过深入、扎实的调查研究，全面、准确地了解当前图书馆工作面临的问题、背景、成因，掌握可靠的数据和事实，形成具有说服力的研究成果，反馈给政府有关部门，推动相关政策的调整，真正使图书馆业界的研究队伍成为各级政府制定事业发展政策的思想库和智囊团。

（2）拓展学术研究活动空间，扩大学术研究活动的国内外影响。其具体路径是：进一步拓展和密切与国内相关专业研究团体的联系，促进专业研究成果走向社会，提高图书馆学的学术地位和学术影响；与学会学术秘书处新组建的图书馆公共关系工作组密切合作，为工作组的公共关系实践提供理论、思想、方法、策略等方面的支撑，建立与国际专业组织的学术信息通报机制，为树立图书馆的良好社会形象、提高图书馆的社会认知程度贡献力量；充分发挥在国际专业组织任职的学术研究委员会委员、专业研究委员会委员的作用，加强与国际图联和其他国际相关专业组织的联系，建立通畅、规范的学术成果走向世界的渠道，为中国的图书馆学研究成果产生世界影响不懈努力。

（3）与学会秘书处密切配合，办好几个重要的专业学术会议：

- 年会

一年一度的中国图书馆年会规模大、声势大、影响大，其组织和运作已经积累了丰富的经验。今后，学术研究委员会将在创新年会的学术交流形式、提升年会的学术交流水平、完善年会征文的学术评价机制等几个方面做适当的改革和完善，以保持和提升年会的知名度、影响力。

- 新年峰会

始创于2005年初的中国图书馆学会新年峰会，以其探讨问题的前沿、与会代表的权威、学术争鸣的热烈、对年度学术研究热点的引领而称为“峰会”。学术研究委员会将和学会秘书处密切配合，努力办好一年一度的新年峰会，把新年峰会打造成探讨界内重要问题的解决方案、引领学术研究方向的精干的名牌会议。

• 青年论坛

两年一度的中国图书馆学会青年论坛，已经在发现新人、推出新人方面发挥了重要作用。学术研究委员会将继续精心设计青年论坛的学术内容，提升青年论坛的学术质量，完善青年论坛的论文评价和遴选机制，让青年论坛成为汇集中国图书馆界最具发展潜力的年轻一代的盛会，成为展现中国图书馆界年轻一代最高学术水平和研究成果的盛会。

• 中国科协年会图书馆学分会场

中国科协的年会是目前全国规模最大的多学科学术会议，也是对中国科协所属的多个协会、学会的学术水平、组织能力、影响力和凝聚力的集中检阅。2005 年，中国图书馆学会精心组织了科协年会的图书馆学分会场，取得了成功，受到了好评。实践证明，只要充分利用中国科协所提供的广阔平台，对扩大图书馆界的影响，提高图书馆界的声誉，促进图书馆学研究成果走向社会有重要作用。今后，学术研究委员会将和学会秘书处密切配合，把中国科协年会的图书馆学分会场办成向全社会、整个学术界展现图书馆界实力和风采的窗口。

五、中国图书馆学会学术研究委员会的工作成果

许多年来，在学会理事会的领导下，在学会秘书处的支持与合作下，经过全体委员的共同努力，学术研究委员会各方面的工作有开拓、有推进、有创新，比较圆满地完成了承担的任务。主要工作成果表现在：

(1)坚定不移地引导学术研究切入事业发展的重大现实性问题，在学术研究成果转化为事业发展政策、学术研究走向影响图书馆实践活动方面取得了突破。

这方面的突出事例有：

2005 年 8 月，在国家启动制定《信息网络传播权保护条例》(以下简称《条例》)的背景下，以图书馆法律与知识产权研究专业委员会为主起草的《中国图书馆学会关于网络环境下著作权问题的声明》正式发布，向全社会传达了图书馆界在信息网络传播权保护上的原则立场。

此后一年多的时间里，学术研究委员会和学会秘书处密切合作，动员、协调、组织全国图书馆界的力量，积极主动地参与了《条例》制定的全过程，改变了国家著作权立法过程中图书馆界长期缺位的局面，最终使正式颁布的《条例》多处吸收了中国图书馆学会代表图书馆界提出的意见和建议。

2005年9月，文化部委托中国图书馆学会组织力量编制《公共图书馆建设标准》，这是一项被列入《国家“十一五”时期文化发展规划纲要》的重要任务，是我国第一个规范公共图书馆建设规模和投资水平的政府规范性文件。学术研究委员会和学会秘书处密切合作，组织业内专家对10多个重要问题和核心指标进行专题研究，动员全国80多所各级公共图书馆支持实地调研，1000多所图书馆参与问卷调查，300多人次参与征求意见，经过三年多的艰苦努力，圆满完成任务。在完成编制任务的同时，学术研究委员会和学术秘书处合作，高质量地组织完成了中国科协全国学会改革创新试点项目“《公共图书馆建设标准》编制、推广及工作经验研究”。

2006年以来，学术研究委员会和学会秘书处密切配合，持续深入地开展构建公共图书馆服务体系的研究。学会专项资金资助了这方面的专题研究项目，组织调研和总结了嘉兴、苏州等地的总分馆建设模式，召开了“构建公共图书馆服务体系嘉兴高层论坛”，向文化部提交了关于构建公共图书馆服务体系的建议。

2007年，中国图书馆学会启动制定《图书馆服务宣言》的工作。以基础理论专业委员会为主，承担了《图书馆服务宣言》的起草、制定、修改任务。《图书馆服务宣言》成功地把近年来业界对现代图书馆理念的研究成果和价值认同转化为行业自律规范。

2007年底开始，接受文化部社会文化图书馆司和科技司的委托，用户研究与服务专业委员会协同参与了由上海图书馆主要负责的我国《公共图书馆服务规范》的研究与制定工作，现已基本完成。

从2008年开始，在《中华人民共和国政府信息公开条例》实施的准备期，图书馆法律与知识产权研究专业委员会对我国各级公共图书馆的政府信息服务现状以及国外公共图书馆开展政府信息服务的做法、经验进行了调研，并和欧盟“中欧信息社会”项目合作。三次召开专题研讨会，一方面向国务院法制办、国务院秘书局提出了关于公共图书馆落实《政府信息公开条例》有关规定的建议，引起了主管部门的重视，另一方面直接推动公共图书馆的政府信息服务实践。

2008 年底以来，按照文化部的部署，中国图书馆学会和国家图书馆共同牵头，组织全国 70 多位专家学者和实际工作者分 10 多个专题开展《公共图书馆法》立法支撑研究。在研究大纲的拟定、研究工作的组织、研究成果的整合审定等方面，学术研究委员会发挥了主要作用。学术研究指导实践的最佳实现方式，是把学术研究成果转化为政府的事业发展政策，学术研究委员会在这方面的成功探索，值得认真总结并继承发扬。

(2)集思广益，凝聚智慧，学术研究的预见能力和引领能力明显提升。七届学术研究委员会从成立伊始就大力倡导和推动的关注基层图书馆理论和实践的研究，引发了一场全国范围的关注县级图书馆建设的大讨论，受到了中央领导的关注，与此后中央"两办"发布的《中共中央办公厅　国务院办公厅关于进一步加强农村文化建设的意见》的精神相一致；七届学术研究委员会大力倡导和推动的现代图书馆理念研究，与《国家"十一五"时期文化发展规划纲要》、十七大报告提出的构建普遍均等、惠及全民的公共文化服务体系、保障人民群众基本文化权益和满足人民群众基本文化需求的精神相吻合。所有这些，体现了七届学术研究委员会的学术预见能力和引领能力。学术预见不会凭空产生，七届学术研究委员会积极探索集思广益、凝聚群体智慧和力量的实现方式，建立相应的工作机制，如依托新年峰会、专题研讨、工作会议等形式分析形势，探讨研究重点发展方向，这是形成正确学术预见的基础。正确的学术预见保证了学术研究的适度超前，也形成了对学术研究走向的引领。事实证明，七届学术研究委员会倡导和推动的许多研究方向和研究课题，都站在了学术发展的前沿，也都对图书馆实践产生了影响，学术研究的预见性和引领水平明显提升，驾驭学术走向的能力明显增强。

(3)为学会的重大活动提供全面的学术支撑，促进了活动内容和形式的创新。

"志愿者行动"是中国图书馆学会策划、组织的一项重要活动。2006 年到 2009 年，已经对全国 20 个省区的 2300 多名基层馆长和业务骨干进行了专业培训，学术研究委员会承担了志愿者行动的学术支撑任务，主要包括应募志愿者的遴选，培训方案的制订，志愿者的集中培训，讲授大纲的协调审定，参考资料的设计、编纂和修订。

一年一度的年会、新年峰会，两年一次的百县馆长论坛、青年论坛，是中国图书馆学会的重要大型学术活动，学术研究委员会承担了这些重大活动的学术支撑、内容设计、形式创新策划工作。

（4）专业委员会活动自觉自主，内容丰富，形式多样。专业委员会是组织和开展学术研究活动的基本单位，七届学术研究委员会期间，15个专业委员会都自觉自主地组织开展了本专业领域的学术研讨活动。在2005—2008年的中国图书馆学会年会上，11个专业委员会举办了23个分会场，119位委员参与组织，65位委员做了分会场学术报告，2000多人次的与会代表参加分会场的活动。

（5）注重学风建设，学术评价逐步走向规范化。老一辈专家学者非常关注图书馆学研究中的学风问题，他们以多种方式给学术研究委员会提出建议，呼吁加强学术道德和学术规范建设。2008年初，学术研究委员会决定以基础理论专业委员会为主，启动中国图书馆学会学术道德规范和学术行为准则的研究与制定工作，学会的专项资金对这一研究给予了资助。经过一年多的努力，研究工作已经基本结束，后续工作正在继续推进。目前，学术研究委员会承担的学术评价工作，主要是年会和一些重要学术会议的论文评审。2005年以来，学会秘书处建设和完善了网上论文评审系统，学术研究委员会的论文评审工作已经走上规范化的轨道。

综上所述，七届学术研究委员会的工作是卓有成效的，以下三点体会可以作为今后的工作参考。第一，学术研究委员会应该在学术研究中发挥引领作用。第二，学术研究对事业和学科发展的支撑，主要的体现是学术研究切入重大现实性问题，学术研究成果转化为事业发展政策，学术研究成果能够影响和指导实践。抓住影响事业发展的重大现实性问题，组织力量进行深入扎实的研究，是凝聚理论和实践的结合点，是形成学术研究委员会影响力的“抓手”，是学术研究委员会的工作重点。第三，在工作中，学术研究委员会和学会秘书处的相互配合与合作，是创新活动的内容与形式、扩大学会的社会影响、提高工作效率的组织保证，这一点，值得中国科协系统各级各类学会（协会）学术委员会借鉴。

六、中国图书馆学会学术研究委员会未来的工作规划

1. 第八届学术研究委员会的组建情况

在2009年7月于北京召开的中国图书馆学会第八届全国会员代表大会上，常务理事会任命了第八届学术研究委员会的主任、常务副主任和副主任。代表大会期间，学术研究委员会召开主任会议，决定立即启动换届工作，并形成了换届规范文件《学术研究委员会及所属专业委员会组建方案》。

这次换届的基本程序和方法是：主任会议指定专业委员会组建工作组；各专业委员会组建工作组根据《学术研究委员会及所属专业委员会组建方案》规定的原则、程序、方法提出本专业委员会委员的建议名单；主任会议对建议名单进行审核、协调、批准；任命各专业委员会的主任、副主任；拟聘委员本人所在单位确认后，学术研究委员会正式聘任。

第八届学术研究委员会由302人组成，包括主任1人，常务副主任1人，副主任7人，学术委员44人，专业委员会委员289人。委员构成体现了地域、系统、各级各类图书馆的广泛性和代表性。来自公共图书馆的委员113人，占37.4%；来自高校图书馆和高校院系的委员116人，占38.4%；来自专业图书馆的委员60人，占19.9%；来自中小学图书馆的委员4人，占1.3%。来自中西部地区的委员96人，占31.8%。在全部委员中，女性委员90人，占29.8%。少数民族委员17人，占5.6%。委员中具有正高级专业技术职称的199人，占65.9%，具有副高级专业技术职称的95人，占31.5%，二者合计，占委员总数的97.4%。委员的年龄分布是，50岁以上的102人，占33.8%；40岁以上的165人，占54.6%；30岁以上的32人，占10.6%。与七届学术研究委员会相比，本届新进入的委员147人，委员更换率为48.7%。

第八届学术研究委员会共设专业委员会19个。与七届相比，主要的变化是：新增专业委员会4个：图书馆管理研究专业委员会、图书馆社会合作研究专业委员会、图书馆员研究专业委员会、图书馆统计与评价研究专业委员会。调整结构的专业委员会1个：原少儿图书馆专业委员会调整为未成年人图书馆服务专业委员会，委员中增加了来自公

共图书馆少儿部和中小学图书馆的代表。更名的专业委员会2个:原标引与编目专业委员会更名为信息组织专业委员会,原图书馆学教育与培训专业委员会更名为图书馆学教育专业委员会。

2. 第八届学术研究委员会工作规划

①继续倡导理论联系实际的学风,继续关注事业发展的重大现实性问题,继续促进学术研究成果向事业发展政策的转化;

②瞄准事业发展的薄弱环节,以学术研究的突破带动图书馆实践的突破;

③继续做好学会重要活动的学术策划和学术支撑;

④努力提升学术研究的国际化水平;

⑤启动学术活动管理办法的制定;

⑥加强中国图书馆学会学术研究委员会与各省市图书馆学会学术研究委员会、分支机构学术研究委员会的联络、沟通、协调和合作;

⑦加强学术研究委员会自身建设。

学术研究是中国图书馆学会的核心工作之一,学术研究委员会是中国图书馆学会重要的组织机构。学术研究委员会的职责和使命是引领学术发展,促进学术交流,繁荣学术研究。进入学术研究委员会,是一份光荣,体现了对委员学术水平、学术成就的社会性认可,同时也是一份责任、一份奉献。让我们竭诚努力,不忘初心,勉尽天职,坚持改革开放,为开创我国图书馆学、图书馆事业学术研究的新局面共同奋斗!

四十春秋展风华　守正创新再起航

——贺中国图书馆学会成立四十周年

吴建中

我常跟人说，我最幸运的是这辈子选择了图书馆这一职业，最值得骄傲的是见证了图书馆事业从传统走向现代化的整个过程。如果问我，哪一个社会机构最值得铭记的话，我会毫不犹豫地选择中国图书馆学会（以下简称“中图学会”）。

中图学会是一所大学校，是一个大讲坛，更是一个大家庭，中图学会成就了千千万万像我一样忠实于这一事业的人们。我从以下三件事谈谈我与中图学会至深的缘分。

第一件事。从中图学会首届青年学术论坛谈起。我有幸参加了 2002 年 11 月 3 日在河南郑州举办的首届青年学术论坛并做演讲。会议的主题是“向国际化、知识化、网络化迈进的中国图书馆”。当时中图学会急需从年轻人中培养一批能走向世界的高端人才，从 2001 年起我在国际图联工作，因此秘书处与我联系的时候希望我能讲一讲有关国际化方面的话题，为此我选择了“图书馆走向国际化的思考”的题目。中图学会在经历了 1996 年国际图联北京年会之后，以改革开放后的新姿态登上国际图书馆舞台。“走出去”需要一批能与国际同行对话的人才，中图学会决定从年轻人抓起，我觉得这一思路是很有战略眼光的。记得会后不久我就和与会青年代表黄如花老师合作，在国际刊物上发表了一篇论文。后来青年学术论坛做出了品牌，我最近一次参与是 2017 年 10 月 11 日在武汉图书馆举行的第七届青年学术论坛，会议的主题是“转型与创新：新时代图书馆员的使命与责任”。为了开好这次会议，中图学会秘书处与我所在的学术研

吴建中，现任中国图书馆学会副理事长、学术研究委员会主任，澳门大学图书馆馆长，研究馆员，曾任上海图书馆馆长。

究委员会共同研究了一个主题架构，即“新视野·新方向；新业态·新模式；新技术·新课题；新媒体·新服务”四个层面的话题，陈传夫教授、陈力研究馆员、张晓林教授都来参与演绎。我不仅做了演讲，而且还担任评委，对青年代表的发言做了点评，记得当时我特别讲了三个珍惜：珍惜自己——青春的力量，珍惜朋友——友谊的力量，珍惜事业——图书馆的力量，希望年轻学者能刻苦奋斗，真正成为我国图书馆事业的领军人。

第二件事。中图学会力争国际图联话语权。经中图学会的推荐，我参与了国际图联管理委员会（以下简称“管委会”）委员的竞选。以前国际图联领导机构叫执行委员会，我国第一任委员是国家图书馆原副馆长孙蓓欣研究馆员，后来国际图联改组，成立第一届新的领导机构，管委会进一步突出了代表性和学术性。我成为改组后的管委会新一任中国委员。在此期间，孙副馆长一直在背后支撑和指导。尤其是力争中国话语权一事，中图学会扮演了重要且关键的角色。中图学会在争取设立中文预备会议（Chinese Caucus）和确立中文作为国际图联官方语言上做出了重要贡献。国际图联年会有预备会议机制。预备会议由一个语言群体、专业群体或国家负责。以前中国代表只能在大厅或公共场所聚会。1996 年国际图联北京大会以后，中国参会人数迅速增加，到了世纪之交已经达到两百人左右的规模。设立中文预备会议意味着国际图联还要多出一笔钱，而国际图联管委会会议经常由于经费问题争吵不休，但这不是钱的问题，我们无论如何要争取这个地位。2003 年 10 月前后，我写信给孙蓓欣副馆长，建议由中图学会写一封建议信，拿到 2003 年 12 月的管委会会议上讨论。中图学会马上给国际图联总部发了建议信。2004 年 3 月 31 日管委会会议（GB04—082）文件确定，在 2004 年 8 月布宜诺斯艾利斯年会上增加中文预备会议。文化部和中图学会很重视这次会议，行前也做了动员，要求大家都要出席。在 2004 年 8 月布宜诺斯艾利斯年会的中文预备会议上，国际图联主席、当选主席和秘书长都来祝贺，一些台湾同胞和海外华人代表也参加了中文预备会议。从那以后，每一次年会国际图联领导都会来中文预备会议致辞。

中文成为国际图联官方语言的问题也是我担任管委会委员时中图学会领导对我的要求，并提出这是我任期内一项重要任务。那时国际图联管理层都希望有一些变革，推出的不少举措都与增加发展中国家话语权有关，语言问题也提上了议事日程。当时要解决的不仅是中文，还有阿拉伯文，也就是说联合国官方语言中的这两种语言应该成为国际图联的官方语言，但又不能把联合国官方语言中没有的德文排斥出去。经过一番议论，大家比较能接受的是建立一个由英文为主，保留原有语言并增加中文和阿拉伯文的语言政策，这样既解决了政治层面的问题，又不增加经费的负担。2004年12月8日至9日的管理委员会工作会议，就当选主席亚历克斯·伯恩（Alex Byrne）博士提出的有关语言政策的议案（GB04—021R）成立了一个语言政策工作小组，我成为这个五人小组成员之一。直至2005年8月我的第二任期结束为止，小组就此展开多次讨论。2005年12月，当我看到张晓林教授给我发来的"中文已正式成为国际图联工作语言"的短信时，心情久久不能平静。从孙蓓欣副馆长担任国际图联执委，到我和张晓林教授相继担任国际图联管理委员会委员，都把中文成为国际图联工作语言问题看作自己任职期间的一项重要使命。中文成为国际图联工作语言，是中国图书馆发展史上具有里程碑意义的大事。它不仅表明中国图书馆员在国际舞台上有了话语权，更重要的是，它显示了中国图书馆界应有的国际地位。

第三件事。我有幸担任学术研究委员会主任一职。一开始当学会领导找我谈话的时候，我心里忐忑不安，在吴慰慈老师的鼓励和指导下，在中图学会秘书处的支持和帮助下，我与上海图书馆研究室的同志挑起了这副重担。首先是设立学术研究委员会秘书处，与中图学会秘书处共商建立学术研究委员会和各专委会事宜。在各位学长和同事们的支持下，筹建工作进展顺利，2016年5月在上海图书馆召开学术研究委员会成立大会后，学会学术研究活动很快进入常态。学术研究委员会的主要任务是参与中国图书馆年会学术活动的举办，各专委会活动的协调等，平时事务性工作也不少，如委员服务、通知传递、协调沟通、信息收集等。在各主任委员和专委会的共同努力下，九届理事会学术活动生机勃勃，充满活力，虽然也有不尽人意之处，但学术研究委员会秘书处尽力克服和化解，使得本届学术研究活动始终保持在一个良好的状态。我总觉得自己在这一岗位上只是一个过渡人物，由于工作范围的关系，我的能力和资源是有限的，但我很感激中图学会秘书处给予我这么好的机会，能与图情教育界的专家学者一起共事和交流。

四十春秋展风华，守正创新再起航。中图学会在引领和指导我国图书馆事业从传统走向现代、从国内走向全球的进程中扮演了重要角色。在未来的发展中，我希望中图学会继续扮演好学术交流和经验分享助推器的角色，在推进学术繁荣和实践创新两方面，再立新功，再创辉煌。

我与中国图书馆学会同行

朱　强

不经意间，中国图书馆学会成立已经40年了。说实在的，40年前中国图书馆学会成立之时，并没有引起太多的波澜。当时正在北大图书馆学系学习的我，也是事后在图书馆学刊物上了解到的。我真正与中国图书馆学会发生联系是在8年后，且自此再无中断。下面，就以几个小故事，来印证我与中国图书馆学会之间的这种联系，纪念中国图书馆学会成立40周年。

与中国图书馆学会正式结缘

1987年11月5日至8日，中国图书馆学会第三次会员代表大会在改革开放的前沿、经济特区深圳市举行。当时我从北大图书馆学系毕业后已在全国高等学校图书馆工作委员会（以下简称“图工委”）秘书处工作了5年多，作为图工委副秘书长，随同秘书长肖自力同志一起远赴深圳参会。老肖（当时我们都是这样称呼单位里的领导或年长者）是正式代表，我是列席代表。其时深圳机场尚未建成，我们于会前一天出发，乘坐到广州的飞机，然而由于天气原因，我们在首都机场从上午9点一直等到下午7点，才终于上了飞机，飞到广州已是深夜11点多了。一行人出机场，再搭乘一辆中巴，沿着一条坑坑洼洼的公路（广深高速正在修建，尚未开通），颠簸了4个多小时，到达深圳已是翌日凌晨了。不顾旅途劳顿，我们认真地参加了会议，但会议的内容已经完全记不得了，只记得参观了新建的深圳图书馆和深圳大学图书馆，深为这两所现代化图书馆所震撼，也看

朱强，现任中国图书馆学会副理事长、高等学校图书馆分会主任，北理莫斯科大学图书馆馆长，研究馆员，曾任北京大学图书馆馆长。

到三天一层楼的深圳速度，深深感受到当时深圳作为改革开放前沿所迸发出的活力，从而增强了搞好图书馆事业的决心和信心。

第一次参加国际图联(IFLA)大会

1996年8月25日至31日，第62届国际图联大会在北京召开，中国的图书馆员们第一次有机会不出国门就可以参加如此高规格和大规模的国际学术盛会，都非常高兴。但名额有限，每个图书馆能够参会的人很少。我那时已经转到北大图书馆工作数年并担任副馆长三年，一年前刚从美国伊利诺伊大学做高访回来，领导可能认为我的英文还不错，故有幸代表北大图书馆出席了会议，会议期间还参与接待了数批与会代表来参观北大图书馆。遗憾的是当时新馆刚刚开工建设，大家参观的还是70年代建设的老馆。那届国际图联大会主席是罗伯特·韦奇沃斯(Robert Wageworth)，一位美国黑人图书馆学家，曾任美国图书馆协会(ALA)主席，刚好是我做高访所在学校的图书馆馆长和图书馆情报学院教授，又是张晓林在哥伦比亚大学念博士时的导师。张晓林博士也是刚回国在四川大学任教不久，顺理成章地成为韦奇沃斯主席的翻译。第一次作为东道主参加如此大规模的学术会议，颇有目不暇接乃至眼花缭乱之感，只记得大家坐车从酒店去人民大会堂参加大会开幕式，几十辆大巴行驶在长安街上，前有警车开道，一路畅通无阻，外国代表们纷纷表示惊叹。国务委员兼国务院秘书长罗干作为中方组委会主席主持了开幕式，李鹏总理出席致辞，北大社会学系教授费孝通先生做大会主旨发言，提出了各国文化应当包容互鉴、“各美其美，美美与共”的思想，显示了中国学者的远见卓识与宽广情怀。我个人也在会上结识了一批国际友人和港澳台代表，并由此开始了与国际图联的断续情缘。1998年，经周文骏先生推荐，我担任国际图联亚大区域常设委员会(Regional Standing Committee of Asia & Oceania, RSCAO)委员(2006年卸任)。2009年，由中国图书馆学会推荐，我成功当选国际图联管理委员会(IFLA Governing Board)委员(2011年卸任)，同时还被任命为信息自由获取和自由表达专门委员会(FAIFE)委员(2017年卸任)。我曾数次为国际图联大会重返中国做过努力，惜未如愿。

率图书馆建筑代表团首次赴台交流

1997年7月30日至8月1日在昆明召开的第五次会员代表大会上，我当选为中国图书馆学会理事和常务理事，并在学术研究委员会成立时被推选为学术研究委员会副主任兼图书馆建筑与设备专业委员会主任。该专业委员会的特点是，委员中除了一批有建馆经验的老馆长、老馆员，还有一批热心图书馆建筑又亲身设计过图书馆的建筑专家，图书馆员与设计师相互交流、合作，使得该委员会的学术活动一时间风生水起。1999年4月28日，应台湾淡江大学黄世雄教授和黄鸿珠馆长的邀请，我率中国图书馆学会图书馆建筑与设备专业委员会代表团赴台出席1999年海峡两岸图书馆建筑研讨会，当时正值大陆图书馆兴起一波建馆高潮，又逢世纪之交，两岸图书馆界对于网络环境下图书馆建筑的发展都非常关注，大会交流准备充分、内容充实，会后在台北、台中的参观更是令人耳目一新、眼界大开，尽管我已是第三次赴台交流，但这次的参访最充分、最详细，感受也更深刻。我们了解了台湾不同类型图书馆的特点，也体验了台湾图书馆同人的敬业精神和职业素养，学习到台湾同行们不少先进的理念和创新的实践。此次研讨会开启了海峡两岸图书馆建筑研讨交流的先河，后来在大陆又召开了多次海峡两岸图书馆建筑研讨会。

推进数字图书馆建设与研究

1995年，我在《大学图书馆学报》上发文，介绍了访问美国期间了解到的美国数字图书馆创始(DLI)计划，回国后继续做了一些数字图书馆方面的研究，也参与了一些相关学术会议的组织工作，如Lib2.0会议等。2004年起，我与美国几位华人图书馆学者曾蕾、秦健、张甲发起组织了数字图书馆前沿理论与技术研讨培训班(即后来闻名遐迩的“鼠兔班”)，每年一次，迄今未断。加之我在CALIS建设项目方面做了一些工作，于是在2005年第七次会员代表大会后，我被推选为中国图书馆学会学术研究委员会数字图书馆专业委员会主任。此后，我与委员会的同事一起,组织了一系列学术交流活动,同时更注重引导大家关注在数字图书馆建设中单个图书馆无法解决的问题,例如数字图书馆标准规范问题。我参与了全国数字图书馆建设与服务联席会议的相关工作,倡导推出了4个规范数字图书馆建设与服务的指南,并牵头承担了其中《数字图书馆服务政策指南》的编写。

作为副理事长主持高校图书馆分会的工作

中国图书馆学会高等学校图书馆分会是随着高校图书馆事业建设发展的需要于2004年建立的,我参与了当时的筹备,并担任副主任兼秘书长。2008年我担任北大图书馆馆长,也接手担任了高校分会主任。2009年,我在第八次会员代表大会上当选为中国图书馆学会副理事长,分工联系编译出版委员会的工作,参与组织了中国图书馆学优秀期刊的评选和图书馆学期刊编辑交流活动。先后参与了《中国图书馆年鉴》、《当代中国的图书馆事业》、《中国大百科全书》(第二版)图书馆学卷等编撰工作。同时自2009年起,组织了一年一度的高校图书馆发展论坛,在中图学会的指导与支持下,每年围绕高校图书馆建设与发展中的现实问题,开展学术研讨与案例交流。随着高校图书馆发展论坛的影响力日益扩大,参会者从首届130多人,逐年增长到2018年的近千人,发展成为图书馆界的顶级学术盛会。此外,高校分会还根据高校图书馆领导变换频繁的情况,组织开展新任高校图书馆馆长培训;高校分会积极参与中国图书馆年会分会场的组织,并与专业图书馆分会、医学图书馆分会等多次合作,开展相关学术活动,为繁荣高校图书馆的学术研究,交流学术成果和创新实践,推进高校图书馆事业的建设和发展发挥了显著的作用。

30余年来,实际上我还参加了很多学会组织的具体活动,限于时间和篇幅,难以一一道来。仅从以上依时间顺序列举的几项可以看出,我在与学会同行的过程中,不断受到锻炼,不断得到进步,饱受恩泽,也略有贡献。值此学会成立40周年纪念之际,衷心地祝愿中国图书馆学会不忘初心,学术为本,探求新知,引领实践,服务会员,造福社会,不断创造新的辉煌。

情怀与力量

陈传夫

1979 年 7 月 9 日至 16 日，中国图书馆学会（以下简称“学会”）成立大会暨第一次会员代表大会召开。我 1979 年考入武汉大学，就读图书馆学专业。1982 年开始参加湖北省图书馆学会的学习与工作，后经湖北省图书馆学会推荐，成为中国图书馆学会的一名会员。可以说，我是与学会一起成长的。在撰写这篇文字时，我不禁找到三十年前的中国图书馆学会的会员证。这本咖啡色、塑料封皮的会员证虽然内芯纸张已经发黄，但我仍然感到亲切。四十年来，特别是进入新时代，学会各项事业健康快速发展，已经成长为一个有情怀、有引领能力的全国性专业组织。

一、学会的情怀

我有幸参加了学会举办或支持的很多活动，每次活动的情形都历历在目。参加的活动太多，不能一一细数。兹举深受教育的三件事：

一是参加经国家教委批复，由武汉大学图书情报学院研究生会发起组织的图书馆学情报学理论研讨会。研讨会于 1986 年 5 月 27 日至 6 月 1 日在武汉举行。来自全国的百位图书情报工作者，包括当时著名青年图书馆学人黄纯元、范并思、韩继章、孟连生、程焕文以及武汉大学的诸多同学到会。我与孟连生老师住同屋。研讨会的气氛十分活跃，大会发言中，许多青年学者争相发表意见和观点，不少学者即席挂牌参加讨论。中国图书馆学会会刊《图书馆学通讯》专门召开“图书馆学研

陈传夫，曾任中国图书馆学会副理事长，现任中国图书馆学会图书馆学教育委员会主任委员，武汉大学研究生院院长，教授。

究方向”座谈会。《图书馆》编辑部开启了关于图书馆发展战略的讨论。这次会议，中青年学者满怀事业激情，体现出对图书馆事业的热爱，对事业发展的担当与梦想。

二是为“2012 中国图书馆榜样人物”颁奖。2012 年 11 月 22 日，中国图书馆年会在广东省东莞市隆重召开。开幕式上隆重举行了“2012 中国图书馆榜样人物”颁奖典礼。我有幸被会议安排为延安市宝塔区中山图书馆馆长——高巧玲颁奖。高巧玲是基层图书馆长的杰出代表。评委会颁奖词说：

> 高巧玲，一个革命老区的女儿，秉承着革命者的激情，践行着图书馆人的文化自觉。我们应该感谢高巧玲所代表的一大批基层图书馆的管理者，在艰苦条件下，克服重重困难，一步步朝着心中的理想迈进，彻底改变了所在图书馆的面貌，为基层群众送去了可贵的精神食粮。

高巧玲说：

> 我要继续发扬延安精神，用激情、用热情、用真诚、用真心，去干好平凡而又神圣的图书馆事业。服务好社会，服务好群众，让老百姓看到更多更好的书籍。

“让老百姓看到更多更好的书籍”，这是千千万万个图书馆人心中的愿望！朴实的语言，展现图书馆人的为民情怀与风采。高巧玲馆长的事迹对我是教育，也是鼓舞！

三是带领学会代表团在灾区参加美国图书馆协会（ALA）2006 年会。中国图书馆代表团一行 36 人于 2006 年 6 月 17 日赴美参加了美国图书馆协会年会。我有幸作为代表团团长全程参加。2005 年，新奥尔良市遭受了强大的飓风袭击。防洪堤坝决堤，洪水泛滥，至少有 1833 人丧生，经济损失高达数千亿美元。为帮助该地区重建和恢复，美国图书馆协会决定选择在灾区新奥尔良召开 2006 年年会。来自美国和世界各国的图书馆界 2 万人参加了这次年会。美国图书馆协会主席迈克尔·戈德曼先生表彰了在飓风灾害期间，为恢复社区建设做出贡献的图书馆员和志愿者。图书馆员的贡献也得到新奥尔良市市长的肯定。美国前国务卿奥尔布赖特在主旨报告中感谢美国图书馆协会在新奥尔良重建中树立了良好的信誉。美国第一夫人劳拉·布什(图书馆学硕士毕业),做了题为“学校图书馆工作:为学习而重建”的演讲。劳拉·布什基金会为灾区捐款1000万美元。

二、学会的力量

四十年间,学会始终坚持正确的政治方向,认真贯彻执行国家发展文化、教育和科学技术工作的基本方针,充分发挥学会的组织作用,团结社会各界,为图书馆与公共文化事业发展做出了重要贡献,已经成为一个有凝聚力、引领力、推动力、创新力、协调力的全国性专业组织。

1. 凝聚力

在四十年发展历程中,学会切实发挥桥梁纽带作用。团结带领全体会员和图书馆工作者,推动图书馆事业发展。学会发展个人会员超过1.4万名,单位会员超过500家。第九届理事会共设置17个分支机构。学会通过学术交流、继续教育与培训、典型案例推广、资源共建共享、数字图书馆联席会议等措施,提高行业水平。搭建政府、学术和行业的交流平台,准确把握中国图书馆事业的发展方向。指导分支机构,协调各图书馆和地方学会,联合有关文化厅(局),组织公共、高校、专业、医学等各类型图书馆,形成一系列具有高社会影响力的活动品牌。学会持续开展行业培训,为图书馆事业发展培养了一批又一批骨干,提升了行业认同与归属感、自豪感。

2. 引领力

学会在中国图书馆事业发展中,始终扮演引领者角色,善于调动社会力量,共谋发展。科学制订学会发展规划,充分发挥引领作用。积极引导、协调和组织全国各级各类图书馆开展“全民阅读”,设立全民阅读示范基地,奖励激励全民阅读组织。通过举办世界读书日、全国少年儿童阅读年、中国文化风、绿色阅读等活动,形成了我国图书馆界“全民阅读”工作“各馆齐心、遍地开花”的格局，得到社会广泛赞誉。

学会通过举办全国性或系统性各类业务培训，提升了全国图书馆服务水平。积极宣传贯彻《中华人民共和国公共图书馆法》，促进依法治理。开展中华古籍保护计划成果宣传推广等活动，保护弘扬中华民族优秀传统文化。推动图书馆扶贫工作，助推乡村振兴。在提升学会治理能力、会员服务水平、行业协调能力和图书馆行业社会影响力的基础上，积极承接政府转移职能，促进图书馆事业社会化发展。举办公共图书馆创新推广活动，组织学术研讨，激发行业创新。

3. 创新力

学会不断探索、创新发展方式，推进图书馆事业内涵式发展。积极推动落实免费服务、一卡通服务、中心图书馆制度、图书馆之城等创新项目，在推进图书馆服务均等化、图书馆治理、学会年会创新建设等方面发挥重要作用。积极探索图书馆建设、治理与评估的新路径。承接公共图书馆评估定级职能，充分发挥社会组织的专业优势。研制评估标准与评估标准细则，形成有效的评估指标体系，已多次圆满完成多个县级以上公共图书馆评估定级工作，推动了我国公共图书馆事业的科学发展。

4. 推动力

学会积极推动《中华人民共和国公共图书馆法》实施、公共图书馆评估定级、数字图书馆建设、未成年人服务、古籍保护、阅读推广、人才培养、交流合作等，成效显著。推动了图书馆资源建设、队伍建设，服务与管理水平不断提升。2005 年，首届“百县馆长论坛”召开。学会承办全国基层文化和旅游公共服务队伍示范性培训——全国县级图书馆长研习班，截至 2018 年末，总培训人数已超过 1300 人，取得了良好社会效益。以“百县馆长论坛”、全国县级图书馆长研习班为代表的平台，为国家基层图书馆管理与建设水平的提升提供了强大的人才保障。2019 年第十一期全国县级图书馆长研习班在西藏林芝举办，为少数民族地区的基层图书馆建设提供培训支持。2012 年启动的“全国图书馆未成年人服务提升计划”以“面向省级区域”和“面向全国，以省为基地”两种模式在天津、湖南、吉林、云南等十余个省份开展。主办“全国少年儿童阅读年”，组织召开图书馆未成年人服务工作研讨会，有效地提升了未成年人服务水平。

5. 协调力

学会具有很强的协调能力，具有广泛的社会影响力与国际影响力；始终保持理论前瞻性，促进理论在行业实践中的应用；提升行业水平；积极参与国际图联活动，推进国际交流合作，促进图书馆界友好往来。通过举办中国图书馆年会、中国图书馆学会青年学术论坛，促进图书馆学学术交流。指导各分支机构开展学术活动，包括举办图书馆学研究理论研讨会、学术报告、征文活动，建立特别兴趣小组等多种形式。就图书馆立法、乡镇综合文化站建设标准、公共图书馆建设标准、图书馆法人治理结构、古籍保护等图书馆事业发展中的重要问题进行广泛且深入的研究。编辑、出版、发行专业出版物，促进了图书馆学学术成果的广泛传播与应用。

学会通过多种方式开展培训，极大地提高了图书馆行业人力资源水平。积极拓展与港澳台地区交流，不断探索新的交流方式。通过开展先进学会、优秀会员和优秀学会工作者的评选与表彰，充分调动广大会员、图书馆学会工作者的积极性。学会秘书处发挥了重要的协调管理与纽带作用。通过韦棣华助学金评审等活动，培养青年。大胆改革，提升学会治理水平。积极促进会员加入国际行业组织，深化多边交流与合作。有力地提升了我国图书馆事业和图书馆学理论的国际影响力与话语权。

中国图书馆学会四十年，筚路蓝缕，成绩卓著。四十载光荣征程，学会承载着中国图书馆人的追求与梦想。未来，一定会百尺竿头再进一步，推动我国图书馆事业科学发展！

我和学会共成长

——纪念中国图书馆学会成立四十周年

杨沛超

1979 年 7 月，沐浴改革开放的春风，中国图书馆学会第一次会员代表大会在山西太原隆重召开，宣告中国图书馆学会正式成立。当时，我正在北大图书馆学系读书，我们是从参会的老师们那里得到太原会议相关信息的，同学们着实兴奋了好一阵子。那时虽然对学会的职能作用还知之不多，但朦胧中找到了一种归宿感，意识到图书馆学会是图书馆人自己的学术组织，是每一位图书馆员温馨的家。这种“家”的感觉在四十年光阴里一直在持续强化着。

四十年来，中国图书馆学会不断成长壮大，中国图书馆事业日益繁荣发展，我个人的图书馆学术生涯也已走过了四十余载春夏，从一名图书馆学学子，成长为一名图书馆学教学、科研专业人员和图书馆管理工作者。我见证了学会的发展，学会助力我成长。我加入学会组织，参与学会活动，并一度承担部分学会领导工作，曾两度获评学会优秀工作者。学会给我以滋养，给我以机遇，我与学会结下不解情缘，对学会充满深深的感激。当中国图书馆学会迈入不惑之年的时候，我悄然淡出了为之奉献大半生的图书馆工作岗位，此时的心绪，感慨之余，有更多的感恩。

在个人学术成长的路途上，我一直得到学会的引领和前辈的扶持。记得最早参与的一项学会活动是在 1983 年秋天，那时我已来到东北师范大学图书情报系教书。一天，吉林省图书馆金恩晖老师找到我，邀我参与撰写一份研究报告，准备提交给即将召开的中国图书馆学会第三届学术年会。此前，吉林省图书馆学会曾组织了一次大型读者调查活动，地域范围涵盖东北三省和内蒙古东四盟，接受调查的读者近万人，

杨沛超，曾任中国图书馆学会副理事长，中国社会科学院图书馆馆长，教授。

调查内容涉及读者基本情况、各类型读者阅读情况、读者利用图书馆情况和读者对图书馆工作的评价等,数据丰富,规模可观。见到装了整整两麻袋的调查问卷,我异常兴奋,意识到这可是极具开采价值的“富矿”,足够作一篇大文章!读者阅读研究是我从业早期的学术兴趣所在。大学读书期间,我在周文骏先生指导下完成的毕业论文,题目是“读者心理学简论”。周先生鼓励称,该项研究“具有某种拓荒意义”。1982年春,我在吉林省学会刊物《图书馆学研究》上发表《512名读者文学书籍阅读兴趣浅析》,结识了省馆、省学会的老师们,并在他们的带领下走上学术研究的道路。我和金恩晖、曹殿举、何芥华等人,完成了近十万字的大型研究报告——《对图书馆8538名读者的调查与分析》,其中我负责执笔报告第二部分:各类读者阅读情况的分析。我们依据调查中掌握的大量第一手数据,从阅读目的、阅读范围、阅读兴趣、阅读数量、阅读时间等几个方面对各类读者的阅读情况进行统计和分析,力图客观地反映20世纪80年代初国内图书馆读者服务工作的状态和阅读研究的水平。该报告提交大会交流,在昆明会议上引起不小轰动,一些学者纷纷索要相关数据,并对报告内容提出许多中肯意见。金恩晖老师归来后一一传达了与会者的意见建议,我从中获益匪浅,并根据反馈意见改正研究工作的某些不足。这样的一次学术交流实践,增强了我搞好读者工作教学与研究的信念,并且选择实证研究作为自己治学的主要门径。此后几年里,我陆续发表了《图书馆读者调查方法漫谈》《论读者学研究对象及其学科体系》等文章,在读者研究领域产生一定影响。

1986年夏,由联合国教科文组织(UNESCO)资助,国家图书馆和中国图书馆学会在北京召开“UAP国内学术讨论会”。UAP(Universal Availability of Publications)意为“出版物的普遍可得”或“出版物资源共享”,这一概念由联合国教科文组织于20世纪70年代提出并在全球推广。UAP既是一个目标,也是一项计划,作为目标要求做到无论何时何地都能最大限度地满足读者对出版物最广泛的需求;作为一项计划,就是要力促各国采取积极措施,建立起一个具有出版物的出版、发行、采购、加工、存贮、保护、利用、馆际合作等基本功能的国家文献保障系统。我国图书馆界虽刚刚引进UAP概念,但资源共享的实践活动却有着相当广泛的基础。我提交给会议的论文《危机　障碍　对策——关于高等学校图书馆馆际互借的思考》,根据对全国700余所高校图书馆馆际互借情况的调研,分析高校馆在馆际互借资源共享中存在的问题,提出相应对策。文章在《北京图书馆通讯》1986年第3期发表,并被收入《UAP出版物资源共享国内学术研讨会论文集》。会上,与会代表达成共识,发布了《促进UAP在中国实现的倡议书》,呼吁中国图书馆界、情报界及书业界积极与国际社会接轨,接受UAP概念,实施UAP计划,采取得力措施,从一个地区、一个系统做起,探索资源共享的路径,在出版物收藏采购、流通利用等各领域通力合作,为实现资源共享的目标不懈努力。这次会议被认为是中国图书馆界全面推进资源共享的动员会,在业界、学界产生积极影响。同年9月,中国图书馆学会在广西南宁召开藏书建设与布局研讨会,图书馆资源共建共享研究持续引向深入。从此,资源共享成为中国图书馆界普遍接受的办馆思想。从某种意义上讲,1986年可谓中国图书馆资源共享元年。其后展开的全国文献资源布局调查,以及CALIS、NSTL等文献信息保障体系的建立和运行,标志着中国图书馆资源共享逐步走向成熟。

1989年初,我担任学会学术研究委员会读者工作研究分委会委员,在张树华老师指导下开展工作。1991年5月,中国图书馆学会"读者工作为科研生产服务研讨会"在大连召开,会议总结交流图书馆面向经济建设主战场,主动为科研生产服务的经验,在业界产生较大反响。在改革开放大背景下,图书馆人转变服务观念、拓宽服务领域、深化服务内容、创新服务方式、提升服务能力,在为科研生产服务、为中小企业服务、为农村农业服务、为领导决策服务等方面做了大量卓有成效的工作,对图书馆实现职能转变和图书馆学研究领域的扩展进行了有益的尝试。会后,我和张树华、胡继武老师合作,撰写综述《80年代以来图书馆为科研、为生产服务的进展与展望》,发表于《中国图书馆学报》1992年第1期。

图书馆读者服务和资源建设,历来是图书馆的核心业务,也是图书馆学主要分支学科。在关注读者工作、研究读者服务的同时,我的学术研究重心转向文献资源建设与共享,这与中国图书馆学会的学术研究导向有着直接关系。20世纪80年代后期,文献资源建设逐渐成为中国图书馆界的热点研究课题,学者们陆续推出了一批有分量的研究成果。范并思教授评价指出,文献资源和文献资源建设是"中国图书馆学家首次用自己的概念创立研究领域,并且没有一个术语如此科学地包容了这领域的问题。在这一领域,中国人站到了世界前列”。90 年代初,受中国图书馆学会委托,我在肖自力、李修宇先生指导下选编《文献资源建设与布局论文选》,作为“中国图书馆学情报学论文选丛(1949—1989)”之四出版。我们系统梳理了文献资源建设与共享领域的主要研究成果,合作撰写《中国文献资源建设研究概述》《从藏书建设到文献资源建设》《我国文献资源建设概观》《中国文献资源建设理论研究的主要进展》《试论我国文献资源建设的发展趋势和研究热点》等系列文章,比较深入地探讨文献资源建设理论与实践的相关问题。

1993 年起,我受聘担任学会学术研究委员会文献资源建设研究组成员。1995 年 11 月,学会在江苏常州召开全国图书馆发展战略专题研讨会,我提交题为“21 世纪中国文献资源建设发展战略构想”的论文,着重讨论了制定面向 21 世纪中国文献资源建设发展战略应注意的几个问题,主张以现有的文献资源分布状况、文献生产能力、文献消费结构、现实与潜在的社会文献需求为依据,对社会文献需求的层次水平、结构特征进行整体把握和全面分析,密切关注电子图书馆、数字图书馆时代来临给文献资源建设与共享带来的机遇与挑战。对于 21 世纪我国文献资源建设发展的总体战略,论文大致描述为:以满足新世纪国家建设和社会发展提出的文献需求为目标,坚持走质量效益型的文献资源发展道路,加速文献资源建设的现代化步伐,提升文献生产和提供能力,调整文献资源宏观布局,改善文献资源环境。到 21 世纪中叶,基本改变我国文献资源贫乏面貌,最终建立并形成强有力的国家文献保障体系。在谈及文献资源建设原则时,文章回避了以往“实用性”“系统性”等一般性原则的表述,提出并论证了满足需求原则、合理布局原则、资源共享原则等宏观性文献资源建设指导原则。

2005 年,我出任学会资源建设与共享专业委员会主任,与刘兹恒、代根兴等同人一道,协调各界力量,从理论与实践两个层面努力推进文献资源建设与共享发展。同年 7 月,我在中国图书馆学会第七次会员代表大会上当选学会副理事长,2009 年第八次会员代表大会上获得连任,直到 2015 年 4 月卸任,我在学会副理事长的岗位上工作整十年。这期间,在周和平、詹福瑞理事长领导下,与陈力、吴建中、倪晓建、朱强、张晓林、王余光、陈传夫诸位副理事长的合作十分愉快。学会秘书处是非常棒的团队，从秘书长到每一位工作人员都十分敬业和专业，有着极高的工作热情和能力。我们在学会的旗帜下，团结广大会员和业界同人，为开创中国图书馆事业繁荣发展的新局面共同奋斗，我自己也度过了职业生涯中最美好的黄金时段。回忆起来，在这期间有几件事情印象尤其深刻。

一是阅读推广扎实推进，全民阅读蔚成风气。“全民阅读”连续六年被写进《政府工作报告》，极大鼓舞了全国民众的读书热情，图书馆工作者积极行动，肩负起更大的责任担当，成为全民阅读的重要推动力量。这些年来，“4·23”世界读书日已成为读者和馆员的盛大节日。我曾连续几年参加学会与中央广播电视大学图书馆举办的“手拉手”农村中小学生读书活动，每当看到小读者那渴望知识的眼神和基层图书馆员送书上门的身影，我愈加体会到图书馆人的使命光荣。我也曾多次参与组织图书馆界、出版界全民阅读年会，认识到民众的普遍参与和多方跨界合作是推广全民阅读的有效途径。

二是参加志愿者行动，加深了对基层图书馆现状的了解。2006 年夏，中国图书馆学会发起志愿者活动，部分专家学者组团深入到偏远地区开展业务培训，提升馆员的业务素质，受到基层图书馆员的广泛欢迎。我报名参加了首期赴黑龙江省牡丹江市的培训工作，讲授、辅导文献资源建设课程。那是一次非常美妙的经历。我们同组成员有王世伟、邱冠华、于良芝、富平、尤敬党、师丽梅等老师，大家精心备课，在授课中注重理论联系实际，突出问题导向，唤醒和激励学员们的职业精神。培训活动获得圆满成功，各位老师的精彩授课博得学员们的喝彩。在座谈学习收获时，学员们发出“挺起我们的脊梁，让中国图书馆在我们这一代人手中强起来！”的心声，的确令人感动。志愿者行动持续多年，成为学会的品牌项目。可惜由于自己工作繁忙，后几届志愿者行动我没能参加，留下不小遗憾。

三是参与国际图书馆界的交流合作，融入图书馆发展的国际潮流。随着改革开放深入，综合国力增强，中国图书馆人有了更多“走出去”的机会，在国际讲坛上发出中国声音，贡献中国智慧，我国图书馆的国际地位和影响力有了明显提高。这些年间，我多次参加国际图联（IFLA）大会及其他国际图书馆学术会议，出访国外图书情报机构，在与国际同行的交流中增长了见识，拓宽了眼界。我参加了 2001 年美国波士顿

IFLA 年会，率中国图书馆学会代表团出席 2008 年加拿大魁北克 IFLA 年会和 2011 年芬兰赫尔辛基 IFLA 年会。透过 IFLA 大会这扇窗口，我们了解各国同行关注和思考的问题，考察世界图书馆学和图书馆事业发展的态势，学习到先进技术、理念和经验，补己之短，为我所用；通过交流，我们把中国图书馆事业建设成就和图书馆学研究成果介绍给外国同行，让他们了解中国的发展与进步，达成互利双赢的目的。

时光荏苒，弹指挥间，中国图书馆学会迈入新的发展阶段。我会一如既往关注学会的发展，祝福她明天更美好。

在结束这篇短文的时候，给学会的同行们留下三点建议：

第一，提升议题设置能力，引领未来图书馆学研究走向。图书馆学会的根本属性是学术性，学会的生命力在于高质量学术活动的有序开展。我们注意到，学会在年会主题拟定和各类学术研讨会的议题设计方面还有较大的提升空间。问题表现在，一些议题要么大而不当，过于宏观，形同标语口号，不接地气，与图书馆领域的现实相脱节；要么老生常谈，车轱辘话反复讲，跟风逐流，缺乏新意，难以调动学者的研究兴趣，不利于推出新成果。由此可见，加强议题设置，确实有大学问。

第二，倡导优良学风，治理图书馆学研究领域里的学术乱象。由于图书馆学自身的局限性，图书馆学与其他成熟学科相比，并不在同一层次上。近年来，图书馆学研究成果虽多，但却缺乏精品力作，少数人不肯下功夫潜心做学问，热衷使用“移植法”，搞所谓“拿来主义”，套用其他相关学科的时髦术语、生僻概念，贴标签换包装，甚至数据造假，产出学术垃圾。净化学术风气，营造风清气朗的学术环境，学会组织责无旁贷。建议学会联合各教学研究单位和刊物编辑出版部门，发出加强学风建设的倡议，出台治理学术不端行为的相关规定。

第三，搞好馆员技能培训，加强图书馆学人才队伍建设。学术要繁荣、事业要发展，人才是根本，教育是关键。图书馆现代化建设，依赖大批专业技术人才。学会应抓紧调研全国图书馆人力资源现状，定期发布人才需求报告，参与专业教学单位人才培养规格的制订，对图书馆学院系的人才培养质量进行评估，从行业协会的角度对专业教育机构予以认证。建议学会在机会成熟时，推出图书馆行业准入条件及各级各类专业馆员任职资格，这将有利于图书馆事业健康、可持续发展。

我与中图学会:结缘、了解与受益

方 卿

尽管接受了系统的图书馆学高等教育(我本硕博所修专业均为图书馆学),可我结缘中国图书馆学会仍然算得上是意外之喜。1990 年获图书馆学硕士学位后,我留在武汉大学图书情报学院任教,但执教的并非图书馆学,而是编辑出版学。本以为我与图书馆学的缘分已尽,自然也不曾有过加盟中国图书馆学会的梦想。二十多年后的 2012 年,奇迹却出现了,我被学校安排到了学院院长的岗位上。就这样,我与图书馆学看似已尽的缘分又这么续上了。这才有了后来由于职务行为加盟中国图书馆学会的这份荣耀。

加盟学会之前,我对作为国家一级学会的中国图书馆学会除了敬仰之外可谓一无所知。加盟后,好奇心驱使我努力地去了解她。她真的是一个了不起的行业学会,不负我的敬仰!40 年的历史虽算不上悠久,但其在改变社会大众对图书馆的认知、促进图书馆事业发展、引导图书馆学学科创新、推动图书情报技术进步以及服务图书馆队伍建设等方面所取得的辉煌业绩让人叹服。改革开放之初,百废待兴,图书馆等公共文化事业的社会地位、软硬件建设及其服务能力等落后得简直令人难以想象。1979 年,学会正式成立。40 年来,学会为我国图书馆事业的振兴和发展奔走呼号,建言献策,积极推动。在诸如推广全民阅读、推动公共图书馆立法、推进公共文化服务均等化等中国图书馆事业发展的每一个关键时刻,我们都能看到她的身影。辛勤耕耘、默默奉献以及卓越成就是我对她过去 40 年的简单认知。

加盟学会,我寸功未立,但却受益良多。作为一个学术社团,学会并不掌握太多资源,更没有行政权力,但历任学会领导却能以各自的人格魅力和奉献精神带领广大会员将学会工作干得有声有色,这种事业

方卿,现任中国图书馆学会副理事长,武汉大学信息管理学院院长,教授。

心和使命感正成为我工作的动力之源。学会各分支机构和专委会，围绕各自职责服务于学会总体目标，分工合作，各司其职，这是学会长期保持旺盛生命力和不断提升影响力的制胜之道。这种“集众人之智，成众人之事”的管理理念为我的管理工作带来了新的气象。学会频密的学术会议、工作研讨、教育培训等活动，让我有更多机会接触生动鲜活的业界现实，了解日新月异的学术前沿，结识活跃于行业的专家学者。学会主办的这些有意义的活动，开阔了我的视野，扩大了我的朋友圈，丰富了我的生活。可谓加盟中图学会，使我受益终身。

祝中国图书馆学会明天更好！

启蒙与影响

——纪念中国图书馆学会四十华诞

李广建

2019年,中国图书馆学会迎来她的40周岁生日。40年来,中国图书馆学会紧密联系图书馆界的同行和相关行业的科技工作者,在繁荣中国特色图书馆学学术、普及图书馆知识、培养图书馆研究与工作人才、弘扬中国图书与阅读文化、促进中国学界业界与世界的联系等方面,做了大量的工作,有筚路蓝缕之功。首先,请允许我对她的生日表示衷心的祝贺,祝愿学会不忘初心,砥砺奋进,再创辉煌。

对中国图书馆学会的了解和接触,始于我的学生时代。

我于1980年进入北京大学图书馆学系(现为信息管理系)学习。那时从教科书上得知,中国图书馆学会是图书馆研究和工作人员的专业组织,其前身是于1925年成立的中华图书馆协会,1927年成为国际图书馆协会联合会(IFLA)的发起单位之一。现在的中国图书馆学会于1979年成立,同年8月得到了中国科学技术协会的正式批准。1981年5月,中国图书馆学会恢复了在国际图联的合法席位,成为国际图联中的国家协会会员,北京大学图书馆学系和国内的其他6家单位同时成为国际图联的机构会员。仅仅就是这些了解,我已经感觉到中国图书馆学会是一个"高大上"的组织(当然,那时候好像没有"高大上"这个词,但现在用这个词确实能精确地反映我当时的认识)。作为图书馆学专业的本科生,我有可能一辈子从事与图书馆相关的职业,将来肯定也要加入学会,参与学会的科学研究、学术交流等工作,扩大自己的眼界,提升自己的能力。只是,自己对专业刚刚入门,加入学会的过程可能会很漫长,我曾暗暗下决心,要加倍地努力学习,尽早达到入会的要求。

真正与中国图书馆学会的"深度"接触,是我在读研究生之后。

李广建,现任中国图书馆学会副理事长,北京大学信息管理系主任,教授。

我于1984年开始在北京大学图书馆系读研究生，师从张树华教授，当时张老师任中国图书馆学会学术工作委员会基础理论组组长。学会基础理论组预定于当年11月在杭州召开“全国图书馆学基础理论研讨会”。我9月入学，自然而然地参加了一部分会议筹备工作。我记得当时在张老师的指导下，在邵巍师兄[①]指挥下，我和同班同学陈孝玉[②]对参会论文进行整理，并为前期召开的评审会服务等。通过参加这些工作，我对学会的组织形式、工作流程有了进一步的了解。11月，张老师因身体原因，不能参加会议，指令我和陈孝玉携带会议资料先到杭州，向时任中国图书馆学会学术工作委员会基础理论组副组长、会议的东道主项弋平老师报到。不难想象，对于除哈尔滨到北京以外，再没有出过远门的北方孩子，仅仅就是这趟南下之旅就已经让我激动不已，更何况还是参加全国性的学术会议，能见到学界众多前辈和“大咖”。经过绿皮车的颠簸，我们准时在会议召开之前将资料和张老师的口信带给了项老师，并接受了项老师给我们布置的为会议服务的任务。这次会议的基本议程是先大会开幕式、后分组会、再大会闭幕式。开幕式由中国图书馆学会基础理论研究组副组长沈继武老师主持，项弋平老师向大会汇报了论文评选经过及会议筹备的情况，然后宣读大会论文。分组会按论文的主题，进行了专门的讨论。

这次会议对我影响非常大，今天回想起来，主要有这样一些收获：①第一次参加全国性学术研讨会，而且不仅仅是以普通参会者的身份参加，还参加了部分准备工作，比较全面地了解了举办大型学术会议的流程、方法。参加工作之后，我自己也操办过规模不等的学术研讨会，尽管形式各有不同，但总是或多或少地有这次会议的影响。这次会议的经历，一直使我受益。②感受到了浓浓的学术氛围。这次会议给我最为深刻的印象就是，每一名参会人员都是怀着对图书馆学和图书馆事业研究敬畏和虔诚的心来参加会议的。在会议中，参会者心无旁骛地聚焦研究，会议除了争论、交流，还是争论、交流，没有人开小差。白

① 邵巍师兄虽然比我们高一届，但岁数比我们大好多，我们非常尊重他。他在北大任教三年后（具体时长可能不一定准确），到当时国家教育委员会高就，先后任教育部留学服务中心主任、中国驻旧金山总领馆参赞、中国教育国际交流协会秘书长等职。

② 陈孝玉是我本科的同班同学，与我同时考上张老师的研究生，现居美国。

天的会议讨论未尽的问题,晚上被搬进了代表的房间。每天晚上总有那么几个房间的热闹程度不亚于分组会议的会场。这种学术氛围、参会者对研究的执着和热情,极大地激励了我,对我日后下定决心从事学科研究工作,产生了深刻影响。③认识了一大批学界的前辈和“大咖”,其中很多前辈经历了中国那段众所周知的特殊历史时期的磨难,但并没有影响到他们对生活的热爱、对学问的热爱以及对图书馆学的热爱,这极大地增强了我对学科的认同感,这些前辈和“大咖”是我终生学习的榜样。今天来看,所有的这些收获,都不能完全从书本上获得,这得感谢中国图书馆学会提供了这样的平台。

毕业后,我走上了工作岗位,进入高校成为一名专业教师,从事图书馆学的教学和科研工作,并且很快加入了学会,成为学会的会员。基于当年对学会的感情,我积极参加学会的各种活动,包括学术研讨、评审会议、教育培训、出国考察等。随着年龄的增长,我先后担任过中国图书馆学会编译出版委员会委员、中国图书馆学会学术研究委员会数字图书馆研究与建设专业委员会副主任等。渐渐的,中国图书馆学会已经成为我职业生涯的组成部分,我和学会之间的故事也越来越多,其中有很多值得记录下来作为纪念。不过,最不能忘怀的还是20世纪80年代学会活动对学生时代的我所给予的启蒙和影响。

中国图书馆学会四十华诞,是一个值得我们大家纪念的日子,这里,再次送上我的祝福,祝福学会事业日新,宏图大展!

感谢知遇之恩

——谨以此文纪念中国图书馆学会成立四十周年

程焕文

2019年是中国图书馆学会成立四十周年纪念，学会秘书处邀我写篇纪念文章，想说的话实在太多，可写的事的确不少，不知从何着手。伏案思索，千头万绪不由自主地集束到“感恩”二字之上，唯有感恩，才能表达我的纪念情怀。

1979年9月，我考入武汉大学攻读图书馆学专业本科，是年，中国图书馆学会成立，也就是说，我的图书馆学学生涯刚好与中国图书馆学会同龄，今年整整四十年。1986年7月，我从武汉大学图书馆学专业硕士毕业后分配到中山大学图书馆学系（后改名信息管理系，现为资讯管理学院）任教，从那时起就一直热衷于中国图书馆学会和广东图书馆学会的学术活动，算起来与中国图书馆学会有着30多年的情缘。如今，我身兼中国图书馆学会副理事长和国际图书馆协会联合会（IFLA）管理委员会委员两职，用现在的网络流行语来说，算得上是中国图书馆学界和国际图书馆学界的“大咖”。能够成为“大咖”固然与自身的勤勉努力有关，但是，如果没有前辈和领导的知遇奖掖，也许我就难以成为所谓的“大咖”，可能还是南国一棵不起眼的“小草”。

中国图书馆学会于1979年成立，秘书处一直设在中国国家图书馆。对于远离京城的人们来说，始终是可望而不可即，更遑论在中国图书馆学会担任个“一官半职”。事实上，自1925年中华图书馆协会成立以来，协会的主要负责人就一直出自北京、上海、武汉三地，中国图书馆学会成立以后也概莫能外。我身在广州中山大学，无论是学校，还是学校图书馆或者资讯管理学院，在全国都不是顶尖的，不管按照哪种副理

程焕文，现任中国图书馆学会副理事长，中山大学文献与文化遗产管理部主任、国家文化遗产与文化发展研究院院长，教授。

事长人选组织方案，都轮不到我。可以说，我能够当选学会副理事长完全是个例外，这种情形今后也不会多见。因此，饮水思源，心中始终充满了感恩之情。

1988年，谭祥金先生从中国国家图书馆副馆长位置上离任后，与在北京师范大学图书馆学系担任副系主任的夫人赵燕群教授一起南下广州，分别在中山大学图书馆学系和图书馆任职。在此之前，因为编写《中国图书和图书馆史》教材的缘故，我与赵燕群教授有过一些学术交往，可是与谭祥金先生只是打过照面，完全不熟悉。自谭祥金先生到中山大学图书馆学系任教以后，我才有机会向自己一直仰望的谭祥金先生学习请教，并由此成为忘年之交。于我而言，谭祥金先生亦师亦友，于谭祥金先生而言，我是个好帮手。

谭祥金先生于1963年从武汉大学图书馆学系毕业后分配到北京图书馆（今中国国家图书馆）工作，1973年，年方34岁便担任副馆长，大器早成。其后在刘季平馆长等老一辈革命家的率领下，参与发起和组织《全国古籍善本总目》编纂、北京图书馆新馆建设、中国图书馆学会成立等具有划时代意义的重大项目和活动，成为中国图书馆学会的重要创办人之一。1979年中国图书馆学会成立，年仅40岁的谭祥金先生出任中国图书馆学会第一届理事会秘书长，这在当年是十分了不起的事。其后，谭祥金先生相继担任第二、三、四、五届理事会副理事长，是中国图书馆学会成立后20年间卓越的领袖，在学界和业界享有崇高的威望。

谭祥金先生大器早成得益于前辈的奖掖提携，因此，谭祥金先生在其后的工作、教学和研究中一直对年轻人特别看重，在选人用人上唯才是举，从不论资排辈，并且甘为人梯，全力为年轻人的成长筑基，为年轻人的发展铺路。许多年轻人都受到过谭祥金先生的奖掖提携，我因为有幸与谭祥金先生同在中山大学信息管理系任教多年，因此受到的恩泽更多。

我于1992年破格晋升副教授，1995年再破格晋升教授，年龄刚好34岁，在中山大学也算是凤毛麟角，完全是系主任谭祥金先生不拘一格竭力提携之所赐。1996年7月，我35岁时出任中山大学信息管理系主任，亦是谭祥金先生以个人年龄为借口而禅让之福赐。1997年8月，中国图书馆学会第五届理事会成立，副理事长谭祥金先生在商讨中国图书馆学会第五届学术研究委员会组成人员时坚持提名一批年轻人担任学术研究委员会副主任委员。那时我才36岁，并不为许多学会领导所认识，会上意见分歧不小，因为谭祥金先生力排众议，我才有幸忝列其中。我在数年后才无意得知此事，心中充满了感激。

现在回头看看第五届学术研究委员会的组成人员名单，可以深切体会谭祥金先生当时竭力推荐的艰辛。第五届学术研究委员会的顾问是武汉大学信息管理学院的老院长彭斐章教授和北京大学信息管理系的老主任周文骏教授，他们都是20世纪50年代图书馆学专业毕业的德高望重的图书馆学界大家。主任委员吴慰慈教授时任北京大学信息管理系主任，副主任委员一共5位，分别是刘湘生、詹德优、吴建中、汪东波、程焕文。刘湘生（国家图书馆业务处主任）和詹德优（武汉大学信息管理学院图书馆学系主任）都是20世纪60年代图书馆学专业毕业的图书馆学专家和我的老师，吴建中（上海图书馆副馆长）、汪东波（国家图书馆业务处副主任）和我则是20世纪80年代以后毕业的图书馆学新人。学术研究委员会正副主任委员一共6人，第三代图书馆学人和第四代图书馆学人刚好各占一半。在世纪之交之际，中国图书馆学会学术研究委员会率先启动了两代学人的交替，可以说，如果没有谭祥金先生的远见卓识，这种学术交替就不会在那时发生。

在其后的十余年间，中国图书馆学会学术研究委员会逐渐完成了从第三代图书馆学人向第四代图书馆学人的转变。第六届学术研究委员会主任委员为吴慰慈，副主任委员为詹德优、吴建中、汪东波、程焕文、倪晓建、朱强。第七届学术研究委员会主任委员为吴慰慈，而常务副主任委员李国新，副主任委员汪东波、程焕文、倪晓建、朱强、王世伟、戴利华、陈传夫则全部为20世纪80年代后毕业的第四代图书馆学人，是一个"一老带八新"的学术研究委员会，这时已经完成了两代学人的交替。我个人担任学术研究委员会副主任委员长达四届（第五、六、七、八届），在此期间，我与学会汤更生秘书长有过十分密切的合作，共同策划学会年会和各种学术活动，在新世纪初期着实为图书馆学研究的繁荣和发展做出了不少贡献。我想这是对谭祥金先生知遇之恩的最好回报。

谭祥金先生为人坦诚耿直，深受中国图书馆学会和中国国家图书馆同人的敬重。我印象最为深刻的是，多年来周和平先生始终十分尊重谭祥金先生。周和平先生从最初担任中国国家图书馆常务副馆长和党委书记(1995—2001),到担任文化部副部长(2001—2009),再到重新担任国家图书馆馆长(2009—2014)和名誉馆长(2014—2017),从不以位高自居,始终对中国国家图书馆和中国图书馆学会的前辈谭祥金先生充满敬意,每次南下广州,只要抽得出时间,一定会到中山大学专程拜访。

周和平先生对前辈十分尊重,对后学亦是关爱有加。周和平先生到中国国家图书馆任职时,也正好是我开始进入中国图书馆学会工作的时候。周和平先生先后担任中国图书馆学会第五届理事会常务副理事长、第六届理事会理事长、第七届和第八届理事会名誉理事长,对我这样的年轻常务理事一直鼓励有加,关心备至。即使是在2017年退休不再担任中国图书馆学会职务后,周和平先生在创办中国古籍保护协会时仍然全力推荐我担任中国古籍保护协会副理事长,惜因有关学术社团任职数量的制度限制,我无法接受周和平先生的美意。

周和平先生在中国国家图书馆和文化部任职期间,发起、组织和领导了一系列改变中国图书馆和文化发展进程的重大项目:全国文化信息资源共享工程、中华古籍保护计划、民国时期文献保护计划、非物质文化遗产保护计划,贡献卓著。2017年,在我申请"非物质文化遗产数字信息资源管理研究"国家社科基金重大科研项目时,周和平先生担任我主持的重大科研项目的子课题负责人,全力支持和指导我们年轻人开展科学研究,其高尚的人格和甘为人梯的精神,令我们感动不已,感激不已。

2005年11月中国图书馆学会第七届学术研究委员会成立时,学术研究委员会主任委员吴慰慈教授主动提出成立图书馆史研究专业委员会,并让我担任主任委员。吴慰慈主任委员是北京大学人文社会科学资深教授,对后学关爱有加,也很理解年轻人参与学会工作的目的不是为了"做官",而是为了做事。因此,吴慰慈主任委员根据我的研究兴趣提出成立图书馆史研究专业委员会,以发挥我的学术专长,可谓用心良苦。如今我担任学术研究委员会图书馆史研究专业委员会主任委员也14年了,14年间为推动图书馆史研究,特别是图书馆史志编纂做了不少有益的工作,也算是没有辜负吴慰慈教授的用心栽培。

2014年,在文化部任职的韩永进出任中国国家图书馆馆长,在此之前我们完全不认识，在此之后我们也只是因为学会工作才有所交往。在中国图书馆学会第八届理事会换届时，韩永进理事长与陈力副理事长、倪晓建副理事长等全力推荐我担任中国图书馆学会第九届理事会副理事长，实在出我意料。2017 年韩永进理事长又以中国图书馆学会的名义提名我参加国际图书馆协会联合会管理委员会委员（2017—2019）竞选，更是令我倍感意外，倍感责任重大。在学会秘书处霍瑞娟秘书长等同人的支持下，我有幸当选，没有辜负韩永进理事长和学会的信任与期望。

国际图书馆协会联合会成立于 1927 年，中华图书馆协会虽然是十几个发起会员单位之一，但是，迄今为止 90 多年来，中国图书馆人能够当选国际图书馆协会联合会管理委员会（原为执行委员会）委员的仅有孙蓓欣（中国国家图书馆原副馆长）、吴建中（上海图书馆原馆长）、张晓林（中国科学院文献情报中心原主任）、朱强（北京大学图书馆原馆长）和我 5 人。如同中国图书馆学会理事长成员的地理分布传统一样，在广州的我能够获得中国图书馆学会的提名和推荐，并得到文化与旅游部批准，从而代表中国图书馆学会参加国际图书馆协会联合会管理委员会委员竞选，实在是一件极其不容易的事，这样的事今后恐怕也是难得一见。为此，我要衷心感谢韩永进理事长的厚爱和不拘一格的奖掖提携。

谭祥金先生是我进入中国图书馆学会的引路人。自 1999 年起，我曾经担任过 12 年的广东图书馆学会理事长（第八、九、十届），在担任理事长期间一直聘请谭祥金先生担任名誉理事长，指导学会的工作。谭祥金先生常言：学会工作的根本在于对事业有利，对会员有益。谭祥金先生是这样说的，也是这样做的，言传身教，令我受益终身。因此，在各级学会的工作中，我一直遵循着谭祥金先生的这个教诲，努力从事对事业有利、对会员有益的工作，以不负众望。

如今，我也年近花甲，回想过去 20 多年在学会所做的工作，一切成绩应该归功于前辈和领导给予我的机会和平台，否则，我难以施展自己的才能。在中国图书馆学会成立四十周年之际，我要感谢改革开放这个伟大时代，更要感谢谭祥金、吴慰慈、周和平、韩永进等前辈和领导的知遇之恩。借此机会，谨向他们致以崇高的敬礼和衷心的祝福！

紧跟时代脉搏,探索专业图书馆发展的无限可能

——纪念中国图书馆学会成立四十周年

刘会洲

2017 年我就任中国科学院文献情报中心主任,走入了这个十分不熟悉的行业。作为一名科研人员和科研管理人员,我十分认同专业学术图书馆在科学研究、学术交流中发挥的重要作用。我坚信在智能化时代,专业图书馆在推动学术信息开放共享、数字化资源长期保存、个性化深度知识服务、开放学术信息交流环境建设等方面将发挥越来越重要的作用,甚至可能成为未来学术交流体系的核心组成部分。来到图书馆行业后,我认识到我国图书馆机构有一个完整的体系,包括公共图书馆、高校图书馆、科研机构图书馆、医院图书馆、中小学图书馆等,它们整体作为国家社会文化体系的组成部分,承担着保障信息公平和普遍信息服务职能,而专业图书馆机构在行业、领域、机构的学术交流中发挥着重要作用。

专业图书馆分会作为中国图书馆学会重要的分支机构,其发展历程和变化沿革深刻地反映和代表了中国专业类图书馆适应现代信息技术和社会精神文明建设的历史成就和发展轨迹,也是中国图书馆繁荣崛起的典型代表。回顾往昔,1979 年 6 月 19 日,由中国科学院文献情报中心(原中国科学院图书馆)牵头,组织原中共中央马恩列斯著作编译局图书馆(现中央编译局文献部)、中国医学科学院图书馆、中国农业科学院图书馆、全国地质图书馆(现中国地质图书馆)、人民日报社图书馆、原中国中医研究院图书馆(现中国中医科学院图书馆)、中国科学院植物研究所图书馆等单位共同发起,成立了中央国家机关和科研系统

刘会洲,现任中国图书馆学会常务理事、专业图书馆分会主任,中国科学院文献情报中心主任,研究员。

图书馆学会,成为中国图书馆学会专业图书馆分会的前身。经历40年的艰苦努力,中国图书馆学会专业分会已由初创时的22个会员单位,发展成为今天遍布于国务院部、委(局、办)、中央直属单位所属科研系统的150多家专业图书情报机构,聚集了国内重要的专业图情服务机构。这些机构都是行业系统内图书文献协作网络的龙头单位,发挥着各自系统图书情报工作发展的牵头协调作用。拥有一大批具有各种专业背景的图书情报学专家、学者,是一支有相当学术水平和专业能力的学术社团。

建会之初,中央国家机关和科研系统图书馆学会将提高会员机构的学术水平和业务水平作为工作重点,通过协助中国图书馆学会组织开展各种专题学术活动,建立学术年会常规化等活动,提高会员的学术水平,中央国家机关和科研系统图书馆学会还十分重视和坚持在职培训工作,开展多种层次的培训班、进修班和证书班,为北京地区各类型图书馆培养了一批业务骨干。如1981年创办一年一度的图书情报工作岗位培训班;1983年接受政府委托组织中央国家机关系统和科研系统图书资料专业职称评定辅导班,并开展中央国家机关系统和科研系统图书资料专业初中级职称评定工作;1992年与北京大学合作举办图书资料专业证书班;等等。这些活动不仅使会员对一些重大理论与实际问题取得共识,而且也为中央国家机关和科研系统图书馆学会以后的组织壮大提供了基础保障。中央国家机关和科研系统图书馆学会还十分重视全国图书馆事业发展,1995年由前任理事长辛希孟老师主持的《中国图书馆与情报机构名录大全》正式出版,收录了15 697家国家图情机构信息,全面反映了当时我国图书馆情报事业的发展状况。

中央国家机关和科研系统图书馆学会成立之时,正值中国开始实施改革开放、社会主义市场经济,面对新形势对图书情报工作带来的影响,第一届理事会确定了以"面向现代化、面向世界、面向未来"的发展宗旨,组织专业图书馆交流探讨信息基础设施建设、计算机网络化、数据库和声像技术的广泛应用对图书馆业务建设和服务管理带来的挑战。世纪之交,面对中国加入世界贸易组织、国家创新体系建设、知识经济时代来临,中央国家机关和科研系统图书馆学会组织专业图书馆开展中国入世后图书情报事业的机遇、挑战和对策、图书馆品牌建设、国家创新体系中专业图书馆服务创新的学术研讨活动,探讨图书情报工作变革发展。再到新时期、新阶段,面对世界科技前沿和国内科技创新发展趋势,以及数字时代、互联网飞速发展给专业图书馆带来的危机和挑战,积极引导专业图书馆转型、变革与发展。

2000 年,中央国家机关和科研系统图书馆学会被纳入中国图书馆学会系统,成为二级分会,正式更名为中国图书馆学会专业图书馆分会。2005 年第五届理事会成立后,更名后的专业图书馆分会确立了开展专业领域图书馆学情报学的理论研究和实践应用研究的工作方向,将工作内容确定为:①开展专业领域图书情报学术交流和学术研究活动,活跃学术思想,促进学科发展;②开展图书情报工作继续教育工作,提升图书情报工作者知识服务能力;③编辑、出版图书馆学、情报学各种载体的文献信息资料,促进专业信息的传播;④维护会员和图书情报工作者的合法权益,反映他们的意见和呼声,促进学术道德建设和学风建设;⑤介绍、评定和推广图书馆学、情报学科研成果,促进学术成果的转化;⑥发现并举荐人才,表彰、奖励为专业图书情报事业做出贡献的图书情报科技工作者。

从 2005 年开始,专业图书馆分会以知识服务能力建设为中心,利用专业图书馆学术年会这个综合性平台,围绕知识服务主题,每年遴选一个焦点和热点专题,全面系统地交流、探讨图书情报机构开展知识服务的理论研究与实践探索,引导专业图书馆面向国家科技创新,面向国家重大需求,面向国民经济主战场,开展专业图书馆知识服务发展战略、应对挑战和文献情报服务能力转型的思考与实践,专业分会年会被业界称为知识服务年度会议。近 5 年以来,年会持续探讨专业图书馆知识服务升级转型发展,深度交流新型知识服务、智慧服务、融合服务新范式、新趋势,主题涉及融通创新 · 协同发展、数据融汇与智能化、数据驱动的文献情报服务、创新驱动 · 情报研究 · 决策咨询以及知识服务新工具、新方法、新平台等方面,有力地促进了专业图书馆新型文献情报服务能力提升。专业图书馆学术年会,历经 11 年,已成为业界探讨知识服务的品牌会议,并于 2017 年成功入选中国科协品牌学术会议目录。分会还适时跟踪国际图情领域新动向,及时向国内业界传递新思想、新动向、新发展,通过持续举办前沿专题研讨会,向国内介绍新理论、新实践,主题涉及数字资源长期保存、学科馆员服务、图书馆信息技术应用、机构知识库建设、开放获取、新型学术出版等热点主题,在业界起到了引领和示范作用，促进了图书馆事业的健康发展。如2012年首次在国内举办学科馆员与学科化服务研讨会，推动图书馆向知识服务转型；2018年承办数字资源长期保存全国学术研讨会，首次跨界联合，得到国际数据委员会（CODATA）中国全国委员会、中国博物馆学会、中国档案学会、中国计算机学会等学会的配合支持，邀请在科学数据、数字文博、多媒体技术与计算机辅助设计、数字人文、医学及电子病历、数字档案、开放课程等领域的专家学者就新型数字资源长期保存展开交流探讨，200余位来自图书馆界、档案界、文博界、计算机界、出版界、科学数据等领域从事数字资源长期保存研究与实践的人员参加了会议，共同探索建立国家新型数字内容资源长期保存机制和发展路径。为支持和推动我国科技信息开放获取的发展以及中国开放获取政策的逐步落地，专业分会作为重要的组织力量和承办力量之一，积极参与支持由中国科学院文献情报中心主导的开放获取、机构知识库建设在国内的宣传推广示范工作，联合承办了第一届至第七届开放获取周活动，联合承办第一届至第六届中国机构知识库建设会议，聚焦开放科学的新发展、新实践主题，组织来自科研界、教育界、图书馆界、期刊界和出版界等专业人员开展交流，共同探讨中国开放获取进一步推动落实的发展战略和行动建议。2009年，专业分会联合中国图书进出口（集团）总公司，首创中国图书馆馆长与国际出版社高层对话论坛平台，每年一届，已成功举办了10届，主题涉及开放知识资源建设、未来数字出版模式变革、科研信息交流、科学数据共享、数字资源长期保存、数字技术与知识系统、学术信息开放等领域，历次主题都站在学术信息交流模式的最前沿，交流探讨图书馆界、出版界融合发展的新路径。借助论坛，提供了海内外出版界、图书馆界直接对话、交流的平台，加深了认识，达成了共识，对推动我国出版和图书馆事业的健康发展起到积极的作用。

在继续教育方面，专业分会继承了建会以来“专业教育为重”的优良传统并发扬光大，培育出“图书馆知识服务能力”和“科技情报机构情报服务能力”两大特色培训品牌，建会时创办的第1期图书情报工作岗位培训班到现在已举办了33期，创办的图书情报工作高级研究班已举办至现在的第25期，并持续举办了8期图书馆先进知识服务工具技能培训班、6期数据馆员培训班。近年来，根据大数据环境下图书情报工作变革需要，加强了数据素养和新型情报服务能力建设的培训重点，策划组织了科研数据管理、数据挖掘与可视化、知识产权信息分析、学科前沿/技术发展态势分析、科技竞争力分析、机构知识库建设、数字资源长期保存、产业竞争情报服务、知识图谱构建、创新态势监测、技术预见等专题培训班，培养了一批高素质专业人员，在业界具有良好的口碑。

在编辑出版方面，专业分会也成果斐然，近十年公开出版了《图书馆品牌建设》《国家创新体系中专业图书馆的服务与发展》《专业图书馆"十二五"期间事业发展报告》《中国专业图书馆发展报告》(2010、2012、2014卷)等公开出版物，结集编辑一年一度的学术年会论文光盘(内部交流版)，成为研究专业图书馆发展的重要参考书目。

专业图书馆分会秘书处挂靠单位是中国科学院文献情报中心，在中国图书馆学会的领导下，依靠分会领导机构的带领和广大会员的共同努力，积极进取，勇于实践，积极发挥专业分会的桥梁纽带作用，增强专业图书情报机构间的交流合作，如今的专业图书馆分会学术活动、教育培训、组织建设、会员服务等工作稳步推进，正向着健康发展进一步迈进。面向未来，专业图书馆分会将继续围绕新型知识服务的主题，持续升级、深化知识服务的内涵和服务方式，重点探讨大数据、互联网+、人工智能环境下及开放科学、开放获取环境下专业图书馆范式变革，引导专业图书馆开展未来愿景、发展策略和能力转型的思考与探索，继续保持和深化新型知识服务能力和科技情报能力培训与人才培养工作，继往开来、开拓创新，为专业图书情报事业持续繁荣发展贡献力量，共创专业图书馆分会美好未来。

风雨同路　牢记初心

——医学图书馆分会在中国图书馆学会带领下砥砺前行

陈　锐

1979年7月9日，中国图书馆学会在山西太原成立。40年来，中国图书馆事业得到前所未有的发展，在民族伟大复兴和社会发展中发挥着越来越重要的作用。作为我们党和政府联系全国广大图书馆工作者的桥梁和纽带，中国图书馆学会团结、组织广大会员和图书馆工作者，积极开展多种形式的学术活动，为促进图书馆学研究和图书馆事业的发展做出了突出贡献。

2019年，我们迎来中华人民共和国70周年华诞，这一年是全面深入贯彻党的十九大精神、决胜全面建成小康社会和落实“十三五”规划的关键一年。对中国图书馆学会而言也很特殊，那就是——中国图书馆学会成立40周年。在此，首先对中国图书馆学会成立40周年表示衷心的祝贺！

青春不计耕耘苦，待到秋来实满盈。回望这40年极不平凡的历程，中国图书馆学会在繁荣学术研究、引领学科进步、培养专业人才、促进全民阅读、推动图书馆事业发展和社会进步等各个方面取得了丰硕成果。漫漫40年求索路，取得的成绩是骄人的，发挥的作用是不可替代的。很荣幸，28年前，医学图书馆分会成为中国图书馆学会的一员，成为这个大家庭的一分子，并在学会这个优秀“家长”的带领下茁壮成长、不断前进。

陈锐，现任中国图书馆学会常务理事、医学图书馆分会主任，军事科学院军事科学信息研究中心副主任兼图书馆馆长，研究馆员。

吾家有儿初长成

中国图书馆学会医学图书馆分会（原名中国图书馆学会医院图书馆委员会，2016年4月更名），于1991年6月20日经中国图书馆学会批准并于同年10月6日在北京成立。先后挂靠北京铁路医院、中国康复研究中心；2003年初，挂靠原解放军医学图书馆，该馆成为主任委员单位。2017年9月，原解放军医学图书馆与原军事图书资料馆整合成为军事科学院图书馆。经报批，该馆仍为中国图书馆学会医学图书馆分会的挂靠单位。

医学图书馆分会作为中国图书馆学会的分支机构，是医学图书馆工作者及关注医学图书馆事业发展的各界人士自愿申请加入的专业学术组织，是联系全国医学图书馆工作者的桥梁和纽带，是发展我国医学图书馆事业的重要社会力量。

上下求索向前行

2003年初，原解放军医学图书馆接管医学图书馆分会后设立了秘书处，安排专职人员从事日常工作。负责组织机制建设和会员发展工作；搭建学术平台，组织学术交流，开展科学研究，促进学科发展；为医学图书馆提供业务指导和咨询服务；组织开展从业人员技能培训和继续教育；推选在医学图书馆实际工作中取得优秀成绩的会员参加上级学会的评比表彰；维护会员和医学图书馆工作者的合法权益，反映会员的意见和要求；开展各类为会员服务的活动。

百尺竿头须进步

医学图书馆分会成立以来，陆续展开各项工作。重点包括：①组织专业会议。自2003年起，连续16年组织召开全国医学图书馆研讨会暨学术年会,来自各地医学图书馆及相关机构的学者和代表就医学图书馆的创新服务等主题进行交流和研讨,累计参会达4000余人次。同时,积极组织会员参加中国图书馆年会,并组织承办中国图书馆年会医学图书馆分会场学术活动。②开展科学研究。组织开展科研立项工作,积极筹集资金,设立基金项目,2008、2011、2015年分别对47个项目进行立项和资助,并进行全过程管理,对成果予以结题验收并通报,带动和促进医学图书馆科研能力水平的提升。③文献编辑出版。参与《中国图书馆年鉴》等文献的编辑出版工作。按照中国图书馆学会和《中国图书馆年鉴》编辑部的要求,每年将医学图书馆分会及医院图书馆年度发展状况编撰条目提交《中国图书馆年鉴》编辑部,及时反映和展示分会和各会员单位开展各项活动的情况。④加强组织建设。主动吸纳会员,严格机构管理,积极推优评先。分会原秘书长张文举获2012年度"全国优秀科技工作者"荣誉称号;分会主任委员陈锐荣获"2013中国图书馆榜样人物"、2016年度"全国优秀科技工作者"荣誉称号;分会委员杨华荣获"2016中国图书馆榜样人物"风采展示;分会推选的程瑾、赵悦阳、薛晓芳分别荣获第一、三、四届中国图书馆学会青年人才奖;分会推选的侯胜超荣获中国图书馆学会第七届青年学术论坛"青年学术之星奖"、肖健荣获"优秀奖";会员单位原解放军医学图书馆、重庆医科大学第一附属医院图书馆荣获"2016年全民阅读先进单位"称号;2018年,会员单位江苏省淮安市第一人民医院图书馆的"医学图书馆阅读疗法研究"荣获中国图书馆最美故事系列风采展示等。

医图建设引航人

28年来,在中国图书馆学会的带领下,医学图书馆分会以服务医疗卫生事业发展和卫生科技创新为己任,充分发挥桥梁和纽带作用,加强沟通,密切合作,促进了全国医学图书馆的服务创新、技术融合及资源共享,为不断提升医学图书馆工作和信息服务水平不懈努力。对医学图书馆界产生了积极的影响,对医学图书馆建设发展起到了重要作用。

当今,中国图书馆学会将"推动全民阅读,促进知识的创新与传播,为提高国民科学文化素质,建设学习型社会发挥作用"作为重要任务,发布年度全民阅读工作通知，积极引导、协调和组织全国各级各类图书馆开展了形式多样、内容丰富的阅读推广活动，形成了我国图书馆界集体推动全民阅读工作的合力。作为中国图书馆学会的主要分支机构，医学图书馆分会积极响应学会号召，自觉承担起“举旗帜、聚民心、育新人、兴文化、展形象”的使命任务，充分发挥图书馆社会教育、文化传播、阅读推广主力军的作用。分会各成员机构也纷纷通过各种重点主题活动和自主策划相结合的方式，开展阅读推广活动，倡导全民阅读，推进学习型社会建设。

而今迈步从头越

目前，世界各国图书馆正在积极转型发展，我国图书馆事业也正处在一个充满希望、大有作为的新时代。四十年时间犹如白驹过隙，如今，是最好的时代，充满机遇但也挑战重重。坚信中国图书馆学会，会继续团结和发挥图书馆界不同学科的专业力量，带领广大图书馆工作者，以习近平新时代中国特色社会主义思想为指引，深入学习贯彻落实党的十九大和十九届二中、三中全会精神，紧密围绕国家决胜全面建成小康社会、建设社会主义文化强国和创新驱动发展等重大战略部署，共同推动我国图书馆事业持续健康发展。

一路高歌一路行

回首过去，风雨同路；展望未来，牢记初心。在这里，我谨代表医学图书馆分会全体成员，向中国图书馆学会这个大家庭送上最美好、最热烈、最诚挚的祝福！在中国图书馆学会的领导下，医学图书馆分会将始终遵循“献身、创新、求实、协作”的精神，继往开来，改革创新，不断进取，为医学图书馆建设发展做出应有的贡献，取得更好的成绩。同时，分会也将继续充分发挥各成员机构的作用，圆满完成各项重点工作，共同推动中国图书馆学会事业不断创新发展。凝心聚力，砥砺前行，未来，我们继续一路相随！

聚力促发展　高点启新程

——中国图书馆学会阅读推广委员会工作与展望

李东来　冯　玲

提倡阅读、推广阅读是图书馆的基本使命。我国图书馆界在全民阅读活动中,尤其是21世纪以来的书香社会建设高潮中,发挥了先导作用,展现了职责担当,进而体现出图书馆的社会价值,扩大了图书馆的社会影响。阅读推广成为图书馆的重要基本性工作,也是最为活跃且生机勃勃的工作领域。中国图书馆学会阅读推广委员会的工作折射出图书馆事业的社会化发展。

一、发展历程

为推动图书馆开展全民阅读工作,中国图书馆学会2005年决定成立科普与阅读指导委员会,并于2006年"4·23"世界读书日期间在东莞召开了成立大会,全国的图书馆阅读推广工作有了组织机构、交流平台和联动阵地。科普与阅读指导委员会下设阅读文化研究委员会、推荐书目委员会、家庭藏书读书委员会、图书馆与社会阅读委员会、媒体与社会阅读委员会5个分委会,共有委员76人。2009年,科普与阅读指导委员会换届并更名为阅读推广委员会以更好地突出其作为全民阅读指导组织的属性,专业委员会数量及委员数量皆有了大幅度增加,分委会增加至15个,委员人数增加至300余人。2016年,新一届阅读推

李东来,现任中国图书馆学会理事、阅读推广委员会主任委员,东莞图书馆馆长,研究馆员。

冯玲,现任中国图书馆学会阅读推广委员会秘书长,东莞图书馆副馆长,研究馆员。

广委员会换届成立，其下设的专业委员会再增加至21个，委员扩充至约500人，规模日益壮大。

作为中国图书馆学会在全国范围内负责规划、指导、协调、组织阅读推广及相关学术研究活动的工作机构，阅读推广委员会的宗旨和使命是以全国图书馆为立足点，开展阅读推广的实践与研究，促进全社会的阅读氛围建设。在中国图书馆学会领导下，阅读推广委员会自成立以来，广泛吸收来自全国各级各类图书馆及阅读推广相关组织的力量，大力促进全国图书馆的阅读推广工作，创建全民阅读活动品牌，丰富阅读推广实践，培养阅读推广专门人才，工作开展卓有成效，为建设学习型国家和书香社会做出了贡献，在全国产生了深远的影响①。

二、思考与行动

随着社会阅读意识和阅读环境的改变，在政府、机构、企业、民间各方力量的共同努力下，图书馆的阅读推广经历蓬勃发展而步入深化、提升的新阶段，站在高的起点，面临新的要求。本届阅读推广委员会在已有两届委员会良好工作的基础上，从问题导向出发，确立工作思路。把握阅读推广委员会的核心要求，找准定位，明确图书馆的阅读推广应该做什么，既要发挥图书馆在全民阅读的主阵地作用，又要充分展现图书馆专业优势，注重发挥图书馆行业整体能量，通过活动整合、理论探索、数字先行三个工作推进维度，积极开展组织、理论、项目、产品四方面建设，推动阅读推广实践和研究的发展。每年策划推出年度主题：阅读，从图书馆出发（2016）；悦读，在路上（2017）；阅读，与法同行（2018）；读经典，学新知，链接美好生活（2019）。换届后重点开展了以下几方面工作：

1. 规范：健全工作机制

2016年4月20日至21日，中国图书馆学会阅读推广委员会换届成立大会暨第十届“全民阅读论坛”在东莞图书馆举办。本届委员会增

① 吴晞. 十年种木长风烟——纪念中国图书馆学会阅读推广委员会成立十周年[J]. 今日阅读，2015(28)：1-3.

加了6个专业委员会，兼顾东中西部图书馆事业发展，新增内蒙古、贵州等地图书馆作为挂靠单位；加强理论研究，新增阅读推广理论研究、阅读史研究等专业委员会；加强与高校图书馆合作，新增华东师范大学信息管理学系、北京大学图书馆为挂靠单位；重视与社会资源的结合、重视图书馆界青年骨干的作用和培养，设立专家咨询委员会、青年工作委员会，搭建起新的组织架构。会议讨论制定了中国图书馆学会阅读推广委员会《组织规则》《工作规程》《内设机构职责》《荣誉体系设计草案》和《全民阅读网站管理工作规程》等一系列工作制度，严格执行中国图书馆学会管理制度，做到工作清晰规范①。

各专业委员会按要求完成了专业委员的推荐、筛选、信息申报和组建成立等工作。为加强委员之间的沟通交流，秘书处开设了阅读推广委员会邮箱，做好上传下达工作；建立了QQ工作群，设立了专委会联络员制度；建立了网站信息更新机制，及时发布文件通知和通报最新工作动态；开通了微信公众号，不定期更新内容，发布各项通知。同时，工作项目委托制、咨询召集人制等也在建立实行中，进一步健全了工作平台和工作机制，提高了组织效率。

为全国的图书馆和图书馆员搭建平台，以工作开展和影响辐射力为评价标准，承担中国图书馆学会“全民阅读”称号的申报和评审工作。注重以人为核心，以事为纲目，奖项目，也奖参与人。新增“阅读推广研究课题”“阅读推广优秀项目”，课题实行前、中、后期全程管理，2016、2018年仅申报研究课题的图书馆人员就达2675人。

2. 提升：组织召开论坛和研讨会

阅读推广委员会发挥专业机构的带动作用，积极组织召开论坛和研讨会，搭建学会、图书馆、学者、公众之间的互动交流平台，提高论坛品牌影响力，提高青年馆员参与度，提高专委会组织学术活动的能力和水平。

一是持续打造全民阅读论坛品牌。全民阅读论坛自2007年创办以来每年一届连续举办，在业界、举办地、社会公众中产生了广泛的影响。2017年4月18日至20日，阅读推广委员会在湖南省长沙市图书

① 李东来. 阅读推广委员会2017年工作报告[Z]. 阅读推广委员会2018年工作会议上的讲话，2018.

馆举办了“东亚文都·书香长沙”——中国图书馆第十一届全民阅读论坛系列活动。活动分为4个板块：中国图书馆学会阅读推广委员会2017年工作会议、中国图书馆第十一届全民阅读论坛、2017年数字阅读峰会以及分主题论坛。活动吸引了国内外专家、学者、图书馆工作者等1000余人参会，公众也参与其中，进一步丰富了论坛的形式和内容。2018年3月28日至31日，中国图书馆学会阅读推广委员会2018年工作会议暨第十二届“全民阅读论坛”在安徽省合肥市图书馆举行，中国图书馆学会阅读推广课题项目研究成果交流和2016年阅读推广优秀项目分享交流会同时举办。2019年4月8日至10日，中国图书馆学会阅读推广委员会2019年工作会议暨第十三届“全民阅读论坛”在山西省太原市图书馆举行，阅读推广优秀项目分享交流会以及“让经典走向大众——《中华传统文化百部经典》全国行”推介活动同时举办。

二是策划推出首届“公共图书馆在全民阅读中的领读与创新”峰会。2018年8月9日，受广东省委宣传部委托，阅读推广委员会策划、承办的峰会在广东省立中山图书馆举行。峰会隆重推介了展现中华传统文化的广泛性和多样性的《中华传统文化百部经典》和第一部以中国阅读史为研究对象的多卷本通史类著作《中国阅读通史》；邀请了第十三届全国政协常务委员兼副秘书长、民进中央副主席朱永新教授，中国图书馆学会阅读推广委员会顾问、北京大学教授王余光，中国图书馆学会副理事长、中山大学教授程焕文等来自全国阅读界和图书馆界的6位知名专家进行主题对谈。峰会预热“南国书香节”，多维度地展现了新时代下全民阅读推广工作的新思想和新方法。峰会的成功举办，也说明政府与社会组织对图书馆在全民阅读中作用和地位的认同。

三是推动跨界合作，参与组织第三届水滴奖全国科幻作品征集大赛。2018年11月，由中国科协主办的以“幻想无界　共享未来”为主题的2018中国科幻大会于深圳隆重举行，会上为“水滴奖”举行颁奖仪式。在中国图书馆学会阅读推广委员会的推动下，本届水滴奖设图书馆优秀组织奖，云南大学图书馆、东莞松山湖图书馆、张家港图书馆、云南师范大学图书馆、太原市图书馆5个单位获奖。

3. 整合：策划开展联动而有影响的项目

在全社会都重视全民阅读、阅读推广活动众多的环境下，以数字阅读推广为重点,研究和跟进数字时代的新阅读形态和方式,积极策划开展图书馆界整体性影响的项目,体现图书馆的专业积累和行业协作的优势。

2016 年,阅读推广委员会启动了“扫码看书,百城共读”阅读推广公益行动,在全国组织开展共同行动。在整体统筹上,组织发动各地图书馆及阅读机构申报参与“扫码看书,百城共读”活动,编制《活动指南》指导各单位活动开展细节,成立专家组,每期推荐 9 本电子书引导深度阅读,设计活动宣传海报模板供各参与单位免费获取使用,建立活动反馈机制,建设“扫码看书,百城共读”专栏网站(http://smks.libead.org)为活动单位了解、参与、推广活动提供信息平台。统一的宣传形象、便捷的阅读方式、专业的指导推荐,形成了阅读推广的整体效能,也较好地解决了基层图书馆数字阅读推广资源有限的问题,有来自吉林、广东、河南、河北等 29 个省、自治区和直辖市的 304 个机构参与了此项活动。2019 年再扩大阅读推广公益行动的内容范围,启动“悦读悦听悦览,码上同行”,秉承方便简单的服务、推广理念,持续打造图书馆数字阅读之门。

立足弘扬优秀传统文化,在全国开展《中华传统文化百部经典》推广活动。2019 年 8 月,活动在广东正式启动,分别在广州、东莞两地拉开了序幕,10 月,沧州也加入首批推介城市行列,到 2019 年 4 月,已有近 160 家图书馆申请加入推介,活动陆续在全国各地图书馆推开。加大全民阅读宣传,举办全国首届“图书馆杯主题海报创意设计大赛”。大赛覆盖全国 32 个省级行政区,共计 1168 个图书馆报名作为组织单位参与大赛,共有17 796名读者报名,通过审核作品13 925件。推出少儿多元化阅读体验平台,举办“2018 年绘本剧嘉年华(深圳·福田)”活动,包括国内外优秀儿童剧目展演、绘本剧表演、研讨会、征文以及各项主题活动。其中绘本剧大赛共征集到 35 个绘本剧作品,经过初赛选拔和决赛现场表演,最终评选出 11 个获奖作品和 136 名获奖学生。推广阅读活动和普及艺术结合,举办“阅读之美　美若初见”——全民阅读与图书馆公共教育活动推广项目系列展览。展览包括“阅读之美　美若初见——顾晓光摄影作品展”与“绘画作品中的阅读者”两个模块。2018 年全国各地共有 32 个图书馆申请举办了该展览。

4. 研究:夯实理论基础

针对图书馆阅读推广实践丰富而理论研究相对滞后与薄弱的现状,引导各专业委员会、图书馆加强阅读推广理论研究。

一是策划推出系列调查与研究报告。2016 年,阅读推广理论研究专业委员会通过梳理分析过去 10 年来我国图书馆阅读推广领域的研究进展情况,编撰完成了《图书馆阅读推广理论进展(2005—2015)》,成为阅读推广委员会系列调查与研究报告的首个研究报告。其他专业委员会也策划了研究报告并相继推出,阅读推广委员会的《阅读推广委员会 2017 年工作报告》《阅读推广委员会 2018 年工作报告》《"扫码看书,百城共读"活动研究报告》,图书馆与社会阅读专业委员会的《政府组织的全民阅读工作中公共图书馆角色调查报告》,阅读与心理健康专业委员会的《一书,一社区》和最新版《美国国家艺术基金会(NEA)"大阅读"项目预算指南》译本,阅读推广理论研究专业委员会和儿童与青少年阅读推广专业委员会合作的《新世纪未成年人阅读推广理论研究进展》等。

二是开展阅读推广课题立项工作。为提高广大图书馆工作者开展阅读推广相关学术研究的积极性,2016 年 9 月开展了首次阅读推广课题项目申报活动。阅读推广课题项目既关注全民阅读与阅读推广的学术理论,也思考和研究图书馆阅读推广的策略、方式与方法,特别注重对阅读推广实践领域的优秀经验和成果的研究。课题申报共收到来自全国 27 个省、市、自治区图书馆工作者的近 250 份申请。2018 年开展新一轮的阅读推广课题项目的申报工作,分重点课题和一般课题两种申报形式。重点课题定向性强,有利于从事相关工作的馆员与现实工作结合。本次共收到合格课题有 316 份,经专家评审,最终共立项 10 项重点课题,70 项一般课题。对已立项的 2016 年 50 项首批课题,实行前、中、后全程管理服务工作,结题 46 项,结题率 92%。

三是开展文化行业标准化研究项目研究。阅读推广需要标准化、规范化,建立相关的准则来指导工作的更好开展。承担的文化行业标准化研究项目《图书馆阅读推广标准调研及标准体系框架研究》和《公共图书馆阅读服务标准化研究》均于 2018 年 12 月顺利结项。

5. 特色：专业委员会活动精彩纷呈

阅读推广委员会下设的21个专业委员会，每年都组织开展多种不同主题的活动，为营造书香阅读氛围和促进全民阅读发挥了积极的作用。其中，由经典阅读推广专业委员会承办的“公私藏书与经典阅读论坛”、社区与乡村阅读推广专业委员会承办的“书香城市（区县级）”论坛、大学生阅读推广专业委员会承办的“大学生阅读推广高峰论坛”和“2018年全国大学生中华经典美文诵读大赛”、民族文献阅读推广专业委员会承办的“民族图书馆用户服务创新与阅读推广学术研讨会”、儿童与青少年阅读推广专业委员会承办的“全国少年儿童国学经典故事大赛”、科普阅读推广专业委员会承办的“科普阅读推广案例征集活动”、图书评论与阅读推广专业委员会承办的“馆员书评”征集活动、图书馆与社会阅读专业委员会承办的“阅读刊物的阅读推广实例”“我的书房故事”征集活动和“阅天下·邂逅图书馆之美”活动，以及阅读推广理论专业委员会承办的“阅读推广金点子”作品征集都引起了较大的社会反响。

三、下一步展望

展望未来，阅读推广委员会将继续围绕全民阅读的热点重点，积极聚合各专业委员会和图书馆力量，加强和社会各界的密切合作，推动开展阅读推广实践和研究。具体而言，要进一步按照阅读推广委员会确定的“四三二一”思路，即“四个方面（组织、理论、项目、产品）建设，三个维度（数字、整合、研究）推进，两化结合（社会化、专业化）之路、一个核心（图书馆阅读推广荣誉体系）引导”开展重点工作①。

在组织建设方面，阅读推广委员会将对委员会的规章制度做进一步的完善，并根据每个专业委员会开展工作情况进行委员的调整，以更好地吸收有积极性、有影响力的行业从业人员。同时将对“全民阅读”网站进行全面改版，优化网站内容设置，并将对接微信，优先移动端访

① 李东来. 阅读推广委员会2018年工作报告［Z］. 阅读推广委员会2019年工作会议上的讲话，2019.

问，以进一步扩大网站的覆盖面。

在理论建设方面，阅读推广委员会将进一步深耕阅读推广理论研究，继续推出阅读推广系列报告，推进阅读推广标准规范工作，开展图书馆阅读推广标准规范的研究和项目指南指导征集，同时推进书香城市指标体系在各地的实施。

在项目建设方面，阅读推广委员会将延续重点项目建设，着力提高重点项目的影响力。继续办好全民阅读论坛、公共图书馆在全民阅读中的领读与创新峰会、“扫码看书，百城共读”等重点活动，并加强对阅读推广课题项目的管理，规范项目管理工作，提高项目管理水平。同时，积极加强与社会各个方面的合作，在合作中充分发挥图书馆的专业特长和资源优势，提高图书馆服务效能与影响。

在产品建设方面，督促推进阅读推广人系列教材第三至七辑的编辑出版，并配合中国图书馆学会开展阅读推广人培训工作；对“全民阅读示范基地”的先进经验进行全面梳理，将优秀案例集结成汇编，为我国图书馆开展阅读推广工作提供参考借鉴。

阅读推广委员会将在已有活动基础上，进一步策划优选数字阅读项目，加强宣传力度，整合联动效果，继续为各个参与的图书馆提供更多好书分享，扩大图书馆在全民阅读中的影响。将进一步表彰优秀、树立榜样，以更好地引导图书馆开展阅读推广工作，还将开展更多不同类型的阅读推广活动，例如同城共读万卷共知、内刊精选合作出版、智能辅助绘本阅读、阅读推广大使工程等，为我国图书馆的阅读推广工作提供更多支持。

学术是图书馆学会的生命

——见证中国图书馆学会学术研究四十年

柯　平

中国图书馆学会是改革开放第二年成立的国家级学术团体,至今已有四十年的历史。四十年来,中国图书馆学会不仅以指导与推动图书馆事业发展为己任,代表图书馆人在世界发声,对国内外图书馆事业产生了极其深远的影响,在某种意义上起到了行业组织的作用。而且广泛吸引图书馆学及相关学科研究人员与实践工作者对话,引领图书馆学理论与应用的前沿研究,始终将图书馆学学术研究放在首位,充分履行了学术团体的使命。

1979 年中国图书馆学会成立时也是我考入大学学习图书馆学专业的那一年,学会的成立对于一个图书馆学入门者来说有着特殊的意义,我跟随着图书馆学系的老师们学习图书馆学理论,追寻着学会的足迹了解图书馆事业,学会成为我认识图书馆世界的一个窗口。此后,我成为大学图书馆学专业的一名教师,也担任过大学图书馆馆长,不仅参加了学会的许多活动,见证了学会的快速发展,而且直接参与了学会工作,为学会的建设与发展做出了自己的贡献。四十年来,我与学会一起成长,学会给了我许许多多的帮助、指点和培养,是我从事教学、指导学生的有力助手,也是我从事学术研究的重要源泉与平台。

一

中国图书馆学会在成立初期,只设立两大委员会(学术研究委员会和编译出版委员会)。当时的省级学会也是按这一构架组织的,因此,

柯平,现任中国图书馆学会理事,南开大学商学院信息资源管理系教授。

学术研究委员会成为图书馆学会排列首位的最重要的组织。

每届学术研究委员会都由图书馆学界名家组成,而主任则由声望卓著的学术大家担任。例如,1992 年第四届学术研究委员会主任是我的导师彭斐章先生,副主任有北京大学的吴慰慈先生、国家图书馆的刘湘生先生、中国科学院的辛希孟先生和华东师范大学的吴光伟先生。当时我正在武汉大学读彭斐章先生的博士,听他讲起学术研究委员会的情况,感到中国图书馆学会非常重视发挥学术大家的作用,学术研究委员会阵容强大,其下的 14 个研究组涵盖了图书馆学各主要领域,组织有力。

1994 年我从武汉大学博士毕业回到郑州大学,担任系主任。到 1998 年第五届学术研究委员会成立时,北京大学吴慰慈先生担任主任,刘湘生、詹德优、吴建中、汪东波、程焕文五位担任副主任,我的导师彭斐章先生和我的博士论文答辩主席周文骏先生被聘为顾问,我第一次被聘为学术研究委员会委员,这届委员会将下设的"研究组"改名为"专业委员会",应当是一个大的进步。这届委员会共设有 12 个专业委员会,我同时也是目录学专业委员会的委员。1998 年 4 月 15—17 日在上海图书馆召开了第五届学术研究委员会成立暨工作会议,对我来说,这是第一次参加学术研究委员会的会议。开幕式上分别由吴建中和汪东波两位副主任宣读了学会理事长徐文伯和常务副理事长周和平的书面讲话。学会副理事长兼学术研究委员会主任吴慰慈做了"回顾过去　展望未来　开拓前进——建设面向 21 世纪的图书馆学学科体系"的专题发言。学会秘书长刘湘生在大会总结发言中说:促进学术研究、开展学术交流活动是学会最基本、最首要的工作任务,本届学术研究委员会和各专业委员会要抓住机遇,动员、组织广大会员和图书馆工作者开展学术研讨和学术交流活动。我第一次参加如此高端的学术组织,非常受感动,也很振奋,回来后于 5 月 14 日在河南省高校图工委学术讨论会上做了"中国图书馆学会第五届学术研究委员会情况与上海图书馆改革经验"专题报告。当时我是河南省图书馆学会学术委员会主任,一方面及时传达贯彻中国图书馆学会的会议精神,扩大学术研究委员会的影响,另一方面,认真做好专业委员会的工作,积极组织本地图书馆学学术研究。

我是 2002 年 4 月调入南开大学的,刚报到不久,就赴京参加 4 月

12—15 日在首都图书馆召开的中国图书馆学会第六届学术研究委员会成立暨工作会议。这次会上，我继续担任中国图书馆学会学术研究委员会委员，第一次被聘为目录学专业委员会副主任。到 2009 年第八届学术研究委员会成立时，我被推选为副主任兼目录学专业委员会主任。

2009 年 9 月 22—24 日，中国图书馆学会第八届学术研究委员会成立大会暨工作会议在上海召开，北京大学吴慰慈先生继续担任主任，北京大学李国新继续担任常务副主任，副主任除了我，还有国家图书馆汪东波、中国科学院戴利华、上海图书馆王世伟、中山大学程焕文、武汉大学肖希明、南京大学沈固朝。会议根据事业的变化与发展的需要，对部分专业委员会进行了调整和更名，将原少儿图书馆专业委员会调整为未成年人图书馆服务专业委员会，原标引与编目专业委员会更名为信息组织专业委员会，原图书馆学教育与培训专业委员会更名为图书馆学教育专业委员会，还新增了 4 个专业委员会即图书馆管理专业委员会、图书馆社会合作研究专业委员会、图书馆员专业委员会、图书馆统计与评价专业委员会，最终形成了 19 个专业委员会的组织架构。这次会议既是一个汇聚图书馆界学术精英的成立大会和工作会议，又是一个学术交流的重要会议。大会专门安排了学术报告，晚上还组织了自由学术沙龙。会议结束时，我代表学术研究委员会做了大会总结，我把这次大会的特点概括为“众”“新”“实”三个字，代表众多，精英云集；组织架构新颖，委员年轻化；活动务实，丰富灵活。当年像这样充满创新的学术盛会在图书情报档案领域是不多见的。

2016 年 5 月，中国图书馆学会第九届学术研究委员会在上海成立，调整了学术研究委员会领导层，吴建中先生担任主任，吴慰慈先生担任名誉主任，我和国家图书馆汪东波、中国科学院张晓林、北京大学王子舟、武汉大学黄如花、南京大学孙建军、中山大学潘燕桃担任副主任。从这一届开始，学术研究委员会设立秘书处，还在专业委员会之外创新建立了临时性、非正式、可由非学会会员参与的、研究焦点比较集中的特别兴趣小组机制，设立比较图书馆学研究兴趣小组、民间历史文献整理与数字人文研究兴趣小组。学术研究委员会不定期召开主任委员工作会议，如 2017 年 7 月 9 日在广州召开第三次主任委员工作会议，进行上半年工作总结，并为下半年的工作提出建议。

从 1998 年算起，我担任学术研究委员会委员已有五届 20 年。从

2009 年算起，我担任学术研究委员会副主任已有两届 10 年。一方面，我深感学术繁荣的使命光荣，学科发展的责任重大；另一方面，为学会的学术研究取得长足的进步而感到骄傲与自豪。

二

四十年来，中国图书馆学会以学术研究为中心，以学术活动为载体，以促进图书馆学及相关学科理论与实践的对接、推进事业发展和学科发展为目标，催生了全国图书馆界的学术繁荣。学术活动类型多样，丰富多彩。学术会议内容殷实，亮点纷呈。

学术年会是中国图书馆学会开展大规模学术研究的一种形式，也是学会创建的一种新的学术平台，与美国图书馆协会（ALA）年会既有共同点，以各专业委员会组织学术活动为主体，也有自己的特色，如从早期的学会主导到后来的政府主导，学术年会发挥着越来越重要的作用。

中国图书馆学会首届学术年会是 1999 年 7 月 9—12 日在大连召开的，同时也是中国图书馆学会庆祝成立二十周年的会议。会议以“世纪之交：图书馆事业回顾与展望”为主题，围绕数字图书馆与网上图书馆、网络环境下的文献资源建设与共享、新世纪图书馆管理与变革、走向 21 世纪的文献信息服务、文献标引与编目工作的发展态势、知识经济与图书馆等问题展开学术讨论，会议收到学术论文 750 余篇。我和郑州大学信息管理系的白华老师合作撰写的论文《论知识经济时代的图书馆》入选大会并被评为优秀论文。因为是首次年会，专家学者参会非常踊跃，参会代表达到 1000 多人，很多省还组织了代表团，我当时是代表河南省参会的。

虽然组织如此大规模的年会是首次，却是大手笔，开幕式和闭幕式都很隆重，学术活动精彩纷呈，并初步形成了 3（开幕式 + 分会场 + 闭幕式）+2（展览 + 文化参观）的年会模式，会议取得了巨大成功。

2000 年在海拉尔召开的第二次年会我没有参加，但据参会回来的很多人说，当地政府特别重视，年会的车队行进在大街上，有警车开道。除了学术活动，文化参观是更上一层楼。那一年，我随中国图书馆学会代表团参加了 ALA 在芝加哥的年会,他们组织的年会规模更大,学术活动更多,展览更吸引人,让我们大开眼界,从而获得了一些办会经验。

2004 年在苏州召开的学术年会恰逢中国图书馆事业百年,因而这次会议也是一个纪念大会,我和我的研究生李卓卓撰写了《中国图书馆精神——纪念中国图书馆事业百年》入选年会并被评为优秀论文。

自 2008 年以后,我参加中国图书馆学会学术年会更为频繁,几乎年年参会,且逐渐深度参与,对学会成功举办学术年会有了更深切的体会。

学术年会是中国图书馆学会的一个有效的学术平台,吸引了全国各地图书馆学者和图书馆实践工作者的广泛参与,推动了学者教授与馆长馆员之间的对话,加强了理论与实践的结合。年会也是发展图书馆学及相关研究的一个学术品牌,很多学者和图书馆工作者积极参加年会并在年会争取发言,展示图书馆学研究的最新成果,交流图书馆工作的创新经验,年会在一定程度上促进了工作创新与事业发展。

学术年会形成了一种学术制度,这种制度由一系列重要因素组成:

一是策划。年会的策划十分重要,涉及主题策划、活动策划、亮点策划等。我曾参加了几次年会策划工作,深感不易。学会秘书处和学术研究委员会是年会的主要策划者,为了达到学术年会的最佳效果,广泛征求意见,集中行业智慧,可谓费尽心思,用心良苦。2012 年 7 月 30 日,我赴北京参加由中国图书馆学会秘书处组织的图书馆未成年人服务提升计划培训工作座谈会和 2012 年中国图书馆年会分会场策划工作会,这一年创新设立了"主题论坛"。年会不断创新,挖掘年会内涵,完善学术会议体系。2013 年 2 月 2 日,我参加了在上海浦东图书馆召开的中国图书馆年会浦东宣言起草组讨论会,同年 4 月初,我随中国图书馆学会秘书处组织的年会策划组,赴苏州、嘉兴、上海开会,一路上都在讨论年会如何创新的问题,寻找良策,会上会下,头脑风暴,集思广益,借鉴国际图联大会卫星会议的经验,最终形成了学术年会的突破点,尝试会前会和会后会,形成年会的卫星会议机制。当年 11 月,年会的会前会分别在苏州(主题为"公共文化服务体系示范区创建与公共图书馆发展")和常熟(主题为"基层图书馆服务体系和服务效能")召开,会后会分别在嘉兴(主题为"公共图书馆服务体系建设研讨会——第二届总分馆建设论坛")、杭州(主题为"公共图书馆服务体系建设——中心馆、总分馆及专业主题分馆服务实践”）和南京（主题为“数字时代大学图书馆服务创新实践”）召开，为使代表更有收获，还在这些卫星会议期间安排了图书馆考察观摩与工作交流环节，吸引了更多的图书馆同人参与研讨。

二是学术征文评奖。年会建立了论文评审制度，评审一般由学术研究委员会负责，程序透明，评审公正严格。我参加了若干次评审，如2011 年会论文评审（7 月 6 日）、2012 年会论文评审（7 月 31 日）、2013 年会论文评审（7 月 28 日）、2014 年会论文评审（7 月 8 日）等。学会为严格学术规范，还启用了论文重复率检测机制，评奖起到了鼓励学术创新、示范和引领的作用。

三是分会场。学术年会要有活力，关键是分会场。随着会议规模的不断扩大，分会场也越来越多，如 2016 年年会设有 3 个工作论坛、4 个主题论坛和 25 个分会场，达到了分会场高峰。办好分会场，主题针对性强是基础，内容丰富是关键，形式创新活泼是必要条件，而吸引代表热情参与是充分条件。每次年会，各会场想了许多办法，如请名人、发奖品、展示新成果、增强互动性等，激活动承办者和参与人的热情，各分会场如同同台竞技，大显身手。

学术年会是一次学术盛宴，图书馆界大咖云集，有很多明星馆长，也有很多学术名家。我逐渐成了年会上最忙碌的学者之一。一方面，因为有一定学术影响，很多次年会的几个分会场同时邀请我，于是我也像“明星”一样“友情出演”；或作为主讲嘉宾，如 2016 年铜陵年会上应邀在“公共图书馆评估定级的理论与实践”工作论坛上做报告“第六次全国县以上公共图书馆评估定级《评估标准》解读”；或担任分会场的主持人，如在 2011 年贵阳年会上应邀担任第 1 分会场主持。在很多次年会上，既当报告人，又当主持人，扮演多个角色，忙得不亦乐乎。如 2012 年东莞年会上，我应邀在两个分会场做报告，一是在“责任与使命——图书馆人的时代担当”年会主题论坛上做学术报告“图书馆组织文化的战略构建”，二是在标准化委会员分会场做报告“文化行业标准化与图书馆推广应用标准的策略”；除了两场报告，还有两个主持，一是年会中的 2012 年全国图书馆学博士生学术论坛分会场主持人，二是年会第 18 分会场“信息素养教育与文献检索课程建设”主持人。2015 年广州年会上，既在“迈向权利保障时代——公共图书馆发展与广州实践”分会场做报告“第三代管理的到来——图书馆规划与战略管理”,又在“新起点,新思路,新发展——图书馆事业发展‘十三五’规划研讨”分会场做报告“公共图书馆战略规划的最佳实践——东莞图书馆‘十三五’规划过程与亮点”,还担任第15分会场主持人。2018年廊坊年会是5月31日至6月1日召开的,31日上午参加开幕式,下午在年会第1分会场“图书馆学教育和全民信息素养”话题1“新时代全民信息素养教育和图书馆(学)在线课程建设”担任主持人,1日上午在年会第2分会场“现代图书馆学管理与事业发展”话题1“城市图书馆年报制度”做报告“公共图书馆法治化环境下信息公开制度”,下午在年会第2分会场“现代图书馆学管理与事业发展”话题4“公共图书馆社会化管理与服务的机制和模式”做报告“公共文化法治化背景下公共图书馆社会化理论与实践”,还在主题论坛四“公共图书馆评估定级”做报告“后评估时代图书馆评估标准的建设”。每次学术年会,我既是报告者,又是听众;既是贡献者,又是受益人。最重要的感受是责任与担当,累而快乐着。另一方面,我作为目录学专业委员会的负责人,有组织承办分会场的责任和义务,为策划分会场并承办分会场做了不少工作。目录学专业委员会在中国图书馆年会上主办了多个分会场,不仅邀请众多专家到会演讲,我自己也在这个分会场做报告,如在2016年会第3分会场“研究方法论与青年图书馆员科研能力提升”,我做了题为“图书馆馆员如何申报科研项目”的专题报告。

新年峰会是学会年初召集的高层学术研讨,以高端、小型、头脑风暴为主要特征,研讨学术焦点,策划学术活动,启动新的一年学术研究,是学术年会的前奏。2013年1月9日,我赴北京参加中国图书馆学会2013年新年峰会,2014年1月15日下午参加中国图书馆学会秘书处组织召开的2014年新年峰会。最近的一次新年峰会是2019年1月10日,被称为学会新年工作会,国家图书馆饶权馆长、陈樱副馆长到会讲话,与会领导与专家讨论了很多重要事项,确定了学术活动计划和年会主题。

青年学术论坛是中国图书馆学会为青年学者提供学术平台的一个重要学术品牌。我参加了2002年11月3—6日在河南省图书馆召开的第一届青年学术论坛,这次论坛的主题是“向知识化、网络化、社会化、国际化迈进的中国图书馆”,有不少是来自图书馆的青年馆员,他们为有这样一个属于他们自己的学术家园而兴奋不已。两年后(2004 年 11 月 6—8 日),我又参加了第二届青年学术论坛,与第一次比,这次规模更大,论坛从形式到内容更上一层楼。这次论坛举办地点在绍兴,主题是“新青年、新理念、新秩序——知识传播与图书馆变革”,研讨形式多样,分组讨论热烈,青年馆员表现活跃。我还在论坛上做了题为“图书馆知识管理与知识服务的若干问题”的学术报告。2006 年 10 月 29 日至 11 月 3 日,以“在创新中成长”为主题的第三届青年学术论坛在武夷山召开,灵活多样的系列活动把青年人的学术热情彻底点燃了,论坛逐渐走向成熟。

此后,青年学术论坛连续召开了第四届(2008 年 7 月 1—3 日,上海,主题为“图书馆公共形象:研究、策划与设计”)、第五届(2011 年 5 月 25—28,苏州独墅湖,主题为“全媒体时代的图书馆建设与服务创新”)、第六届(2014 年 11 月 10—12 日,厦门,主题为“未来的图书馆和未来的图书馆员”)、第七届(2017 年 10 月 11—14 日,武汉,主题为“转型与创新:新时代图书馆员的使命与责任”)。

除了学术年会和青年学术论坛,中国图书馆学会的学术活动还有很多类型,既有中国图书馆学会以学术研究委员会和秘书处组织的大型综合性学术活动,也有各专门机构、各专业委员会组织的大中型专题学术活动,形成了纵横交错的学术交流平台,学术活动出现了多元化、体系化、立体化等特征。用“星罗棋布、繁花似锦”来形容中国图书馆学会的学术活动,一点也不过分。

二

学术评奖是图书馆学学术激励机制的一种重要方式。1989 年 10 月,中国图书馆学会组织了中华人民共和国成立 40 周年、中国图书馆学会成立 10 周年图书馆学、情报学优秀论文评奖,这次评奖对我来说印象特别深刻,因为我的论文《论图书馆学研究的现状与趋势》荣获优秀论文奖,《图书情报学文献检索》荣获丛书著作奖,刚参加工作不久我就拿到了全国学会的大奖,当时是非常激动的。

年会征文评奖虽然是配合学术年会,但一年一度的评奖起到了鼓励和促进图书馆人产生原创和学术精品的作用。我和其他学者一样，积极参与征文，其中有一些获得了重要奖项。如论文《关于书目控制经济问题的探讨》2004 年 7 月获中国图书馆学会优秀论文一等奖；论文《全民共享文化服务的路径依赖及优化研究》（柯平、洪秋兰合著）获 2008 年会征文一等奖并在分会场宣读，该论文还选入了《中国图书馆学会年会论文集（2008 年卷）》（中国图书馆学会编，国家图书馆出版社，2008 年 10 月出版）；论文《试论数字目录学的历史使命和未来发展》（柯平、曾伟忠合著）2009 年 11 月被评为 2009 年中国图书馆学会年会征文一等奖。虽然我获得的学术奖励很多，但我很珍视中国图书馆学会的奖项，每次获得学会颁发的论文证书，对我都是一次莫大的鼓舞。

我一直认为，图书馆学学术和学科大发展的希望在青年，要高度重视青年人才的培养，积极选拔优秀的青年学术带头人，提前做好图书馆学科的梯队建设和人才储备，而中国图书馆学会设立的青年人才奖正是这样发展图书馆学术的一种重要举措，学会为此制定了《中国图书馆学会青年人才奖评选办法（试行）》和《中国图书馆学会第一届青年人才奖评选工作实施细则》，组织了评审委员会。第一届青年人才奖是 2009 年 4 月评审的，经过对 28 个单位推荐的 35 名候选人进行初评、复评、公示，最后有 15 名获奖。不少获奖者后来成为学术名家和图书馆领导，如赵俊玲已是河北大学图书馆学系主任，郭晶已是上海交通大学副馆长。第二届青年人才奖于 2011 年 6 月 17 日评出，有 26 个单位推荐的 26 名候选人获奖。在 2014 年第三届青年人才奖评审中，23 个单位推荐的 23 名候选人获奖。2016 年 10 月 20 日，有 16 人获得了第四届青年人才奖。

很难回答的是，图书馆界有多少人获得过中国图书馆学会的学术奖励和各种表彰。但是，可以肯定的是，学会的学术激励制度有极大成效而且影响深远。某种意义上可以说，学会实际上也是一所大学，它培养了一代又一代图书馆员，也推出了一批又一批学术名家。

四

科研项目是推进学术研究的一种有效制度。中国图书馆学会以科研项目的形式组织重点课题的研究，很好地发挥了项目带动的作用，成为一些地方图书馆学会学习和仿效的示范。

以图书馆法研究为例，中国图书馆学会受文化部委托，为推进图书馆立法进程，集中全国力量开展了立法支撑研究。2009 年组织大规模《公共图书馆法》立法支撑研究，成立了 11 个立法支撑研究课题组："国内外图书馆立法资料收集与分析""公共图书馆立法背景与必要性、可行性研究""公共图书馆的性质与功能定位研究""公共图书馆的设置与体系建设研究""公共图书馆管理体制研究""公共图书馆绩效评估研究""公共图书馆人、财、物保障及呈缴本制度研究""著作权保护法律法规在公共图书馆的适用研究""公共图书馆文献资源建设法律保障研究""读者权益与图书馆服务研究""公共图书馆与数字图书馆——数字环境下公共图书馆发展研究"。学会还成立了协调组统筹和协调研究工作，协调组先后于 2009 年 2 月、6 月、7 月、9 月初和 9 月下旬召开了《公共图书馆法》立法支撑研究五次工作会议。直接参与专题研究的有 70 多人，汇总的初步成果达 150 万字左右，研究成果除调研报告外，还有《国外公共图书馆法研究》《公共图书馆建设主体研究——全覆盖目标下的选择》《公共图书馆文献资源建设法律保障研究》《读者权益与图书馆服务研究》等著作正式出版。这些项目的研究成果为形成《公共图书馆法》讨论草案奠定了较好的学术基础。

学会不仅自设科研课题，还积极参与中国科协组织的科学研究，承担了一系列重要项目。例如，学会承接了中国科协的学科史研究项目。2008 年，中国科协在全国一级学会启动了学科史研究和学科史编撰工作。根据科协安排，中国图书馆学会承担了"中国图书馆学学科史"项目。这一项目由詹福瑞先生担任首席专家，索传军教授担任主编，我和当时的学会秘书长严向东担任副主编，组织了由北京大学、中国人民大学、南开大学、中山大学、北京师范大学、黑龙江大学、河北大学、江南大学等单位的专家学者参加的编委会，学会秘书处还专门成立了秘书组。2012 年 8 月 24 日，我参加了中国图书馆学学科史项目第一次工作会议。2013 年 9 月 22 日，参加了学会组织召开的中国图书馆学学科史研讨会。最终成果《中国图书馆学科史》于 2014 年 8 月由中国科学技术出版社出版，与《中国海洋学科史》《中国中医药学科史》《中国光学工程学科史》《中国医药学科史》等一起列入了"中国学科史研究报告系列”丛书。

此外，学会还承接了中国科协的学科发展报告项目。“2011—2012图书馆学学科发展报告”项目由詹福瑞先生担任首席科学家，索传军教授担任课题组组长，我和学会现任秘书长霍瑞娟担任副组长，国家图书馆、中国科学院等单位的专家学者参加了课题组。项目的最终成果于2012年4月由中国科学技术出版社出版，作为中国科协学科发展研究系列报告丛书的23个学科发展报告之一。我还参与了学科发展报告的综合卷的编写工作，为全国的学科发展研究做了一点工作。

最让我刻骨铭心而且颇有成就感的是学会的图书馆评估项目。2014年，学会承担了中国科协有序承接政府转移职能试点培育项目——“县以上公共图书馆评估定级工作”，为学会有序承接政府转移职能奠定了基础。学会秘书长霍瑞娟找到我，说学会承接政府职能这是一个创新，评估的标准研究也需要创新，我们特别需要像您这样既有理论素养又有实践经验而且熟悉评估的专家支持。我觉得这是图书馆学理论指导实践的一次机会，既然学会需要，就应当发挥学者的社会服务作用，于是我带领我的团队开始了关于评估的研究工作。2015年1月，第六次公共图书馆评估的启动会在天津召开，会议由学会霍瑞娟秘书长主持，文化部公共文化司陈彬斌副司长和中国图书馆学会陈力副理事长在会上做了重要讲话，我在会上做了关于评估标准的研究报告。这次会上，我正式接受了公共文化司和中国图书馆学会的委托，担任第六次公共图书馆评估定级标准研制专家组组长，开始了标准研制工作。在这个过程中，专家组深入各地市进行调查，召开专题研讨会，广泛听取各级领导和图书馆馆长的意见建议，还与学会秘书处共同进行评估信息化平台功能设计，促进平台与标准的对接。在公共文化司陈彬斌副司长、白雪华副司长等和学会领导的直接指导下，在学会秘书处的积极配合支持下，最终完成了标准研制任务，于2017年1月以文化部文件的形式发布。2017年号称中国公共图书馆评估年，在正式评估以前，学会组织了两项重要工作，一是标准细则和评估机制研究，霍瑞娟秘书长和我召集专家们多次反复研究，为正式评估确定了既科学又可行的评估方案。二是全国性的评估培训，学会请我担任评估定级宣讲专家委员会主任。在省级评估之后，文化部组织了12个评估组到全国各地实地评估，我是第十评估组组长。直到2018年8月评估定级结果由文化和旅游部正式公布,第六次公共图书馆评估定级工作结束,这个项目才算完成。

2018年6月1日,在廊坊年会上我做了关于评估的工作报告,用一组数字说明了这个项目的突出成果:4年4个月1576天历时;10版评估标准研制;2级6套指标体系以文化部文件发布;740个指标;2994个公共图书馆参评;3000多个机构10 000多个个人用户使用评估信息化平台;4000多人参加中国图书馆学会组织的评估培训;388个省派评估专家组对地县两级图书馆进行评估;12个部派由78人组成的评估专家组对30个省(市、自治区)进行评估。至今这个项目的全过程还刻印在我的脑海中,要感谢的人太多太多,除了我的课题组和参与研讨的馆长们、专家们,还有各级领导,特别是学会秘书处,每一个人都是如此敬业奉献,对这一项目给予了全过程的参与、支持与保障。这是我从事科学研究以来时间最长、用力最大、理论直接服务社会的一个重大项目,它的工作量和重要性不亚于任何一个国家社科重大项目。虽然研究过程很辛苦,但我始终有一种动力,对于学会给了我这样一个很多大学教授所需要的走出象牙塔服务社会的难得机会充满感激,我也倾其所有知识为学会、为公共图书馆事业发展做出了一份贡献。由此,我看到了学会的力量,也看到了学术的力量。

今天,站在走向未来的新起点上,学会发展四十年的经验证明:学术是学会发展之本,学术是图书馆学会的生命!

我们的队伍向太阳

——中国图书馆学会志愿者活动片断纪实

王世伟

在纪念中国图书馆学会成立四十周年之际，我回忆起十多年前参加中国图书馆学会志愿者活动的场景。2006 年 7 月，在中国图书馆学会的组织下，我来到黑龙江省牡丹江市参加基层图书馆培训的志愿者活动，培训的对象是来自黑龙江全省的县市图书馆馆长。一同参加志愿者培训的有杨沛超、师丽梅、于良芝、郑玲、邱冠华、富平、于爱君、尤敬党、尹岚宁等同人。我上培训课是 7 月 31 日，适逢中国人民解放军“八一”建军节前夕。在当时感人氛围的激扬下，我在当天中午课间休息时突发奇想，将公木创作于 1939 年的《中国人民解放军军歌》的歌词结合当时中国图书馆事业的现状与发展改编了一下，形成了以下的新歌词：

向前！向前！向前！
我们的队伍向太阳，
坐拥着文献的海洋，
背负着读者的期望，
我们是一支不可缺少的力量。
我们是文化的殿堂，
我们是知识的导航，
平等开放，
资源共享，
引领学习，
直到公民权实现保障，

王世伟，现任中国图书馆学会理事，上海社会科学院信息研究所研究员。

公益性的旗帜高高飘扬。
听,书在翻动键盘响;
听,馆员之歌多嘹亮!
同志们开采金矿分享终身的滋养,
同志们精致服务点亮悦读的心房。
向前!向前!向前!
我们的队伍向太阳,
向未来的愿景,
向天堂的模样!

今天,重温当年的场景,依然激情满怀,心潮澎湃。

时间是人类发展的空间,也是中国图书馆学会发展的空间。学以平台,会聚馆员。中国图书馆学会四十年来持续激发并展现了中国图书馆人的智慧潜能,春满神州,百舸争流;不断创新并推动中国图书馆事业走近读者,攀登高峰,融入世界。从志于学而初始开放成长,到三十而立而趋于繁荣兴旺,现四十不惑而彰显中国特色,文化更加自信自强!学会天命耳顺之年的梦想愿景,更为业界世人希冀厚望!

祝贺中国图书馆学会成立四十周年!

铭记梦想　续写荣光

——祝贺中国图书馆学会成立四十周年

张兆忠

1979 年 7 月 9—16 日，中国图书馆学会成立大会暨第一次会员代表大会在山西太原召开。同年 8 月加入中国科学技术协会。1981 年 5 月，恢复了在国际图联（IFLA）的合法席位。转眼间中国图书馆学会迎来成立 40 周年。四十年来，学会作为全国性、公益性、学术性、非营利性的社会组织，承担着党和政府联系图书馆工作者的桥梁和纽带、发展我国图书馆事业的重任，积极推动了中国图书馆事业的整体发展。

一、汲取营养　坚守初心

我于 1985 年从事图书馆工作，在职业生涯中三十多年与学会结缘，在中国图书馆学会这个大家庭中不断汲取营养、丰富完善自己，不断提升自身的业务素养和工作能力。曾在职业院校图书馆馆长岗位上工作了二十余年。并先后担任全国煤炭职教图协副主任、全国职教图协常务理事、北京地区高校图工委委员、北京地区高校图书馆文献资源保障体系（BALIS）管委会委员、北京高校网络图书馆管委会委员、北京高教学会图书馆工作研究会副理事长及高职高专专业委员会主任委员、全国高职院校图书馆馆长论坛主席、第四届教育部高等学校图书情报工作指导委员会高职高专分委会委员。2016 年被学会授予“2016 年中国图书馆榜样人物”荣誉称号。现任中国图书馆学会理事、中国图书

张兆忠，现任中国图书馆学会理事、高职院校图书馆分会主任，研究馆员，曾任北京工业职业技术学院图书馆馆长。

馆学会高职院校图书馆分会主任、中国高等教育文献保障系统(CALIS)高职高专分委会顾问专家委员等职务,继续致力于学会的相关工作和职业院校图书馆的研究与实践工作。

二、顺势而为　惠及高职

中国高等职业教育作为中国高等教育的一种类型,越来越得到国家和社会各界的关注与重视,高等职业教育在院校数量、学生规模方面都得到了迅猛发展,而高职高专院校图书馆的发展相对滞后,存在着发展不均衡、缺少全国性的交流平台、与高等职业教育整体发展水平不匹配等诸多问题。中国图书馆学会也一直没有专门的职业院校图书馆分支机构,高职图书馆的学术组织一直面临着较为尴尬的局面。

2009 年 7 月 7 日,在北京召开的“中国图书馆学会第八次全国会员代表大会”上,我以高职图书馆唯一一名理事的身份参加会议,参加会议的高职高专图书馆代表仅为个位数。从那次会议起,我就下决心为设立高职高专图书馆分会奔走,为 1300 多所高职高专图书馆发声。2013 年 2 月 22 日,在中国图书馆学会八届十三次常务理事会暨八届七次理事会上,我正式提交了《建议成立“中国图书馆学会职业院校图书馆分会(委员会)”》的理事建议案。2015 年 12 月 31 日,中国图书馆学会九届一次常务理事会议通过投票表决方式,通过了《中国图书馆学会第九届理事会分支机构设置建议方案》。中国图书馆学会高职院校分会建立将进入启动程序。2016 年 4 月 19 日,中国图书馆学会函件《中国图书馆学会关于成立第九届理事会高职院校图书馆分会的批复》(中图函字〔2016〕13 号),宣告了经过两届理事会、三任秘书长,在中国图书馆学会各级领导的关心和指导下,中国图书馆学会高职院校图书馆分会正式成立。2016 年 5 月 20 日是个载入中国高职图书馆发展史的里程碑的日子。中国图书馆学会高职院校图书馆分会成立大会暨中国高职图书馆发展论坛在北京隆重举行,中国图书馆学会秘书长霍瑞娟博士出席大会,并为高职院校图书馆分会主任、副主任颁发聘书。

三、感恩良师　事业相助

中国图书馆学会下设若干专业图书馆分会，其中高校图书馆分会是与高职图书馆分会联系最紧密的。在第三届高校分会委员构成中，一直没有高职高专委员。朱强老师、胡越老师的大力支持，为高职图书馆走进中国图书馆学会起到了关键作用。记得在北京大学图书馆贵宾接待室，与朱强馆长谈到高职图书馆发展问题，我曾经感慨地说，中国图书馆学会高等学校分会中，如果占中国高等教育半壁江山的高职图书馆没有一名委员，那么可以说她不是名副其实的高校分会。因此，在长春举行的中国图书馆学会高等学校图书馆分会第三届换届大会上，委员中有了高职图书馆人的面孔，他们是北京工业职业技术学院张兆忠、长沙商贸旅游职业学院唐晓应、南京工业职业技术学院卢兵、成都航空职业学院张勇、南宁职业技术学院王永宁。

我有幸能成为中国图书馆学会仅有的一名高职高专图书馆理事，并在中国图书馆学会发出高职高专图书馆的声音，要感恩于中国图书馆学会高等学校分会朱强主任的鼎力推荐，这也为后来申请设立高职院校图书馆分会奠定了基础。

四、凝聚力量　优化载体

一流的大学需要一流的图书馆，随着高等职业教育的发展、转型、创新，高等职业教育图书馆也面临着巨大的历史发展机遇和挑战。高职院校分会成立后，确立了相应组织机构和相应工作机构。聚集了全国 31 个省（市）自治区（不含港澳台）的高等学校图书情报工作委员会高职高专院校分委会（工作组）的相关负责人以及全国高职高专院校图书馆知名专家学者，组建了 5 个专业委员会，协调指导全国高职高专院校图书馆同人开展相关工作的研究与实践。并协助学会在各省高职高专院校传达落实中国图书馆学会的相关精神和工作。

高职院校图书馆分会在业界同人的大力支持下，取得了优异成绩。

高职院校图书馆分会主任、北京工业职业技术学院原图书馆张兆忠馆长获得“2016 年中国图书馆榜样人物”光荣称号；武爱斌、唐晓应分别荣获 2013—2016 年中国图书馆学会优秀会员、优秀学会工作者光荣称号；金华职业技术学院的“萤火虫图书漂流市集”的活动案例获得“中国图书馆最美故事”系列风采展示活动之创新案例；北京青年政治学院提交的“‘读书盛宴’（FEAST of Reading）读书月阅读推广活动”在学会“2017 年阅读推广”活动中，获得优秀组织奖；金华职业技术学院图书馆提交的“金职院图书馆‘两岸共读一本书活动’”、顺德职业技术学院图书馆提交的“倾听您的声音，改进我们的服务之‘馆长接待日’”、苏州工艺美术职业技术学院图书馆提交的“书香美院　经典阅读之时光邮局”等在学会“2017 年阅读推广”活动中获得优秀项目奖；长沙商贸旅游职业技术学院朱明松获得中国图书馆学会第十届青年学术论坛“青年管理之星”奖。

自 2016 年开始，中国图书馆学会高职院校图书馆分会联合中国知网共同创办发起了“中国高职图书馆发展论坛”，并以“中国高职图书馆发展论坛”为载体，为全国高职高专院校图书馆搭建理论研究与业务工作交流平台，通过学术交流、案例分享及互动对话等形式构建政、校、企协同创新机制，积极服务高等职业教育的改革和发展。

目前“中国高职图书馆发展论坛”已成为高职院校图书馆同行交流的顶级盛会。每年，论坛紧紧围绕党中央相关精神和国家相关政策以及高等职业教育和图书馆发展的新动态和热点问题，确立论坛主题及相关分主题。论坛形式不断创新，现已形成业内及行业知名专家报告、高职高专院校长论坛、高职高专院校图书馆馆长论坛、高职高专院校图书馆青年骨干馆员论坛、百秒畅谈、现场互动等多个环节。从不同角度共同研究探讨中国高职图书馆的发展大计，交流中国高职图书馆建设和发展的先进工作经验及分享案例。为高职院校校长们共同探讨如何更好地发挥图书馆在人才培养、教学科研、社会服务及文化传承等方面的作用提供了契机，为高职院校图书馆馆长间的深度对话与头脑风暴提供了平台，为高职院校图书馆青年骨干馆员提供了展示的窗口。

2018 年 5 月 10—11 日，中国高职图书馆发展论坛（2018）在安徽省合肥市隆重召开，论坛以“新时代 · 新目标 · 新作为”为主题，以高职院校图书馆助力“优质校”建设为方向。来自全国 500 多家职业院校、图文信息机构的1000余名代表参加了本次论坛。会后《中国教育报》、人民网、《安徽日报》、中安在线、今日头条等多家媒体进行了报道。与此同时，共征集论文244篇，应征案例129个，覆盖29个省份，参与单位达252家，参与作者达677人，首次开展网络人气案例票选，收到投票117 915票，获得62万的浏览量。

五、铭记梦想　续写辉煌

2017年，我结束了为之奋斗三十余年的图书馆职业生涯，但仍积极关注高职院校图书馆事业的发展。根据国家的相关政策和高职院校图书馆的发展形式，以及众多高职图书馆同人的意见和建议，积极协调中国图书馆学会、教育部图工委高职高专分委会及CALIS高职高专专家委员会等组织协同合作，共同举办2019年“中国高职图书馆发展论坛”。论坛以国家教育大会精神为指引，全面贯彻《国家职业教育改革实施方案》，打造“开放共享　协同发展——共建中国高职图书馆命运共同体”。

党的十八大以来，全民阅读已连续多次写入《政府工作报告》中。2019年4月1日，中国图书馆学会与国家图书馆联合下发了《关于联合开展2019年4·23全民阅读活动的通知》，高职院校图书馆分会及时在全国高职高专院校传达和转发，得到了全国高职高专院校图书馆的积极响应和热情参与，纷纷以丰富多彩的形式开展相关活动。在“同城共读，万卷共知——2019年4·23世界读书日全民阅读活动”中，超过100所高职院校参加了活动，其中：金华职业技术学院“共读共知　书香金湖”师生广场诵读倡议书活动（参与人数达1000人）、聊城职业技术学院“读经典　学新知　链接美好生活”世界读书日活动（参与人数达700人）、大连职业技术学院第二届“品国学经典　扬中华文化”世界读书日活动（参与人数达3000人）被分会推荐为优秀活动。

根据第十六次全国国民阅读调查结果数据，2018年我国成年人年人均纸质图书阅读量为4.67册，电子图书为3.32册，要远远低于一些年人均阅读量较高的国家。所以提升全面阅读量和国民的文化素养任重而道远。肩负着培养高素质技术技能人才重任的全国独立设置的高职高专院校现已达到1418所,如何依托高职院校图书馆分会及中国高职图书馆发展论坛这个平台,更好地研究探索中国高职图书馆的建设与发展,更好地服务于中国高等职业教育的人才培养工作将是高职分会永远研究和探索的课题。高职院校图书分会将带领全国高职图书馆同人一道,继续讲好中国图书馆学会的故事,续写中国高职图书馆的新辉煌!

历次全国民族地区图书馆学术研讨会回顾

吴贵飙

1979年,中国图书馆学会成立,至今已40周年,经过历届学会领导、秘书处和广大会员的共同努力,取得了可喜的成就。中国图书馆学会学术研究委员会少数民族图书馆专业委员会作为学会早期设立的专业委员会,积极开展学术活动,召开学术会议,进行学术交流,推动民族地区图书馆事业发展,自1983年召开"全国少数民族地区图书馆工作座谈会"(即第一次全国民族地区图书馆学术研讨会)以来,至今共召开了15次学术研讨会。为铭记学会历史,传承学会精神,增强会员凝聚力,本文围绕"中国图书馆学会成立40周年:光荣·梦想 守正·创新"主题,对历次全国民族地区图书馆学术研讨会做简要回顾,以志存续。

"全国民族地区图书馆学术研讨会"是由中国图书馆学会学术研究委员会少数民族图书馆专业委员会联合中国民族图书馆、民族文化宫和有关单位在北京以及民族自治地方、多民族省份定期组织召开的全国范围的学术会议,是少数民族地区图书馆和少数民族专业图书馆馆员进行学术交流的盛会。自1983年在北京首次召开以来,至今已在新疆维吾尔自治区乌鲁木齐市(2次)、云南省大理白族自治州(2次)、内蒙古自治区通辽市、吉林省延边朝鲜族自治州、西藏自治区拉萨市、贵州省贵阳市、内蒙古自治区呼伦贝尔市、宁夏回族自治区银川市、广西壮族自治区南宁市、湖南省湘西土家族苗族自治州、湖北省恩施土家族苗族自治州、青海省西宁市共召开了15次学术研讨会,达到了学术交流的目的,取得了一批学术成果。

吴贵飙,现任中国图书馆学会常务理事,中国民族图书馆馆长,研究馆员。

一、会议召开的地点覆盖少数民族地区，领导高度重视

第一次全国民族地区图书馆学术研讨会：1983 年 7 月 6—12 日，由文化部图书馆事业管理局、民族文化司、国家民委文化宣传司、中国图书馆学会联合召开的标志着我国民族图书馆事业开创新纪元的“全国少数民族地区图书馆工作座谈会”在北京民族文化宫举行。中共中央政治局委员习仲勋，中央书记处书记、中宣部部长邓力群，全国政协副主席、中央统战部部长、国家民委主任杨静仁，全国政协副主席、全国科协主席周培源以及文化部部长朱穆之等亲切接见了全体代表，并和大家一起合影留念。国家民委副主任任英、文化部副部长丁峤、文化部图书馆事业管理局局长杜克分别在会上讲了话。

第二次全国民族地区图书馆学术研讨会：1985 年 8 月 22—26 日，“全国少数民族地区图书馆工作学术讨论会”在新疆维吾尔自治区乌鲁木齐市召开。新疆维吾尔自治区党委宣传部部长冯大真出席开幕式并讲话。民族文化宫主任白奎在讲话中回顾了第一次会议以来民族地区图书馆事业发展情况。文化部图书馆事业管理局副局长鲍振西就全国公共图书馆的现状与问题做了介绍。新疆维吾尔自治区文化厅厅长阿布列孜・达吾提、自治区民委主任阿布拉尤夫、自治区科协书记李大贵等出席了开幕式。

第三次全国民族地区图书馆学术研讨会：1990 年 4 月 17—20 日，由中国图书馆学会、中国民族图书馆、云南省图书馆学会、大理白族自治州图书馆联合举办的“全国少数民族地区图书馆研讨会”在云南省大理白族自治州大理市召开。云南省原副省长、省顾问委员会常委孟琦，民族文化宫主任白奎，大理白族自治州州委书记钟振川、州长李汉柏、州人大常委会主任李守信、州政协主席旷蔚芳等有关领导出席了开幕式。

第四次全国民族地区图书馆学术研讨会：1994 年 8 月 20—24 日，由中国图书馆学会、中国民族图书馆、内蒙古自治区图书馆学会、哲里木盟图书馆联合举办的“第四次全国民族地区图书馆学术研讨会”在内蒙古自治区哲里木盟通辽市召开。

第五次全国民族地区图书馆学术研讨会:1996年6月19—24日,由文化部社会文化图书馆司、少数民族文化司、国家民委文化宣传司、中国图书馆学会和中国民族图书馆联合召开的“第五次全国民族地区图书馆工作研讨会暨中国图书馆学会民族图书馆委员会成立大会”在西藏自治区拉萨市举行。经中国图书馆学会1996年1月10日批准,民族图书馆委员会借西藏自治区图书馆开馆之际于1996年6月20日在拉萨举行成立大会。西藏自治区副主席次仁卓嘎,文化厅厅长西珠郎杰、副厅长索娜,文化部图书馆司副司长周小璞、社会文化司副司长郭沫勤,民族文化宫副主任胡建生等出席大会。中国图书馆学会副理事长庄守经宣读中国图书馆学会批准成立民族图书馆委员会的文件,秘书长刘湘生向民族图书馆委员会赠送刻有“为繁荣民族图书馆事业、促进社会主义现代化建设而努力”的志禧铜匾。西藏自治区副主席次仁卓嘎宣读了西藏自治区人民政府致中国图书馆学会民族图书馆委员会成立的贺词。文化部图书馆司副司长周小璞在会上讲话。

第六次全国民族地区图书馆学术研讨会:1997年8月30日—9月3日,由中国图书馆学会、中国民族图书馆主办,吉林省图书馆和延边朝鲜族自治州图书馆协办的“第六次全国民族地区图书馆学术研讨会”在吉林省延边朝鲜族自治州延吉市召开。延边朝鲜族自治州副州长李洁思、民族文化宫副主任胡建生、吉林省文化厅副厅长陈景东出席会议并讲话。延边州人大、政协、民委、文化局等有关部门领导出席了开幕式。

第七次全国民族地区图书馆学术研讨会:2001年9月16—20日,由中国图书馆学会民族图书馆委员会、中国民族图书馆主办,贵州省图书馆学会、贵州省图书馆协办的“第七次全国民族地区图书馆学术研讨会”在贵州省贵阳市召开。贵州省文化厅厅长张继增、贵州省民宗委副主任黄平、民族文化宫副主任郭正英等出席会议并讲话,中国民族图书馆专职研究馆员李久琦致开幕词。大会收到文化部社会文化图书馆司、国家民委文化宣传司、中国图书馆学会、中国社会科学情报学会以及香港图书馆协会会长杨继贤等的贺电和贺词。

第八次全国民族地区图书馆学术研讨会:2004年9月16—19日,由中国图书馆学会、中国民族图书馆主办,云南省图书馆、大理白族自治州图书馆承办的“第八次全国民族地区图书馆学术研讨会”在云南省大理白族自治州大理市召开。大理白族自治州副州长杨宴君、民族文化宫副主任任爱平、大理州白族自治州文化局局长杨政业、大理州白族自治州民族宗教事务局局长李如珍等出席会议并讲话。中国民族图书馆馆长何丽致开幕词。云南省图书馆副馆长马云川、大理州白族自治州民族宗教事务局副局长夏家荣、大理学院图书馆馆长李群等分别发言。大理州图书馆馆长杨锐明主持开幕式。

第九次全国民族地区图书馆学术研讨会：2006 年 6 月 24—30 日，由中国图书馆学会学术研究委员会少数民族图书馆专业委员会、民族文化宫、中国民族图书馆主办，内蒙古自治区图书馆学会、内蒙古自治区图书馆协办，呼伦贝尔市文化局、呼伦贝尔市图书馆、呼伦贝尔市图书馆学会承办的"第九次全国民族地区图书馆学术研讨会"在内蒙古自治区呼伦贝尔市海拉尔区召开。民族文化宫副主任杨崇清、呼伦贝尔市政协副主席谷盛成、中国民族图书馆馆长吴贵飙、呼伦贝尔市文化局局长诺敏等出席会议并讲话。内蒙古大学图书馆馆长阿拉坦仓主持开幕式。

第十次全国民族地区图书馆学术研讨会：2008 年 10 月 17—21 日，由中国图书馆学会学术研究委员会少数民族图书馆专业委员会、民族文化宫、中国民族图书馆主办，宁夏图书馆学会、宁夏图书馆、《图书馆理论与实践》编辑部承办的"第十次全国民族地区图书馆学术研讨会"在宁夏回族自治区银川市召开。国家民委文化宣传司副司长兰智奇，民族文化宫副主任沙树礼、杨崇清，宁夏回族自治区文化厅副厅长李强，贵州省民委副主任刘晖出席开幕式。李强、兰智奇、杨崇清发表讲话。中国民族图书馆馆长吴贵飙致开幕词。宁夏回族自治区图书馆常务副馆长张欣毅主持开幕式。会议闭幕式由中国民族图书馆副馆长杨长虹主持，沙树礼致闭幕词。

第十一次全国民族地区图书馆学术讨论会：2010 年 9 月 6—10 日，由中国图书馆学会学术研究委员会少数民族图书馆专业委员会、民族文化宫、中国民族图书馆主办，新疆维吾尔自治区图书馆学会、新疆维吾尔自治区图书馆承办的"第十一次全国民族地区图书馆学术研讨会"在新疆维吾尔自治区乌鲁木齐市召开。民族文化宫副主任杨崇清、新疆维吾尔自治区文化厅副厅长李建军出席开幕式并讲话。中国图书馆学会学术研究委员会少数民族图书馆专业委员会主任、中国民族图书馆馆长吴贵飙致开幕词。中国图书馆学会学术研究委员会少数民族图书馆专业委员会副主任、宁夏回族自治区图书馆常务副馆长、《图书馆理论与实践》主编张欣毅等出席会议。中国图书馆学会学术研究委员会少数民族图书馆专业委员会委员、新疆维吾尔自治区图书馆馆长陈建平主持开幕式。国家民委、中国图书馆学会发来贺信。

第十二次全国民族地区图书馆学术研讨会：2012 年 12 月 5—9 日，由中国图书馆学会学术研究委员会少数民族图书馆专业委员会、民族文化宫、中国民族图书馆联合主办，广西图书馆学会、广西壮族自治区图书馆承办的“第十二次全国民族地区图书馆学术研讨会”在广西壮族自治区南宁市召开。民族文化宫常务副主任李铁柱、广西壮族自治区文化厅常务副厅长李民胜出席开幕式并讲话，中国图书馆学会学术研究委员会少数民族图书馆专业委员会主任、中国民族图书馆馆长吴贵飙致开幕词，广西壮族自治区图书馆馆长徐欣禄主持开幕式。会议的闭幕式由吴贵飙主持。会议宣布此次学术研讨会征文活动的获奖名单，向获奖论文作者代表颁发证书，向获优秀组织奖单位颁发奖牌。大理白族自治州图书馆、延边朝鲜族自治州图书馆获得征文优秀组织奖。徐欣禄致闭幕词。

第十三次全国民族地区图书馆学术研讨会：2014 年 11 月 18—21 日，由中国图书馆学会学术研究委员会少数民族图书馆专业委员会、民族文化宫、中国民族图书馆联合主办，湖南省图书馆学会、湖南图书馆协办，吉首大学、吉首大学图书馆承办的“第十三次全国民族地区图书馆学术研讨会”在湖南省湘西土家族苗族自治州吉首市召开。民族文化宫副主任钟兴奎，吉首大学副校长赵敏，中国图书馆学会学术研究委员会少数民族图书馆专业委员会主任、中国民族图书馆馆长吴贵飙，湖南省图书馆学会理事长、湖南图书馆馆长张勇、湘西州文化广播新闻出版局副局长麻老先、湘西州民委副主任黄天勤等出席会议。钟兴奎和赵敏发表讲话，吴贵飙致开幕词，张勇致欢迎词，吉首大学图书馆馆长刘泳洁主持开幕式。闭幕式由吴贵飙主持。会议宣布此次学术研讨会征文活动的获奖名单，向获奖论文作者代表颁发证书、向获优秀组织奖单位颁发奖牌。刘泳洁致闭幕词。

第十四次全国民族地区图书馆学术研讨会：2016 年 10 月 12—15 日，由中国图书馆学会学术研究委员会少数民族图书馆专业委员会、民族文化宫、中国民族图书馆联合主办，湖北省图书馆学会、中国知网协办，恩施土家族苗族自治州图书馆、中国知网湖北分公司承办“第十四次全国民族地区图书馆学术研讨会”在湖北省恩施土家族苗族自治州恩施市召开。民族文化宫副主任钟兴奎、恩施土家族苗族自治州副州长程建宏出席开幕式并讲话，中国图书馆学会学术研究委员会少数民族图书馆专业委员会主任、中国民族图书馆馆长吴贵飙致开幕词，湖北省图书馆学会秘书长徐力文、中国知网教育与文化知识管理公司总经理徐海庚致辞。恩施州文体新广局党组书记、局长王坤德，州民委党组成员、副主任何毅等参加开幕式。中国图书馆学会学术研究委员会少数民族图书馆专业委员会副主任、中央民族大学图书馆馆长李德龙主持开幕式。闭幕式由恩施土家族苗族自治州图书馆馆长谭华梅主持。会议宣布此次学术研讨会征文活动的获奖名单，向获奖论文作者代表颁发证书，为获得优秀组织奖单位颁发奖牌。延边朝鲜族自治州图书馆、大理白族自治州图书馆获得征文优秀组织奖。李德龙致闭幕词。

第十五次全国民族地区图书馆学术研讨会：2018 年 10 月 18—19 日，由中国图书馆学会学术研究委员会、民族文化宫、中国民族图书馆主办，中国图书馆学会学术研究委员会少数民族图书馆专业委员会、青海省图书馆学会、青海省图书馆承办的“第十五次全国民族地区图书馆学术研讨会”在青海省西宁市召开。民族文化宫党委委员、副主任钟兴奎，青海省文化和新闻出版厅副厅长扎西，中国图书馆学会学术研究委员会少数民族图书馆专业委员会主任、中国民族图书馆馆长吴贵飙，同方知网公共服务公司总经理成鑫出席开幕式并致辞，青海省图书馆学会理事长、青海省图书馆馆长张景元等出席开幕式。中国图书馆学会学术研究委员会少数民族图书馆专业委员会副主任、中央民族大学图书馆原馆长李德龙教授主持开幕式。中国图书馆学会学术研究委员会少数民族图书馆专业委员会委员、吉首大学文献信息研究所所长、研究馆员刘泳洁主持闭幕式。会议宣读了征文获奖名单，向征文获奖代表颁发证书，向承办单位青海省图书馆、青海省图书馆学会颁发了感谢牌。张景元致闭幕词。

二、参会代表来源面广，代表性强

第一次全国民族地区图书馆学术研讨会：来自全国13个省、自治区、直辖市70个单位18个民族的150名代表参加会议。北京图书馆（今国家图书馆）、民族文化宫图书馆、中国社会科学院图书馆、中国社会科学院民族研究所图书馆、民族出版社图书馆、民族翻译局图书馆、中国人民大学书报资料社（今中国人民大学书报资料中心）、中央国家机关和科研系统图书馆学会（今中国图书馆学会专业图书馆分会）、北京市图书馆学会以及《民族团结》《图书馆学通讯》《图书馆情报工作》《民族研究动态》等机构派代表出席了会议。新华社、《人民日报》、《光明日报》、《文汇报》、《中国日报》、《民族画报》、中央人民广播电台、中国国际广播电台等媒体应邀参加会议。

第二次全国民族地区图书馆学术研讨会：来自全国17个省、自治区、直辖市73个单位13个民族的101名代表参加会议。

第三次全国民族地区图书馆学术研讨会：来自全国11个省、自治区、直辖市17个民族的170名代表参加会议。

第四次全国民族地区图书馆学术研讨会：来自全国12个省、自治区、直辖市8个民族的近百位代表参加会议。

第五次全国民族地区图书馆学术研讨会：来自全国20多个省、自治区、直辖市11个民族的50多名代表参加会议。

第六次全国民族地区图书馆学术研讨会：来自全国11个省、自治区、直辖市16个民族的80多名代表参加会议。

第七次全国民族地区图书馆学术研讨会：来自全国11个省、自治区、直辖市39个单位15个民族的97位代表参加会议。

第八次全国民族地区图书馆学术研讨会：来自全国11个省、自治区、直辖市14个民族的110多名代表参加会议。

第九次全国民族地区图书馆学术研讨会：来自全国10个省、自治区、直辖市14个民族的70名代表参加会议。

第十次全国民族地区图书馆学术研讨会：来自全国14个省、自治区、直辖市48个单位16个民族的80多名代表参加会议。

第十一次全国民族地区图书馆学术讨论会:来自全国 14 个省、自治区、直辖市 56 个单位 12 个民族的 110 人参加会议。

第十二次全国民族地区图书馆学术研讨会:来自全国 9 个省、自治区、直辖市 39 个单位 15 个民族的 80 多名代表参加会议。

第十三次全国民族地区图书馆学术研讨会:来自全国 13 个省、自治区、直辖市 64 个单位 16 个民族的 120 名代表参加会议。

第十四次全国民族地区图书馆学术研讨会:来自全国 22 个省、自治区、直辖市的 84 个单位 20 个民族的 160 名代表参加会议。

第十五次全国民族地区图书馆学术研讨会:来自全国 18 个省、自治区、直辖市 62 个单位 18 个民族的 130 名代表参加会议。

三、会议主题鲜明,与时俱进,内容丰富

第一次全国民族地区图书馆学术研讨会:座谈会以如何加快民族地区图书馆事业建设、开创新局面为主题,为实现第六个五年计划对图书馆的要求提出可行性意见。会议着重研究图书馆藏书建设中关于地方和民族文献资料的收集整理工作,根据民族地区特点开展书刊借阅工作和民族干部的业务培训工作等问题。这是新中国成立以来首次,也是有史以来第一次召开的民族地区图书馆会议。这次载入史册的会议对民族地区图书馆事业的发展起到了不可估计的推动作用。

第二次全国民族地区图书馆学术研讨会:与会代表就民族历史文献和地方文献的收集、整理与使用,民族文字文献善本目录的编辑,民族地区图书馆干部专业教育,图书馆管理与改革以及如何加快少数民族地区图书馆事业的发展等进行了充分的讨论。

第三次全国民族地区图书馆学术研讨会:民族文化宫主任白奎在会上做了题为"回顾与展望"的报告,对 1983 年 7 月第一次全国民族地区图书馆学术研讨会以来的七年间民族地区图书馆事业做了简略回顾,并分析了民族地区图书馆的现状、存在问题和发展前景。与会代表就民族地区图书馆的发展进行了广泛交流。

第四次全国民族地区图书馆学术研讨会:代表们共商"加快民族地区图书馆事业建设,努力开创新局面"的大计,并交流了工作经验。代

表们在会上研讨和交流了民族地区图书馆事业发展及民族文献开发与利用的经验。大会还研究了筹备成立中国图书馆学会民族系统分会事宜,布置了1996年在北京召开第62届国际图联(IFLA)会议的准备工作。

第五次全国民族地区图书馆学术研讨会:大会通过了中国图书馆学会民族图书馆委员会成员组成。中国图书馆学会民族图书馆委员会的成立,标志着我国民族地区图书馆事业进入了一个新阶段,将对中国图书馆事业和文化事业的发展起到积极的推动作用。同时,对促进民族文化交流,增进民族团结,发展民族地区经济都将产生深远的影响。

第六次全国民族地区图书馆学术研讨会:研讨会的主题是"迈向二十一世纪的民族地区图书馆发展战略问题"。与会代表还围绕少数民族地区图书馆的现状和发展,以及如何进一步发展民族图书馆事业,为民族地区经济建设服务等热点问题进行了研讨。

第七次全国民族地区图书馆学术研讨会:大会的主题是"21世纪民族地区图书馆可持续发展",旨在进一步加强民族地区图书馆之间的交流与合作,积极探索和深入研究在新的历史条件下民族地区图书馆可持续发展战略,共同促进民族图书馆事业的繁荣和发展。与会者就大会主题进行了讨论。大家纷纷为民族地区图书馆如何在实施科教兴国,促进西部大开发中发挥更大的作用出谋划策,推动了民族地区图书馆事业的繁荣和发展。21世纪,我国大力开发西部,加快民族地区社会经济的全面发展。而发展民族地区的信息事业是西部大开发的重要任务,这给民族地区图书馆事业的发展带来空前的机遇。如何抓住机遇,迎接挑战,走中国民族地区图书馆事业可持续发展之路,是摆在每一个民族地区图书馆工作者面前的重要课题。会议以此为中心分别就民族地区图书馆在西部大开发中的作用、民族地区图书馆数字化研究、民族地区文献信息资源共享、当代民族地区图书馆理论研究、民族地区图书馆改革与发展等专题进行了广泛的交流与研讨。会议安排了学术报告、分组讨论、学术交流等内容。会议期间,民族文化宫向贵州省镇宁布依族苗族自治县少儿图书馆捐赠500余册少儿版新书。

第八次全国民族地区图书馆学术研讨会:会议紧紧围绕"民族图书馆事业的发展与展望"总主题和新时期学会工作的创新与发展、民族图书馆数字化建设、民族古籍的保护与开发、民族文献信息资源建设与共享、民族图书馆基础理论研究这五个分主题,从不同角度、不同侧面进行了研究与探讨,具有很强的时代性和专业性,体现了求实创新、扬长补短、共同进步的科学精神。会议邀请中国图书馆学会学术研究委员会少数民族图书馆专业委员会副主任、宁夏回族自治区图书馆副馆长、《图书馆理论与实践》主编张欣毅研究馆员做题为“在公共权利与公共学习型社会时代主题下重构我们的公共观”的学术报告。获奖论文作者包和平、萨日娜、孙沁南、李新、李春等进行交流发言。

第九次全国民族地区图书馆学术研讨会:会议的宗旨是加强民族地区图书馆之间的横向联系,加深同行之间的了解和沟通等。代表们全面系统地研讨和总结了两年来民族图书馆的理论和实践问题,使民族地区图书馆研讨会的举办更加成熟。会议的主题是:民族地区图书馆的发展与创新。会议邀请北京大学图书馆馆长朱强研究馆员做“关于数字图书馆建设”的学术报告,邀请西北民族大学于洪志教授、宁夏回族自治区图书馆副馆长张欣毅研究馆员、内蒙古自治区图书馆忒莫勒研究馆员做主旨发言。会议举行颁奖仪式,为获奖论文代表颁奖。会议期间,民族文化宫、中国民族图书馆向呼伦贝尔市图书馆和海拉尔区图书馆赠送图书7060册,为呼伦贝尔地区图书馆事业的发展尽一份微薄之力。

第十次全国民族地区图书馆学术研讨会:会议总主题为少数民族古籍整理、研究、保护与开发。分主题为:少数民族古籍理论研究;少数民族古籍收集、整理、分类、著录和保护研究;少数民族古籍展示、开发和利用研究;少数民族古籍数字化及数据库建设研究;各地少数民族古籍现状调查研究;少数民族古籍版本鉴定、定级标准研究;少数民族古籍与汉族古籍的比较研究;少数民族古籍人才培养研究;少数民族地区地方文献研究。会议邀请西北民族大学历史系教授郭卿友,国家图书馆古籍馆副馆长、研究馆员苏品红做主旨学术报告。为配合全国古籍普查及制定《少数民族文字古籍定级标准(草案)》,首次确立专题研究征文,并召开研讨会。参会代表专门就当前图书馆古籍普查工作和少数民族文字古籍定级展开学术交流。特邀论文的作者都是本领域知名专家,如西北民族大学中国民族信息技术研究院院长于洪志教授,中国民族古文字研究会会长、中央民族大学少数民族语言文学系张公瑾教授,中国第一历史档案馆满文部主任、国家古籍保护工作专家委员会委员吴元丰研究员，云南省丽江市东巴文化研究院院长赵世红，贵州民族大学水书文化研究院副院长潘朝霖研究员，贵州省毕节学院彝文古籍研究所陈英研究员等。会议除举行专题报告会、学术交流会外，还召开了“少数民族专业委员会工作会议”“少数民族文字古籍定级标准专家座谈会”，取得多项成果。

第十一次全国民族地区图书馆学术讨论会：会议的主题是“民族地区图书馆事业60年回顾及可持续发展”。会议的学术报告包括：宁夏回族自治区图书馆常务副馆长张欣毅研究馆员的“多重时代主题复合拉动下的公共图书馆发展观重构”，新疆维吾尔自治区社会科学院历史研究所所长田卫疆研究员的“新疆历史与文献”，吉首大学图书馆馆长刘泳洁研究馆员的“民族地区高校图书馆科研工作的理论与实践”。获奖论文作者代表新疆维吾尔自治区图书馆历力、宁夏回族自治区图书馆王岗、贵州省图书馆周媛、云南省大理白族自治州图书馆刘丽在研讨会上进行论文交流。贵州民族文化宫主任、贵州民族图书馆馆长高聪，新疆维吾尔自治区阿勒泰地区图书馆馆长杨春湘，内蒙古自治区通辽市图书馆馆长王蒙进行工作交流。

第十二次全国民族地区图书馆学术研讨会：会议以“文化多样性与民族地区图书馆事业的发展”为主题，会议活动内容包括专题学术报告、学术论坛等。专题学术报告会由中国图书馆学会学术研究委员会少数民族图书馆专业委员会主任、中国民族图书馆馆长吴贵飙主持，邀请广西少数民族古籍整理出版规划领导小组办公室编审欧薇薇做“广西少数民族古籍概况”专题学术报告。学术论坛由广西壮族自治区图书馆副馆长秦小燕主持，邀请云南省大理白族自治州图书馆馆长孙沁南、贵州民族文化宫副主任韦建丽、宁夏社科院图书资料中心副处长张琰玲、内蒙古自治区呼伦贝尔市图书馆馆长张承宏、云南省红河哈尼族彝族自治州图书馆副馆长马慧、新疆维吾尔自治区喀什地区图书馆党支部书记孙秋景等6位嘉宾就少数民族地区文献资源保障体系建设、图书馆读者服务、少数民族地区古籍建设特色服务等话题做了详细介绍和交流。

第十三次全国民族地区图书馆学术研讨会：会议以“民族地方文献保护与研究”为主题。专题报告会由中国民族图书馆馆长吴贵飙和中央民族大学图书馆馆长李德龙分别主持。会议邀请吉首大学副校长龙先琼教授做“地域文化的文本视角——以湘西为个案”专题报告，湖南图书馆馆长张勇研究馆员做“图书馆地方文献建设与发展”专题报告。学术论坛由内蒙古自治区通辽市图书馆馆长王蒙主持。邀请中国藏学研究中心图书资料馆馆长安才旦、西南民族大学图书馆副馆长袁琳蓉、贵州民族文化宫副主任韦建丽和内蒙古呼伦贝尔市图书馆馆长张承宏分别介绍本馆得意之作二三事。学术交流由安才旦主持。从获奖论文中选6篇具有代表性的进行学术交流。特别邀请原中国科学院文献情报中心博士生导师、原《图书情报工作》主编孟广均教授对获奖论文做精彩点评。

第十四次全国民族地区图书馆学术研讨会：会议的主题是“地方特色数字资源建设与服务研究”。中国图书馆学会学术研究委员会少数民族图书馆专业委员会主任、中国民族图书馆馆长吴贵飙，少数民族图书馆专业委员会委员、中南民族大学图书馆馆长哈正利主持专题学术报告会。专题学术报告内容主要分两个方面，一是民族图书馆文献资源建设与服务，二是地方特色数字资源库建设与研究。民族图书馆文献资源建设与服务方面：会议邀请中国图书馆学会学术研究委员会副主任、图书馆学基础理论专业委员会主任、北京大学信息管理系王子舟教授做题为“图书馆特色服务与创新发展”的专题报告，中央民族大学图书馆馆长李德龙教授做“民族文献的研发与利用”的专题报告，中国民族图书馆馆长吴贵飙研究馆员做题为“中国少数民族文献资源保障体系构建”的专题报告。在地方特色数字资源库建设与研究方面：邀请吉首大学图书馆馆长刘泳洁研究馆员做题为“地方文献特色数据库建设若干问题探讨——以武陵山片区地方文献数据库为例”的专题报告，延边朝鲜族自治州图书馆馆长金勇进研究馆员做题为“延边州图书馆中国朝鲜文数据库建设方略”的专题报告，广州图书馆社会活动推广部主任付跃安研究馆员做题为“广州大典网络服务平台简介”的专题报告，恩施土家族苗族自治州图书馆馆长谭华梅副研究馆员做题为“恩施土家族苗族自治州特色资源建设与应用”的专题报告，同方知网公共服务事业部总经理成鑫做题为“公共特色数字化服务平台的构建与应用”的专题报告、市场部经理渠畅做题为“CNKI 特色资源数字平台与建设实践”的专题报告。会议期间，举行“中国人口较少民族文献全文数据库”第一期“鄂伦春族、鄂温克族、达斡尔族文献全文数据库”平台上线启动仪式。

还召开了“中国图书馆学会第九届理事会学术研究委员会少数民族图书馆专业委员会成立大会”。成立大会由吴贵飙主持,宣布新一届少数民族图书馆专业委员会委员名单。参会人员讨论并通过了《新一届少数民族图书馆专业委员会工作规划》。会议期间,中央民族大学图书馆分别向恩施土家族苗族自治州图书馆、湖北民族学院图书馆赠送图书。

第十五次全国民族地区图书馆学术研讨会:会议以“新时代民族地区图书馆事业的科学发展”为主题,围绕民族地区图书馆资源建设、阅读推广、特色数据库建设、可持续发展等问题进行交流。研讨会分主题报告和主题会议两个部分。中国图书馆学会学术研究委员会少数民族图书馆专业委员会主任、中国民族图书馆馆长、研究馆员吴贵飙主持主题报告会。会议邀请中国人民大学信息资源管理学院教授索传军以“新时期公共图书馆的转型与发展”为题做主题报告,清华大学图书馆研究馆员姜爱蓉以“数字图书馆发展与特色资源建设”为题做主题报告。同方知网公共服务公司总经理成鑫以“基于知识大数据的图书馆智能服务”为题做专题报告。

少数民族图书馆专业委员会委员、西北民族大学图书馆常务副馆长、研究馆员赵国忠,少数民族图书馆专业委员会委员、青海省图书馆馆长、副研究馆员张景元,少数民族图书馆专业委员会委员、吉首大学文献信息研究所所长、研究馆员刘泳洁主持主题会议。会议邀请12位专家、代表做主题发言,分别包括:大连民族大学图书馆馆长杜智姝的“新举措　新服务——大连民族大学图书馆的几点做法”;新疆维吾尔自治区图书馆研究馆员丛冬梅的“新时代　新发展——新疆地区公共图书馆事业”;内蒙古自治区通辽市图书馆馆长王蒙的“转型发展　空间再造　努力提升服务品质　积极开展全民阅读——通辽市图书馆”。来自各民族地区的图书馆专家学者、优秀获奖论文作者进行论文交流发言,分别包括:中国民族图书馆副馆长、副研究馆员崔德志的“图书馆与非物质文化遗产的保护与传承——中国民族图书馆的探索与实践”;青海省图书馆研究馆员王喜梅的“藏传佛教寺院文献典籍的开发和利用”;广州图书馆研究馆员付跃安的“广州大典特色数据库建设案例分享”;同方知网公共服务公司项目经理巩桥的“CNKI特色资源数字平台与建设实践”;中国民族图书馆副研究馆员先巴的“藏文古籍印本版式行款流变”;内蒙古大学图书馆副研究馆员祁兴兰的“民族地区高校图书馆特色资源数据库建设现状、问题及对策”，吉首大学图书馆副研究馆员彭燕的“口述历史在少数民族濒危口述史史料挖掘中的应用”；青海大学图书馆馆员张翠真的“基于读者研究的民族地区高校图书馆阅读推广策略探索”；青海省图书馆馆长助理、数字资源建设管理中心主任吴新兰的“青海省图书馆数字资源建设成果介绍”等。

研讨会期间举行了“中国人口较少民族文献全文数据库”第一期“鄂伦春族、鄂温克族、达斡尔族文献全文数据库”平台上线启动仪式，崔德志对数据库进行了介绍和演示，与会领导、专家、代表参加数据库启动仪式。中国人口较少民族文献全文数据库是传承和保护我国人口较少民族文化的重要举措，对人口较少民族文化宣传和推广具有重要意义，该项目计划建设覆盖28个人口较少民族的文献资源数据库。

研讨会期间召开了“中国图书馆学会学术研究委员会少数民族图书馆专业委员会工作会议”，由吴贵飙主持会议。吴贵飙通报少数民族图书馆专业委员会2016—2018年度的工作总结和2018—2020年度的工作计划，审议委员变更事项。

会议期间，中国民族图书馆向青海省海南藏族自治州贵德县图书馆赠送图书。

四、学术论文选题广泛，成果丰硕

第一次全国民族地区图书馆学术研讨会：会议共收到书面交流材料30余篇。会议编印了《全国少数民族地区图书馆工作座谈会专辑》。

第二次全国民族地区图书馆学术研讨会：会议收到论文20余篇。

第三次全国民族地区图书馆学术研讨会：会议收到论文和经验汇报材料80余篇，并在会上进行研讨和交流。

第四次全国民族地区图书馆学术研讨会：会议收到论文30余篇。

第五次全国民族地区图书馆学术研讨会：会议收到论文30余篇。

第六次全国民族地区图书馆学术研讨会：大会共收到论文40余篇，在会上交流了30余篇。1998年《中国图书馆学报》为此次会议出版了增刊，共收录讲话、综述、论文45篇。这是第一次把民族图书馆学术研讨会的文件和论文公开刊发。

第七次全国民族地区图书馆学术研讨会：会议共收到论文97篇，经评选有84篇论文入选论文集《民族图书馆学研究》（辽宁民族出版社，2002年9月），这是第一次将全国民族地区图书馆学术研讨会的论文结集由出版社出版，使没有参加会议的同行也能分享会议学术交流的成果。经过专家评委评审，共评选出了一、二、三等奖和优秀奖56篇，其中一等奖2篇、二等奖11篇、三等奖和优秀奖43篇。

第八次全国民族地区图书馆学术研讨会：会议共收到论文101篇。经评选有80篇论文入选论文集《民族图书馆学研究（二）》（辽宁民族出版社，2004年7月）。经专家评委评审，共评选出获奖论文16篇，其中一等奖3篇、二等奖5篇、三等奖8篇。

第九次全国民族地区图书馆学术研讨会：会议共收到论文205篇，经评选共有164篇论文入选论文集《民族图书馆学研究（三）》（辽宁民族出版社，2006年12月）。经专家评委评审，共评选出获奖论文50篇，其中一等奖5篇、二等奖10篇、三等奖17篇、优秀奖18篇。

第十次全国民族地区图书馆学术研讨会：会议共收到论文127篇。经评选有108篇论文入选论文集《民族图书馆学研究（四）》（辽宁民族出版社，2008年12月）。经专家评委评审，有50篇论文获奖，其中，一等奖4篇、二等奖8篇、三等奖16篇、优秀奖22篇。

第十一次全国民族地区图书馆学术讨论会：会议共收到论文172篇，评选出132篇论文入选论文集《民族图书馆学研究（五）》（辽宁民族出版社，2010年8月）。经专家评委评审，评出62篇论文获奖，其中一等奖12篇、二等奖20篇、三等奖30篇。

第十二次全国民族地区图书馆学术研讨会：会议共收到论文120篇，评选出94篇入选论文集《民族图书馆学研究（六）》（辽宁民族出版社，2012年月11月）。经专家评委评审，评出42篇获奖论文，其中一等奖9篇、二等奖15篇、三等奖18篇。

第十三次全国民族地区图书馆学术研讨会：会议共收到论文183篇，评选出123篇收录入论文集《民族图书馆学研究（七）》（辽宁民族出版社，2014年9月）。经专家评委评审，评选出57篇获奖论文，其中一等奖12篇、二等奖19篇、三等奖26篇。

第十四次全国民族地区图书馆学术研讨会：会议共收到论文140篇，经评选有90篇论文入选论文集《民族图书馆学研究（八）》（辽宁民族出版社,2016 年 8 月)。经评审专家评审,评选出获奖论文 41 篇,其中一等奖 9 篇、二等奖 13 篇、三等奖 19 篇。

第十五次全国民族地区图书馆学术研讨会:会议收到论文 148 篇,经评选共 102 篇论文入选学术研讨会论文集《民族图书馆学研究(九)》(辽宁民族出版社,2018 年 10 月)。经专家评委评审,评选出 45 篇论文获奖,其中一等奖 10 篇、二等奖 15 篇、三等奖 20 篇。

从 1983 年到 2019 年,全国民族地区图书馆学术研讨会共召开了 15 次,均获得圆满成功。随着《公共文化服务保障法》《公共图书馆法》等法律法规的颁发施行,在党和国家高度重视文化发展的大背景下,中国民族图书馆和少数民族图书馆专业委员会将继续努力办好全国民族地区图书馆学术研讨会,充分发挥在引领学术方向、组织学术活动、繁荣学术研究、鼓励学术创新方面的中心作用,营造广阔的学术平台与和谐的学术环境,引导、组织、协调全国民族图书馆专业工作者和相关学者为推动和促进我国民族图书馆事业的繁荣和发展做出积极贡献。

中国图书馆学会成立四十周年随笔

薛山顺

我于1982年就职于中国地质图书馆，当时还是个毛头小子，自那时起我就和中国图书馆学会结下了不解之缘。

一、初次参加中国图书馆学会活动

已经记不清首次参加中国图书馆学会的活动是哪个年份了，我只依稀记得是次学术讲座，授课人是当时的中国科学院图书馆的副馆长辛希孟老师，地点在王府井附近，一个七拐八拐才能找到的胡同里面的一个能容下百十人的礼堂，讲课内容大概是如何撰写学术论文。自这首次之后，我跟随着中国图书馆学会参加了学会组织的各类培训、学术年会、学术讲座等，从中收益良多。

二、中国图书馆学会的理念引领我国图书馆的发展

2005年，我被推荐当选为中国图书馆学会专业图书馆分会常务理事，在担任此职务期间，通过参与中国图书馆学会的各项活动，对学会的作用和图书馆的发展看得更加清晰。中国图书馆学会专业图书馆分会领导徐引篪、张晓林、刘会洲、刘细文、周金龙、赵树宜等（此处不再一一列举），根据专业图书馆的特点，紧紧抓住国内外图书馆发展趋势，开展专业培训、学术交流和馆际合作的牵线搭桥等。特别是进入新千年

薛山顺，现任中国图书馆学会常务理事，中国地质图书馆副馆长，研究员。

以来，分别以图书馆品牌建设、数字图书馆技术与数字图书馆建设、图书馆的知识服务、信息开放获取、机构知识库建设、图书馆的转型等涉及图书馆发展的命题开展学术研讨和交流，对各专业图书馆能够跟上国内外图书馆发展的步伐起到了至关重要的作用。如我所在的中国地质图书馆，围绕地质专业图书馆的品牌建设、知识服务等，开展地学特色文献资源建设，针对地学专家、学者的学科服务和精准专业化知识服务；通过学会的信息技术交流取得的经验，结合本馆情况开展地学数字图书馆建设；针对图书馆面临的挑战，深度挖掘中国地质图书馆的潜能，利用图书馆人所具有的优势，拓展工作内容和服务范围，形成了对地勘行业的地学文献、地学情报、地学科普、地质调查成果评价等的有力服务与支撑。

三、参加中国图书馆学会组团的 IFLA 年会

从事图书馆工作以来，我也曾参加过几次由中国图书馆学会组团参加的国际图联（IFLA）年会。印象最深的应该有两次：一次是 1996 年在中国北京举办的 62 届年会，另一次是 2012 年在芬兰赫尔辛基举办的 78 届年会。

1996 年，IFLA 首次在北京举办年会，我也是首次参加 IFLA 年度盛会。我想这次年会在我国召开，除我国政府的努力外，还应该是和中国图书馆学会的努力分不开的。此次盛会给我印象最深的应该是国际商业机器公司（IBM）推出的数字图书馆解决方案，IBM 数字图书馆将信息存储、管理、查询、检索和发布集成一体，将文献内的相关知识点建立关联，为当时的中国图书馆界展示了未来图书馆发展的愿景。本人深受启发，在之后的工作中，一直以建设中国地质图书馆数字图书馆为目标，开展了数字资源建设、数字服务平台的开发等相关研究和实践。

印象颇深的另一次是 2012 年的第 78 届 IFLA 年会在拉脱维亚首都里加举办的卫星会议。时任中国图书馆学会理事长、国家图书馆常务副馆长詹福瑞，中国图书馆学会副理事长、中国社会科学院图书馆馆长杨沛超等中国图书馆界的 70 余位代表及来自其他国家的代表参加了此次会议。会议的主题为“提高公民素养的信息服务”。来自我国国

家图书馆的顾犇研究馆员和来自多个国家的代表围绕会议主题,就“何为公民素养? 为何如此重要?”“图书馆员在推动公民素养进程中所扮演的角色”等进行大会交流发言,并进行了热烈的讨论。

会议主席是来自加拿大的弗朗西斯·柯克伍德(Francis Kirkwood)先生,对中国政府信息公开提出了质疑。对此,詹福瑞等中国代表予以了积极回应。詹福瑞感谢主席先生对中国提高公民素养问题的关注。并列举了中国政府、中国图书馆界为提高中国公民素养,长期以来所做的大量工作和努力。如中国的“全国文化信息共享工程”和“国家数字图书馆工程”等。在政府信息公开的进程中,中国图书馆界也做了很大的努力,希望公众在图书馆也能够获取政府信息,并正在对政府信息公开起着促进作用。中国图书馆发布和反馈的相关信息不仅满足了公众的需求,其中也包括一些对政府的批评与建议。

杨沛超馆长对中国政府如何提高公民信息素养做了回应。中国标准化研究院高燕,针对会议主席提出的“在中国,公民是否有获得信息的自由? 如果他没有得到需要的信息,是否可以自行获取信息?”问题进行了回应,她说道:在中国,公民可通过各种渠道自由获取各类信息,即使是乞丐,我们的图书馆也会为他提供相应的服务。中国图书馆界代表们积极参与发言讨论,不仅起到了学术交流的作用,同时也有助于让一些西方学者摘掉有色眼镜,改变对中国的偏见,进一步了解中国图书馆界所做出的不懈努力和取得的显著成就,了解中国政府在信息公开和提高公民素养所开展的工作。

以上是我参加中国图书馆学会组织的各项活动的点滴经历和体会。在这多年的工作中,中国图书馆学会组织的各项活动让我不断成长,让我所在的中国地质图书馆紧跟行业发展,为读者、为社会、为国家的发展提供更好的服务,为科学文化的传播积极发挥作用。

携手前行，砥砺奋进

——写在中国图书馆学会成立四十周年之际

王建军

2019年，是值得纪念的一年：中华人民共和国成立70周年；中国图书馆学会成立40周年，国家图书馆建馆110周年；也是山西省图书馆学会成立40周年，山西省图书馆建馆110周年。值此中国图书馆学会成立40周年之际，我谨代表山西省图书馆学会、山西省图书馆向中国图书馆学会全体成员致以最诚挚的敬意！对中图学会一直以来的支持与帮助表示衷心的感谢！

中国图书馆学会成立于1979年，乘着改革开放的春风一路走来，见证并参与了伟大祖国的跨越式发展。40年来，中国图书馆学会在繁荣学术研究、引领学科进步、培养专业人才、促进全民阅读、承接政府转移职能等各个方面取得了丰硕成果，并引领我国图书馆事业不断向前发展。

中国图书馆学会是一个团结向上、奋发有为、业务精湛、成就斐然的集体。党的正确引领、改革开放的东风，全体会员的不懈努力、广大图书馆工作者的执着坚守，多个方面同心协力，才铸就了今日中国图书馆学会来之不易的成就。而这成就也必将成为中国图书馆事业善积行远的全新动力，助力新时代广大图书馆工作者畅想更加美好的愿景，进而满足新时代国人更高的精神生活追求。

在中国图书馆学会的正确引领和大力支持下，山西省图书馆学会在学术交流与业务培训、组织建设与评选表彰工作、科普与阅读推广工作等方面都取得了长足进步，在加强会员管理及制度建设上持续发力，完善会员结构、推进分支机构和地方学会的建设与发展，更好地完善了学会组织建设和层级管理，进一步提升了组织运行效率和公共文化服

王建军，现任中国图书馆学会常务理事，山西省图书馆馆长。

务水平。

九层之台，起于垒土；千里之行，始于足下。回顾这40年来的薪火华章，中国图书馆学会与山西省图书馆学会携手走来，共同为提升公共文化服务水平做出了巨大贡献。在今后的工作中，山西省图书馆学会将在中国图书馆学会的带领下，坚持图书馆事业高质量发展和稳中求进总基调，坚持“创新、跨界、融合、共享”的发展理念，以科学、有效、规范的手段服务社会、服务广大会员，与中国图书馆学会一同承担起提高公民科学文化素养和社会文明程度的历史使命，为构建现代公共文化服务体系做出新的贡献，以更加优异的成绩向党和人民交上一份满意的答卷！

改革·发展·未来

赵瑞军

40 年,如白驹过隙,在历史的长河中转瞬即逝;40 年,如星光一闪,在荏苒的岁月中波澜壮阔。

在过去的 40 年,中国的改革发展取得了辉煌的成就。在过去的 40 年,中国图书馆学会也经历了自己最灿烂的时期。中国图书馆学会,众志成城,砥砺奋进,在文化发展的大潮中成为一条重要的纽带,将图书馆人与社会紧紧联结在一起,谱写了文化服务美好的新篇章。

作为中国图书馆学会的一员,吉林省图书馆历经风雨,走过 110 年的沧桑巨变,在创新与发展中谋求新的服务之路。40 年来,我们搭乘中国图书馆学会这条大船,开辟了吉林省图书馆文化服务阵地的新路径,扬帆起航,奋勇前进。我们积极参与中国图书馆学会组织的各类会议、活动、培训,提升馆员综合素质,提高吉林省图书馆服务质量。特别是在新馆开放以后,吉林省图书馆华丽转身,以现代化设备为基础,以规范化服务为标准,不忘初心,牢记使命,紧紧围绕社会化需求,创造性地开辟了新型的服务阵地与服务方式,吸引越来越多的人走近图书馆,热爱图书馆,用实际行动做先进文化的传播者。

习近平总书记在党的十九大报告中指出,“改革开放之初,我们党发出了走自己的路、建设中国特色社会主义的伟大号召。从那时以来,我们党团结带领全国各族人民不懈奋斗,推动我国经济实力、科技实力、国防实力、综合国力进入世界前列,推动我国国际地位实现前所未有的提升,党的面貌、国家的面貌、人民的面貌、军队的面貌、中华民族的面貌发生了前所未有的变化,中华民族正以崭新姿态屹立于世界的东方。”这 40 年,我国科技发展迅速,并依靠其进步不断带动基础设施完善、促进社会整体经济文化事业发展。20 世纪,困扰人类的三大问

赵瑞军,现任中国图书馆学会常务理事,吉林省图书馆馆长,研究馆员。

题，饥荒、瘟疫和战争已经基本解决，在满足物质需求的同时，人们的精神需求开始不断扩大，正如十九大报告中指出，我国社会的主要矛盾是为人民日益增长的美好生活需要和不平衡不充分的发展之间的矛盾。图书馆人作为公共文化服务体系建设中的一员，肩上有着沉甸甸的责任。

未来，改革与发展依然是时代变迁的必由之路，我们依然需要搭乘中国图书馆学会这趟列车，以传播中华文化为己任，以提升服务能力为目标，看着中国发展的一路美景，驶向更远更美好的未来。

击楫中流　扬帆书海

——新时代图书馆学会工作展望

刘显世

40年前，随着全国图书馆事业的快速恢复和发展，以及对图书馆学研究的高度重视，中国图书馆学会在全国图书馆工作者的瞩目期盼中成立了。它的成立对于当时的图书馆界来说，正如一声春雷平地起，随后各省图书馆学会如雨后春笋般破土而出。1979年6月19日，山东省图书馆学会召开了第一次全省会员代表大会，第一届理事会宣告成立。

40年间，奋进求索，弹指一挥间。在历届理事会带领下，山东省图书馆学会积极团结动员广大会员和图书馆工作者，为图书馆事业风雨兼程，勇往直前。在事业发展的每一个关键节点，都有图书馆学会的身影和助力，充分发挥了组织协调、人才凝聚和智力支撑的优势。

今天，我们不忘初心，砥砺前行。在迎接中国图书馆学会成立40周年纪念之际，让我们晓古鉴今，畅谈未来，谋划愿景。

一、完善管理机制，加强组织建设，夯实学会发展基石

图书馆学会作为社会组织，会员是其发展的根本，首要任务是加强学会组织建设，拓宽会员服务渠道。2016年，山东省图书馆学会第六届理事会成立后，修改了章程和会费管理办法等制度，对省学会会员的发展与服务做出规划。在各市图书馆学会、分支机构的通力合作下，学会会员数量稳步上升，管理更加规范化。今后，在个人会员发展基础上，山东省图书馆学会将探讨发展团体会员、单位会员、资深会员等的可行

刘显世，现任中国图书馆学会常务理事，山东省图书馆馆长。

性，建立完善的多元结构会员制度和发展体系，同时依托新技术、新媒体，建立完备的会员数据库登记管理、检索查询系统。在未来条件许可情况下，可以中国图书馆学会为标准，打造山东省图书馆学会综合管理平台。

山东省图书馆学会第六届理事会成立后，在组织机构建设上积极创新，加强整合，不断形成事业发展的合力。2017 年，在六届一次常务理事会暨六届一次理事会上，学术研究委员会、信息技术与科普委员会、阅读推广工作委员会、协作协调委员会、教育培训委员会、未成年人图书馆服务委员会、高校图书馆委员会、医院图书馆委员会、党校图书馆委员会等 9 个分委员会正式宣告成立。这是山东省图书馆学会建会以来首次对分支机构进行大规模撤并、整合和重新命名，是 40 年来的突破性创举。这是依据图书馆事业的整体发展态势与山东省的实际情况，同时充分考虑各常务理事单位的特长和优势做出的调整。这使沉寂多年的分支机构焕发了新生，使我们的各项业务活动、组织发展等更具针对性，更加精准高效。我们将通过这次分支机构改革，发挥新设专业委员会的职能，调动业内专家智慧，激发分支机构活力，广泛开展各类活动，从而增强学会内部凝聚力，通过专业委员会以点带面，带动各级各类图书馆、信息机构等将目光聚焦图书馆事业发展，群策群力，使学会在各界助力下能够担当起山东省图书馆行业代言人的职责，肩负起协调和引领山东省图书馆事业发展的历史使命。

下一步，山东省图书馆学会将继续推进制度建设，强化科学管理，以期不断扩大山东省图书馆在全国图书馆间的话语权和影响力，以服务会员为中心，民主办会，科学决策，切实加强学会自身组织建设和内部机制建设，着力打造山东省图书馆界荣誉激励体系、绩效考核体系、学术评价体系、人才管理体系等。

二、推进教育培训，加强队伍建设，提供事业发展动力

会员素质的提升是学会发展的根本保证，基层图书馆的发展是图书馆整体事业发展的动力源泉。所以，作为图书馆行业发展凝心聚力的重要平台，必须采取多种形式来推进针对图书馆队伍的教育培训工

作，加强人才队伍建设，为事业发展积蓄能量、提供动力。

山东省图书馆学会一直以为广大会员和图书馆工作者提供更广阔的学习空间和更广泛的交流机会为己任，努力强化服务能力和服务意识。六届理事会期间，先后组织举办各类培训、研修班10多次，累计培训1300余人次。培训内容涵盖数字文化建设与服务、公共文化云平台建设与服务、评估培训、服务效能提升、公共图书馆法等方面。另外，积极组织各级各类图书馆参加中国图书馆学会举办的"县级图书馆馆长培训""青年学术论坛""青年人才奖""公共图书馆法知识竞赛""阅读推广人培育行动"等。通过以上工作，一方面为图书馆员专业技术水平的提升提供了培训机会，另一方面为各图书馆开阔眼界、吸纳前沿管理与服务理念提供了平台，再就是在整体学术水平的提高方面，提供了较强的推动力。

山东省图书馆学通过形式多样、内容精准的教育培训活动，实现推进专业理论与业务实践的融合发展，促进业界资源共知共享，不断缩小图书馆间人才资源的地区差异，推进全省图书馆事业的全面、协调、均衡、可持续发展。另外，还可以强化山东省图书馆学会的社会教育功能，引导广大会员、图书馆工作者以更为积极的态度、饱满的热情、坚定的信念投身到业务学习和理论研究中去，提升从业人员的职业化水平，充分发挥山东省图书馆学会在构建学习型组织和推动事业快速发展方面的作用。

下一步，我们将充分发挥学会的行业联络和协作协调作用，瞄准行业热点、难点，结合山东省图书馆业务发展规律，积极策划或参与图书馆行业培训、业务研讨，健全山东省图书馆行业理论研究和业务交流的平台，借此引导业界向图书馆重大现实问题聚焦，推动新技术与图书馆工作融创发展，改善图书馆服务能力，转化学术成果对事业发展政策和发展实践的指导价值。

同时，我们衷心希望中国图书馆学会更好地凝聚全国各级各类图书馆、信息科研机构等的思想共识和智慧力量，以新思维、新理念、新方法积极开展工作，在实践中多谋思路，多创新方法，为各级各类图书馆创造更多的学习培训和提升的机会，让大家有更高更广阔的成长平台，不断健全促进图书馆建设、提升人才队伍素质的机制。各级学会也要努力为会员和从业人员提供优质服务，争取在组织队伍发展与机构建设、学术活动组织与服务平台搭建、科普宣传教育与全民阅读推广以及专业学术能力提升等方面，有更大的发展，更好地为图书馆事业的发展做出新的贡献。

三、推进效能考核，检视行业发展，建立常态绩效评价机制

与构建全省现代公共文化服务体系和健全公共图书馆服务网络相匹配，公共图书馆系统的绩效评价应该是统筹考量的，应该充分发挥学会的协作协调和指导作用，建立并不断健全区域性公共图书馆系统的绩效评价机制。根据原山东省文化厅《关于提升全省公共文化机构服务效能的意见》（鲁文群〔2018〕4号）精神，山东省正全面致力于公共图书馆服务网络体系建设，这也就要求绩效评价在对事业发展的指导上能够统一规范，统一调度，协调推进。为此，在省文化和旅游厅领导下，由省图书馆牵头，在全省市级图书馆初步建立起绩效评价体系。

2018年4月，山东省图书馆学会正式启动"全省市级（副省级）公共图书馆绩效评价"工作，历时11个月，截至2019年2月底已圆满完成。山东省图书馆学会遵循"减少指标、突出重点"的原则，突出"指标简易、填报方便、注重实效"的特点，编制了《山东省市级（副省级）公共图书馆绩效评价标准（试行）》和相关细则。该标准总分100分，以年度为考核周期，分市级、副省级两个系列，共设置一级指标9项（基本服务、新媒体服务、读者活动、读者评价、文献资源建设、表彰奖励、经费保障、图书馆服务体系建设、重点文化工程），二级指标34项。山东省图书馆系统绩效评价工作是以提升公共图书馆服务效能为导向，在公共图书馆评估工作基础上探索建立常态化评价机制的一项创新，也是山东省公共图书馆界通过行业自我评价，检验服务效能和办馆效益的一次重要尝试，而且取得了初步成果。

之前，文化部、山东省都下发了有关推进县级公共图书馆总分馆制建设的指导性文件，这为统筹推进全省公共图书馆绩效评价提供了更好的契机。为更好地推动山东省公共图书馆事业发展，我们将逐步在省内市、区（县）图书馆推行绩效评价工作，逐步建立省馆指导市馆，市馆指导县（区）馆，县区馆指导乡镇图书馆（室）和村级文化站点的格

局，完善业务数据汇总报送机制，形成自上而下的层级式绩效考核评价体系，从而实现图书馆绩效评价工作的常态化、规范化。在这个过程中，我们需要充分采用第三方进行评估，力求客观真实地反映各级图书馆事业发展绩效。在今后工作中，要进一步强化计量化、标准化和规范化建设；紧密各级图书馆之间的关系；加强各自内部绩效评价，营造创优争先的氛围。

作为图书馆协作协调的主要组织机构，学会有责任立足图书馆事业发展大局，在区域内建立并推动绩效评价机制。在绩效评价过程中，要坚持多维比较，摒弃攀比；既重过程，也重结果；明确目标，立足发展的原则，在绩效评价过程中，发现事业发展中的好经验、好做法，并推而广之；发现一些共性或个性化问题，共同谋求解决之道。通过以面找点，以点促面的方式，达到共享发展成绩，共同解决问题，促进区域公共图书馆服务网络体系发展的目的。

四、着眼长远发展，提升学术水平，为行业发展提供理论与智力支撑

一个行业的可持续发展，必须有强大的理论与智力支撑，要永远站在行业发展的前沿看问题、做工作。图书馆事业的发展也是如此，要不断地接受新理念、新观点，不断创新，才能实现不断发展。事业的发展，不仅仅指个体的发展，而是总体水平的提升与进步。在图书馆现有管理模式下，学会无疑在图书馆整体学术研究水平的提升，在加强事业发展理论与智力支撑方面，发挥着不可替代的作用。

山东省图书馆学会近期在这方面做了一些探索，取得了不错的效果。首先，山东省图书馆发挥带动作用，从顶层设计入手，于2018年启动“两个计划”，即“学术提升计划”和“服务效能提升计划”。“学术提升计划”立足于学术水平提升和事业发展，充分发挥山东省图书馆学会和山东省图书馆学术委员会作用，将学术研究成果纳入绩效考核，设立学术贡献奖，强化项目课题管理，支持馆员的继续教育工作，完善人才培育制度，成体系地加强学术工作。特别是2018年开始开展的“馆员论坛”，以“党建论坛”“学术论坛”“创新论坛”为子论坛，在馆员中广泛开展征文活动，并通过专家评审和现场演讲相结合的方式进行评奖。

首届论坛效果良好，大家积极踊跃，而且三个子论坛互为表里，互相促进，体现了党建引领业务，业务反哺党建；理论指导实践，实践充实理论的宗旨。通过这种方式，在激发大家积极性和研究潜力的同时，增强彼此之间的交流，尤其利于领导层从群众中间汲取决策依据，丰富发展理念。

“两个计划”譬如车之两轮、鸟之双翼，是并行且相互支撑的。学术理论水平的提升并在实践中的运用，对于提升整体管理与服务效能、促进创新将起到重要作用。反之，管理与服务效能的提升，会促进馆员在实践中总结经验，寻找新的创新点，推动新的理论突破。为推进全省公共图书馆学术理论水平的提升，目前，山东省图书馆学会已经在全省推广“两个计划”，鼓励市、县级图书馆也通过此类方式来提升学术研究水平。而且，山东省图书馆学会正筹备在全省公共图书馆范围开展“全省公共图书馆青年学术论坛”，进一步调动全省队伍的学术研究积极性，提升全省从业队伍素质。

2017 年，山东省图书馆学会六届一次常务理事会审议通过了《山东省图书馆学情报学学术成果评奖实施细则》；2018 年底印发《关于开展第一届山东省图书馆学情报学学术成果评奖活动的通知》；2019 年正式开评。此举建立了全省图书馆界首个也是唯一的图书馆学情报学专业成果评奖体系。今后，山东省图书馆学会将不断借鉴经验，完善评奖机制，严格评奖程序，不负全体同人厚望，将其打造成科学讨论会之后的又一个学术评价品牌。

从长远发展来看，学会要引领学术研究，主要应从三个方面入手。一是前瞻性问题。就是说学术研究方向的设定应该要站在业务发展的前沿，站在世界业态总体状况下来进行，关注新形势、新问题、新技术、新理念，要足够起到引领作用，助推事业的可持续发展。二是应用性问题。如前所述，学术理论须能够指导实践工作，不能以理论谈理论，要从管理与服务创新、技术应用、文献研究与开发等方面多找一些研究方向，确立一些课题，引导图书馆员理论联系实际，增强学术成果的实际应用性。三是整体性问题。学术研究要在统筹行业发展整体的基础上，兼顾个体。要有事业发展的大局观，站在全国、全世界行业发展态势的角度想问题，然后再兼顾区域性、个体化，以面促点，以点带面。

当前，随着中国特色社会主义文化事业的不断繁荣，公共图书馆事业进入快速发展期，在面临新机遇的同时，也迎来了新挑战。协同发展、理念创新、技术改革、绩效评价、人才培养等都越来越多地影响着事业发展，无论是中国图书馆学会还是地方学会，都应更多地承担起协作协调、凝聚力量的责任，在新时代新条件下，促进全国图书馆发展与区域图书馆发展合力的形成。今天，各级图书馆学会的组织性、协调性都越来越强，展望未来，我们有理由相信各级学会都会发挥更加重要的作用，为我国图书馆事业的发展做出更大贡献。

我的几点感想

——在中国图书馆学会成立四十周年之际

贺美华

中国图书馆学会秘书处的老师约我为学会成立 40 周年的纪念文集撰文,我很荣幸也稍有“为难”。荣幸之意不言而喻。“为难”之处,我也跟秘书处的老师有沟通,“到图书馆行业时间不长啊”。

确实,我到湖南图书馆任职馆长的时间不长,但是,我任职所在的湖南图书馆和湖南省图书馆学会是中国图书馆学会各项工作最坚决的支持者和参与者;我此前和现在所从事的职业也是学会工作有力的推动者和见证者。因此,我还是放下了那一丁点儿“为难”的托词,用“粉丝”的雀跃为中国图书馆学会成立 40 周年谈几点感想。

沐浴改革春风的四十年

作为中国图书馆界的领军组织——中国图书馆学会,自 1979 年成立至今的 40 年,几乎与中国改革开放的 40 年同步。这 40 年,是中国日新月异的 40 年,也是中国图书馆事业不断前进,屡创辉煌的 40 年。

40 年间,在中国图书馆学会的组织、带领下,中国各级各类图书馆不畏艰难,不断提升服务品质、拓展服务范围、深化服务内容,办馆效益、学术研究、行业交流、阅读推广等诸多方面呈现出喜人态势。40 年间,中国图书馆学会与时俱进,不断调整办会思路,紧跟时代脉搏,为促进中国图书馆事业的可持续发展做出了卓越贡献。

贺美华,现任中国图书馆学会常务理事,湖南图书馆馆长。

完善自身发展的四十年

中国图书馆学会建会之初就明确学会的性质是“图书馆工作者的学术性群众团体”。在40年的发展过程中,中国图书馆学会坚持向先进学习,不断完善自身组织建设和制度建设等。我了解到,为适应社会环境的变化,对接图书馆事业发展的现实需要,学会的章程在40年间就有几次修改,学会的宗旨、学会的机构、学会的活动、会员的权益和义务、学会相关负责人的产生和罢免等都有进一步明确和规范。

如今,中国图书馆学会下设学术研究委员会、图书馆学教育委员会、编译出版委员会、交流与合作委员会、公共图书馆分会、高校图书馆分会、专业图书馆分会、中央国家机关图书馆分会、医学图书馆分会、高职院校图书馆分会、中小学图书馆分会、军队院校图书馆分会、党校图书馆分会、团校图书馆分会、未成年人图书馆分会、工会图书馆分会等各分支机构,涵盖面广、针对性强,专业化程度日渐提高和突显。

推动行业交流的四十年

我们知道,在改革开放之初,全国图书馆行业才逐渐复苏,各地各类图书馆之间极少有交流,同一地区的图书馆之间的交流都不多见。可以说,1979年7月9—16日在山西太原召开的中国图书馆学会成立大会,是新中国成立后全国图书馆人的第一次盛会。来自全国29个省、自治区、直辖市和专业系统图书馆学会的代表与会,汉、蒙古、藏、回、满、哈萨克等各民族图书馆人近200人参会。从此,中国图书馆学会成为全国各地各民族图书馆人开展交流的重要纽带。

在40年的发展过程中,中国图书馆学会不仅将全国东中西部地区的图书馆人团结起来,也将各领域各行业等不同类型的图书馆联系起来,通过一次次现场讨论,一场场学术报告,一本本成果汇编,中国图书馆事业发展的成绩得到总结,图书馆人的职业素质也在沟通交流中不断提升。从此前的卡片编目、手写登记,到如今的智能借阅、智慧借阅、移动阅读，全国各地图书馆通过中国图书馆学会这一平台，学习他人先进经验，推荐自身成功做法，不断超越自己，超越过去，在交流中学习，在交流中成长。

促进学术繁荣的四十年

中国图书馆学会十分重视学术成果对事业发展的指导作用。“开展学术交流，活跃学术思想，组织学术研究，促进学科发展”被写进学会章程。为了繁荣图书馆界学术研究，中国图书馆学会组织、举办的学术活动，从开始时的几年一次，到现在的一年数次，学术征文、学术论坛、学术研讨也是如火如荼开展。

青年学术论坛、百县馆长论坛、公共图书馆建设标准研究、图书馆立法研究等一系列学术活动的举办，极大地促进了图书馆学、情报学的学科发展。通过中国图书馆学会这一纽带，科研智力成果越来越多地在图书馆事业发展中得到应用。在学术交流中，欧美等西方发达国家的图书馆教育、图书馆办馆思想和理念得到不断传播，并和中国现实不断融合，中国图书馆学术、图书馆事业也在不断交流碰撞中获得飞跃发展。

引领阅读风尚的四十年

图书馆作为搜集、整理、收藏图书资料的文化机构，同时也担负着推进全民阅读、繁荣社会文化氛围的光荣使命。40 年来，中国图书馆学会在推进全民阅读方面做了大量工作，通过各种阅读推广活动的举办及案例交流、分享等，让整个社会的书香氛围不断增强。如国家图书馆与中国图书馆学会联合举办的文津图书奖，已举办十四届，全国图书馆及读者、专家、媒体踊跃推荐优秀图书。在第十四届文津图书奖的评选过程中，全国 3039 家图书馆联动，涵盖公共、高校、党校、科研院所、高职、中小学、医院等各级各类图书馆，社会影响广泛。一大批优秀图书通过评选、颁奖活动推介给广大社会公众。

阅读,正成为越来越多人的生活方式。阅读,正让文化之光照亮中国。

2019 年是具有历史意义的时间节点,中国图书馆学会迎来了自己的 40 周年纪念,我们伟大祖国也迎来 70 华诞的生日。在这样的时刻,在这样的新时代,需要中国图书馆学会引领、推动全国图书馆同人有更新、更大的作为。我们回望过往,总结成绩,除了见证历史、守望荣光外,更需要仰望星空,展望未来,向另一个更高的起点昂首迈进。

传薪四十载　逐梦创未来

刘洪辉

应约为中国图书馆学会成立40周年写几句话，深感荣幸。从业30年来，从任职广州少年儿童图书馆到广州图书馆，再到广东省立中山图书馆，我和中国图书馆学会（以下简称“中图学会”）结下了很深缘分。尤其是任广东图书馆学会理事长期间，兼任了中图学会常务理事和学术研究委员会委员，工作上受到的教益更多，交流也更密切了。有幸参与了全国图书馆评估、培训巡讲、标准规范起草制定等项工作，广东图书馆界也承办了一些全国性学术会议、活动。在我的从业经历中，留下美好的记忆和躬逢其盛的自豪。可以说，中图学会引导和见证了我国图书馆事业的发展，尤其是改革开放以来图书馆“守正创新”的辉煌，也指导了广东图书馆学会与广东图书馆事业的发展进步。新时代，图书馆人在新一代中图学会领导下，“守正创新”，将开拓出事业发展的新路径。

1957年1月28日，广东图书馆学人在先馆长杜定友先生倡导下，率先开启了创办地方图书馆学会的历程，同年的5月18日，中图学会筹备委员会召开第一次在京委员座谈会，“建议在年底召开成立大会，并要求各省分会于10月以前筹备成立”。9月6日，国务院批准《全国图书馆协调方案》；在此背景下，广东图书馆学会于1963年2月22日成立，是新中国最早成立的图书馆学会。因特殊的历史原因，直到1979年7月9日，中图学会在太原正式成立，首届理事会理事长为刘季平，秘书长为谭祥金（谭祥金老师后调广东，任中山大学图书馆学系主任并兼广东图书馆学会第六届理事会名誉理事长），开启了中国图书馆事业的新篇章，图书馆人从此有了自己的全国性学术组织，开启了追梦之

刘洪辉，现任中国图书馆学会常务理事，广东省立中山图书馆首席研究馆员，曾任广东省立中山图书馆馆长。

路。而广东图书馆事业的发展，一直得到中图学会的支持和帮助。其中，中图学会第一届理事会秘书长谭祥金老师、第三届理事会秘书长黄俊贵老师分别于20世纪80年代末90年代初期调任广东（黄俊贵任广东图书馆学会第六届理事会常务理事长），作为广东图书馆学会主要负责人和顾问，一直在指导广东图书馆学会工作，谭老提出的办会宗旨“对事业有利，对会员有益”一直成为我学会传承下来的优良传统和办会原则，影响着广东图书馆学人。近十年来，中图学会带领各省市学会，共同走出具有中国特色的图书馆事业发展之路，使中国图书馆事业得风气之先，站在了世界图书馆事业发展的前沿。

一、以公共图书馆评估为契机推动事业发展

1994年，我国首次开展全国县级以上公共图书馆评估工作，具有开创性的意义，评估工作一直由中图学会承办。此后，基本保持每四年开展一次比较全面深入的评估，至2017年共进行了六次公共图书馆评估工作。在文化和旅游部统一组织和领导下，在“以评促建”的思想指导下，中图学会通过主导评估工作，不断推进全国各地公共图书馆建设与事业发展，评估工作取得了显著的成效。

从第五次和第六次评估结果来看，评估对广东图书馆事业的促进和推动作用明显。以广东为例，2013年第五次公共图书馆评估定级结果，广东省共有66个图书馆被定级为一级图书馆（约占全省137个公共图书馆的48.2%），30个图书馆被定级为二级图书馆（约占全省的21.9%），27个图书馆被定级为三级图书馆（约占全省的19.7%）。2017年第六次公共图书馆评估定级结果，广东省共有73个图书馆被定级为一级图书馆（占全省146个公共图书馆的50.0%），15个图书馆被定级为二级图书馆（约占全省的10.3%）38个图书馆被定级为三级图书馆（约占全省的26.0%）。从数量总数和占比来看，在此次评估标准整体提高、一些核心指标数倍提高的情况下，广东公共图书馆整体水平仍呈上升趋势，一级馆总数和比例都比四年前有所增长。其表现为评估期间，一是各地党委政府重视公共图书馆事业发展，财政投入近年持续增加，图书馆运行经费到位，购书专项经费有明显增幅；二是政策保

障明显加强,《广州公共图书馆条例》《参考咨询服务规范》《社区图书馆服务规范》及刚刚发布的广东省《全民阅读促进条例》等均在广东制定并发布;三是办馆条件大幅提升,在四年两次评估期间,广东陆续新建并建成开放的图书馆有广州图书馆、佛山市图书馆、深圳市宝安区图书馆、深圳市盐田区图书馆、广州市黄埔区图书馆、揭阳市图书馆、河源市图书馆、潮州市图书馆等,中山、清远、云浮市等正在建设新馆,韶关市浈江区、茂名市茂南区、云浮市云城区等也填补了空白;四是标准化建设进一步推动,广东省 2015 年出台了《广东省基本公共文化服务标准(2015—2020 年)》、2018 年颁布《县级文化馆图书馆总分馆制建设验收指导标准》,广东图书馆界牵头了《参考咨询服务规范》《社区图书馆服务规范》制定及正在制定《国家标准—乡镇(街道)综合文化站图书室规范　第 1 部分:管理》等,为事业发展提供了有力标准支撑。

二、以人员培训为抓手促队伍建设

人才队伍建设是公共图书馆专业服务的重要基础,培训是人才培养的主要方式和手段。公共图书馆尤其是基层图书馆需要建立有效的人才培养机制和培训规划,更新和强化馆员知识结构,接受新知识和新技术,开阔视野,持续创新,以提升基层图书馆服务效能。2016 年 4 月,文化部办公厅印发《2016 年全国基层文化队伍培训工作计划》,要求通过“示范性培训”“公共文化巡讲”“远程培训”三种方式,在全国范围内开展基层文化队伍培训。

近年来,中图学会与各省市学会加强合作,积极搭建教育培训体系,编写全国基层文化和旅游公共服务队伍培训教材,对全国图书馆从业人员进行系统化、专业化的分层分类培训,劳苦功高,形成了诸多品牌的培训项目,如全国“阅读推广人”培育行动、民国时期文献保护计划培训、未成年人服务提升计划、全国基层馆长培训班,以及各类标准、规范、法律法规培训等。譬如在 2016 年 7 月至 2019 年 4 月,受文化和旅游部公共服务司委托,中图学会承办了 10 期全国县级图书馆长培训,培训人数 1500 余人,覆盖了全国所有省、自治区、直辖市,取得了非常好的培训效果和效益,使很多基层馆员直接受益,充分发挥在行业协调、组织管理、专家资源、课程体系、信息平台等各个方面的优势，以更加积极的姿态、更加开阔的视野和更加专业的服务，把全国县级图书馆长培训办出了特色、办出了水平。其中，广东图书馆学会承办了2014年11月“民国时期文献保护计划”培训班、2016年3月《图书馆参考咨询服务规范》培训班、2016年6月《社区图书馆服务规范》培训班、2017年3月第六次全国县级以上公共图书馆评估定级培训班（广州站），协办了2018年11月全国基层文化队伍示范性培训——第九期全国县级图书馆馆长培训班。这些培训班为广东基层图书馆员开阔视野、增加能力、提升效能、规范服务起到了积极的推动作用。

三、以阅读推广引领全民阅读风尚

中图学会领导下的阅读推广委员会，在引导和发动全国图书馆开展全民阅读活动中，起到了很重要的引领和推动作用。2009年起，由广东省深圳图书馆、东莞市图书馆担纲中图学会阅读推广委员会挂靠单位，开展活动，这使广东在全民阅读推广中，获益良多。近年来，中图学会阅读推广委员会，全面整合各专业委员会和图书馆力量，结合整合、数字、研究三个维度，积极开展组织、理论、项目、产品四方面建设，推动阅读推广实践和研究的发展，为促进全民阅读做出了不懈努力。

持续打造全民阅读论坛品牌。2017年4月18—20日，阅读推广委员会在湖南省长沙市举办了“东亚文都 · 书香长沙”——中国图书馆第十一届全民阅读论坛系列活动；2018年3月28日，在安徽省合肥市举行第十二届“全民阅读论坛”；2019年4月9日，在太原举办了第十三届“全民阅读论坛”。“书香城市（区县级）”发现活动及以“全民阅读与书香城市建设”为主题的论坛，推广了“书香城市”的创新理念和先进做法，向全国推荐、共享阅读推广的先进典型。

整合全行业力量，策划开展联动而有影响的项目。譬如深入推进“阅读推广公益行动——‘扫码看书，百城共读’活动”，共有来自吉林、广东、河南、河北等29个省、自治区、直辖市的304个机构参与了此项活动；又如采纳借鉴了广东经验，成功策划并举办全国首届“图书馆杯主题海报创意设计大赛”，大赛覆盖全国32个省级行政区，共计1168

个图书馆报名作为组织单位参与大赛，共有17 796名读者报名。还有持续地推进“阅读推广人”系列教材(第三至七辑)的编撰工作；表彰、建立图书馆阅读推广荣誉体系，以工作开展和影响辐射力为评价标准，阅读推广委员会还承担中图学会“全民阅读”活动“优秀组织奖”“先进单位奖”和“全民阅读示范基地”的评选工作，以表彰在全民阅读工作中表现突出的图书馆和组织，新增“全民阅读”优秀项目，以及对2008年至2016年评选为“全民阅读示范基地”的单位进行复核，承担中图学会“全民阅读示范基地”称号的申报和评审工作。2018年在原有的“全民阅读”优秀组织、先进单位、“全民阅读”优秀项目及“全民阅读示范基地”四类称号的基础上，新增“扫码看书，百城共读”优秀单位、优秀读者的申报，并搭建了“全民阅读”相关称号申报平台。针对图书馆阅读推广实践丰富而理论研究相对滞后与薄弱的现状，引导各专业委员会、图书馆加强阅读推广理论研究。阅读推广委员会发布《关于中国图书馆学会2018年阅读推广课题申报的通知》，开展阅读推广课题项目的申报。

在中图学会关心指导下，广东省图书馆界正以阅读推广为契机，动员全省同行共同参与，培育社会阅读风尚，养成民众阅读习惯。

阅读推广活动的持续开展业已成为中国图书馆的核心业务，阅读成为社会风尚，受到全社会的广泛关注。2018年1月1日正式实施的《中华人民共和国公共图书馆法》，标志着我国图书馆事业正式进入了法制化的快车道。《公共图书馆法》明确规定，推动、引导、服务全民阅读是图书馆的重要任务。在2019年全国“两会”上，“全民阅读”第六次被写入《政府工作报告》。同年，广东省《全民阅读促进条例》也颁布实施。

四、举办学术年会　凝聚行业力量

中图学会学术年会的办会水平和模式创新，一直是各省市学会的典范。广东学会积极争取并探索学术年会办会模式，向中图学会学习办会经验、扩大行业影响力、提升行业凝聚力。

2012和2015年分别由东莞、广州两市政府承接，由市图书馆与广东图书馆学会共同承办了 2012 年及 2015 中国图书馆年会，参会代表规模空前。“2012 年中国图书馆年会——中国图书馆学会年会 · 中国图书馆展览会”于 11 月 22 日在广东省东莞市开幕，以“文化强国——图书馆的责任与使命”为主题，是我国在新的历史发展时期举办的一次文化盛会，意义重大。来自文化部和全国各省（区、市）文化行政主管部门的负责人、国内外图书馆领域的管理者、专家学者、图书馆工作者、新闻媒体记者及相关企业代表2000 余人欢聚一堂，共同谋划我国图书馆事业未来的发展大计。2015 年 12 月 15—17 日，2015 年中国图书馆年会在广州市举行。来自全国各省、自治区、直辖市文化厅（局）和公共文化处有关负责人，部分国家公共文化服务体系示范区文化局长，国家级基本公共文化服务标准化试点地区文化局长，各级图书馆工作者，文化部相关司局和直属单位，有关专家学者、企业代表和特邀嘉宾超过 3500 人参加会议。国际图书馆协会联合会主席多纳 · 希德尔等 30 多位海外图书馆界嘉宾参加年会。

通过承办年会，广东图书馆人加深了与全国各地同行的交流和互动，同时提升了广东省图书馆的办会能力和水平，促进了行业学术平台的进一步完善和搭建。

1979 年至今，是中国图书馆事业发展最好的 40 年。正是有了中图学会的引领和各省地图书馆学会密切合作，中国图书馆事业得以稳健持续地进步。2019 年 2 月，国务院颁布《粤港澳大湾区规划纲要》，3 月广东发布《全民阅读促进条例》。在新的时代环境下，我相信，我国坚持中国特色文化发展道路，广东又依托“粤港澳大湾区”的政策利好，在中图学会带领下，一定会和全国同行一起，携手共创美好未来。

促进全民阅读　推动事业发展

——祝贺中国图书馆学会成立四十周年

张　岩

2019年，中国图书馆学会（以下简称“中图学会”）40岁了。在百年沧桑的中国图书馆事业发展史上，40年时间并不算长，但这却是拨乱反正的40年，奋力前行的40年，蓬勃发展的40年。40年来，中图学会凝聚全国行业力量，搭建交流平台，推动学术研究，倡导全民阅读，推动立法进程，培养专业人才，使命担当，奋发有为，为中国图书馆事业的发展做出了重要贡献。作为改革开放窗口地区的深圳图书馆，30多年来已成为行业一个颇具特色的缩影，也有赖于中国学会多年来的关心、引领与支持。由于篇幅、资料所限，本文谨以中图学会全民阅读推广工作为例谈点粗浅认识和体会，不当之处敬请方家指正。

一、“全民阅读”概念的首倡者

读书，曾经是中国人的集体信仰。“万般皆下品，唯有读书高”“耕读传家久，诗书继世长”“数百年人家无非积善，第一等好事还是读书”……读书至上的观念一脉相承，历久弥新，成为中华文化传承与创造的重要基因。但是，新中国建立初期政治运动不断，改革开放后全民下海经商，近些年来数字化浪潮涌动。时代的变革促使国人的价值观发生剧烈变化，读书观念与习惯逐渐流失。党委政府和图书馆行业早在20多年前已意识到此种情况的危机，开始在全国范围内倡导读书，促进文化回归。在此过程中，中图学会作为全国性行业组织最早提出“全民阅读”概念并予以大力倡导和推广。

张岩，现任中国图书馆学会常务理事，深圳图书馆馆长，研究馆员。

1997年,中宣部、文化部、国家教委等9部委共同发出《关于在全国组织实施“知识工程”的通知》(以下简称《通知》,文化部文图发〔1997〕1号文件),成立全国“知识工程”领导小组,由中宣部副部长、文化部部长刘忠德任组长,办公室设在文化部图书馆司。《通知》指出“‘知识工程’是以发展图书馆事业为手段,以倡导读书、传播知识、推动社会文明与进步为目的的一项社会文化系统工程”。《通知》并附《全国“知识工程”实施方案》,在指导思想、总体目标、实施措施和组织管理等方面做了具体规定。1997年《通知》及实施方案,呈现出以下几个特点:①就笔者目前所见资料,这是改革开放以来全国范围内最早倡导“多读书,读好书”的政府行为。②在全国范围内推动读书起始于原文化部指导的图书馆行业。为固本强基,还对提高全社会图书馆意识、加强图书馆建设、发挥图书馆作用提出了具体要求和部署。③明确指出推动读书的根本目的是促进国家文化与文明的进步(“树立起崇尚知识、崇尚科学、崇尚文明的好风尚,提高整个民族的道德素质和科学文化素质,推动社会文明与进步”)。④《通知》已将“知识工程”纳入国家战略框架(“实施‘知识工程’不仅是社会主义精神文明建设的迫切需要,而且符合科教兴国的战略方针”)。⑤注重社会力量的发动与参与“调动社会各方面积极因素,动员社会各界积极参与,变部门行为为社会行为,争取全社会的支持”。1997年《通知》精神,显示出国家有关部门关于全民读书问题的前瞻性与路径选择的准确性。

1998年,借江泽民同志视察北京图书馆(今国家图书馆)的东风,“倡导全民读书,建设阅读社会”的表述作为“知识工程”主题开始出现,在图书馆界、教育界等得到积极响应①。“全民”“读书”“阅读”等概念在文字上产生密切关联。2000年,全国知识工程领导小组把每年的

① 近些年不少文章提到“倡导全民读书,建设阅读社会”为1997年“知识工程”主题,但查看当年“通知”及“实施方案”,未见有相关表述。此主题始见于1998年相关学术文章:王国安.更新教育思想和观念　培养跨世纪高素质人才[J].武警学院学报,1998(2);刁桐洲.倡导全民读书　建设阅读社会——学习江泽民总书记视察北京图书馆重要讲话的体会[J].江苏图书馆学报,1999(2);汤旭岩.倡导全民读书　建设阅读社会——湖北省第十一届图书馆服务宣传周小结[J].图书情报论坛,1999(3).

12 月定为“全民读书月”①。2003 年,该领导小组将全民读书月活动委托给中国图书馆学会承办。2003 年 5 月,媒体开始报道有关全国政协委员朱永新《建议设立国家阅读节》提案的文章,出现“倡导全民阅读”的表述②。中图学会则于 2003 年 12 月“全民读书月”期间,向社会发布公开征集“全民阅读”徽标的消息③,因此是在 2003 年左右,“全民阅读”概念浮出水面,并由中图学会上升至“徽标”意义。

2004 年 4 月 23 日,中国图书馆学会与国家图书馆首次举办“倡导全民读书,共建阅读社会——4·23 世界读书日”世界读书日系列活动,全国政协副主席、中国科协副主席王选和文化部等有关领导共同为“全民阅读”徽标揭牌④。媒体报道称:“由中央九部委‘知识工程’领导小组委托中国图书馆学会在全国范围内开展的‘全民阅读’活动,其徽标征集近日揭晓”⑤。随着徽标的征集与发布,“全民读书”悄然演变为“全民阅读”。当年 5 月,中国图书馆学会发布《关于开展 2004 年全民阅读活动的通知》(中图学字〔2004〕004 号),“全民阅读”概念正式向全国推广。随着该通知文件在全国图书馆界的转发落实,具有形象标志、活动内涵的“全民阅读”,在全国读书活动中具有了显著的凝聚力、感召力。2005 年,中国图书馆学会宣布专门成立“科普与阅读指导委员会”,加强对全民阅读工作的指导。

2006 年 4 月 5 日,中央文明办、新闻出版总署等 11 部委联合发文《关于开展全民阅读活动的倡议书》(新出联〔2006〕2 号)。全民阅读活动开始在图书馆行业之外的社会各界蓬勃发展。2012 年,“开展全民阅读活动”首次写入党的十八大报告,成为建设社会主义文化强国的一项重要举措;2014 至 2019 年,“全民阅读”连续 6 次被写入《政府工作报告》,全民阅读工作上升为国家发展战略。2018 年开始实施的《中华

---

① 倡导全民读书　建设阅读社会——中国图书馆学会 2004 年“世界读书日”系列活动[J]. 图书馆建设,2004(3):114.

② 谢湘,徐虹. 政协委员倡导全民阅读　将读书变成一种生活的需要[J]. 石油政工研究,2003(3):57.

③ 倡导全民读书　建设阅读社会——中国图书馆学会 2004 年“世界读书日”系列活动[J]. 图书馆建设,2004(3):114.

④ 倡导全民读书　建设阅读社会——中国图书馆学会 2004 年“世界读书日”系列活动[J]. 图书馆建设,2004(3):114.

⑤ 张振胜. “全民阅读”徽标揭晓[EB/OL]. [2019-04-26]. http://www.people.com.cn/GB/paper39/11938/1074915.html.

人民共和国公共图书馆法》第 36 条规定，“公共图书馆应当通过开展阅读指导、读书交流、演讲诵读、图书互换共享等活动，推广全民阅读”。图书馆开展全民阅读活动成为法定义务、核心工作内容之一。

20 余年的概念演变史，勾勒出政府与行业组织推动全国范围读书活动的发展史，中图学会所代表的图书馆行业锐意进取的奋斗史。从前期全国性读书活动的发起、探索、标志征集、全国推广，到后期全社会总动员上升至国策、法律，从理念启蒙到实践普及，政府、行业的倡导与全社会的共同努力，终于迎来当下全民阅读活动的欣欣向荣之势。

二、“全民阅读”内涵的实践者

中图学会注重组织机构建设，专业委员会的名称设置显示图书馆在全民阅读中经历了一个从“指导”到“推动”的角色转变，历届专委会的承前启后、奋发有为，使学会成为行业力量推动全民阅读的实践者。

2006 年“世界读书日”期间，“科普与阅读指导委员会”成立会在东莞图书馆召开，主任为北京大学信息管理系教授王余光，下设 5 个分委会。该届委员会在不长的时间内主编两套丛书。与中国阅读学研究会等组织共同发起“共建书香校园倡议书”。创办《今日阅读》杂志，开展阅读研究与交流，为全国图书馆推广阅读提供了专业指导与强有力的组织保障①。

2009 年 9 月，委员会换届会议在苏州图书馆举行，深圳图书馆馆长吴晞出任新一届委员会主任，组织更名为“阅读推广委员会”，专业委员会扩充到 15 个；制定《中国图书馆学会阅读推广委员会“十二五”(2011—2015)规划》；出版十多部相关著作、论文集；在推荐、导读、讲座等活动策划、组织以及衍生产品等方面进行创新；开通运行阅读推广委员会官网——“全民阅读网”。2013 年，阅读推广委员会举办“首届全国阅读推广高峰论坛”，积极探索与教育、文化、出版等多个行业进行联

① 霍瑞娟. 国家文化治理环境下中国图书馆学会发展研究[M]. 北京：社会科学文献出版社，2018.

动，不断开阔图书馆开展阅读推广服务的思路[①]。

2016 年 4 月，第九届理事会阅读推广委员会在东莞图书馆举行换届会议，东莞图书馆馆长李东来担任主任，专业委员会增至 21 个。本届委员会把握“整合、研究、数字”三个工作维度，持续开展“组织、理论、项目、产品”四大建设。策划承办首届“公共图书馆在全民阅读中的领读与创新”峰会，开展 2016—2018 年“书香城市（区县级）”发现活动及论坛。围绕数字阅读、传统文化、少儿阅读等内容策划多项全国联动活动，引起较大社会反响[②]。

在中图学会带动下，随着全民阅读认识的不断深化，各省、市学会相关专业委员会也陆续成立或将原有名称统一为“阅读推广委员会”，在行业组织机构上形成层级清晰、业务丰富的完整体系，为全国性、区域性活动的组织与实施创造了条件。如忝列中图学会阅读推广委员会副主任委员的笔者，同时担任广东省学会阅读推广委员会主任委员，在日常工作中深切感受到各级学会组织较强的大局观念、团队意识，行业因此具有了较强的凝聚力、影响力。各层级、各专业委员会在各自领头人的带领下，充分发挥各级各类行业组织的平台优势，有组织、有想法、有热情，承上启下，创意迭出，对内挖潜，对外联合，在全民阅读推广的实践中加强了团结，锻炼了队伍，图书馆文化内涵与外延也得到不断拓展，取得显著社会效果。

三、“全民阅读”品牌的建设者

多年来，在中图学会历届阅读推广委员会、各省市学会的努力下，图书馆界“全民阅读”活动的品牌意识不断增强，影响力不断扩大。兹略举几例。

1. 全民阅读论坛

中图学会阅读推广委员会的重要品牌之一，由第一届委员会于

---

① 窦英杰. 播撒书香阅读种子，构建美好文化生态——中图学会阅读推广委员会“全民阅读”活动组织与发展思考[J]. 图书馆杂志，2014(4)：37－41.

② 中国图书馆学会阅读推广委员会. 中国图书馆学会阅读推广委员会 2018 年度报告[R]，2019：2－3.

2007 年创设,已连续举办 12 届,早期的论坛主题涉及数字时代的阅读、图书馆与社会、图书馆与阅读推广、保障阅读权利、藏书文化、地方文献、经典重读等。近几年,论坛围绕国家政策与行业热点,聚焦全民阅读与文化自信、公共图书馆法的关系,将全民阅读与人民美好生活紧密连接,把握时代脉搏,关注公众需求,契合社会发展需要。

2. 各类"高峰论坛"

多年来,中图学会精心策划推出有关全民阅读的各类"高峰论坛",如 2013 年 7 月在浙江省绍兴县举办"首届全国阅读推广高峰论坛",2014 年 7 月在安徽省休宁县举办"照亮童年——绘本的可能性"高峰论坛,2016 年 4 月"2016 年数字时代全民阅读峰会"在成都召开,2017 年 9 月在河北沧州举办"2017 公私藏书与经典阅读(沧州)高峰论坛",2018 年 8 月在广东省立中山图书馆举办"公共图书馆在全民阅读中的领读与创新"峰会等。全国"大学生阅读推广高峰论坛""书香城市(区县级)"论坛均已连续举办三届,"图书馆与民族文献阅读推广"学术论坛已举办两届,"书香社区"论坛举办一届①。丰富多样的"高峰论坛"逐渐成为中图学会助力全民阅读的固定品牌,探索全民阅读推广路径与方法,为构建全民阅读共同体,推进全民阅读工作向常态、规范、优质方向迈进做出重要贡献。

3. 全国少年儿童阅读年

2009 年,中图学会依托未成年人图书馆服务专业委员会,联合全国少年儿童图书馆和部分公共图书馆开展服务于少年儿童、家长、教师为主体的"全国少年儿童阅读年"系列活动。该活动被中宣部列为"全民阅读"重点活动之一,每年举办,在全国形成联动,全国各地少儿阅读推广活动如火如荼,品牌影响力逐步扩大,为保障全国少年儿童,特别是农村留守儿童和农民工子弟基本文化权益起到了重要作用②。

① 各论坛活动信息来源于"中国图书馆学会""全民阅读网""中国图书馆网"官方网站。

② 霍瑞娟. 国家文化治理环境下中国图书馆学会发展研究[M]. 北京:社会科学文献出版社,2018.

4. "阅读推广人"培育行动

随着全民阅读在社会各界的蓬勃开展，培育一批具有专业资质，可以规范有效地指导读者阅读、提升阅读兴趣与能力的专业人才显得尤为重要。中图学会2014年启动"阅读推广人"培育行动，邀请各界知名专家学者，组建"阅读推广人"培育指导委员会，出版"阅读推广人"培育系列教材，目前已成功举办十二期，培养"阅读推广人"2700余名①，成为图书馆界推动全民阅读的明星品牌之一。

5. 具有顶层设计的专题品牌

中图学会与国家图书馆联合策划举办的系列专题活动，如始于2013年的"网络书香·数字图书馆建设与服务"宣传与推广项目，始于2014年的"全国古籍保护计划"宣传推广项目、始于2014年的"民国时期文献保护计划"宣传推广项目等②。这些活动依托国家部委、国家图书馆相关前期工作，以其丰富内涵和专业引领，在全国图书馆界得到广泛响应，对相关领域业务建设与社会宣传起到显著的推动作用。

6. 重大节日活动品牌

"世界读书日""图书馆服务宣传周"以及我国传统佳节都是图书馆行业倡导、推动全民阅读的重要节点，全国、各省市学会已逐渐探索形成丰富多彩、有章可循的活动节奏。活动品牌也呈现开放、共享的活跃局面。如2019年中图学会确立了"读经典　学新知　链接美好生活"的年度主题，关注阅读内容，将各地以往分散倡导的经典阅读上升到全国层面，并与国家图书馆联合全国各级各类图书馆发布倡议书，共同开展"同城共读，万卷共知——4·23世界读书日全民阅读活动""让经典走向大众——《中华传统文化百部经典》推介全国行"等全国联动项目③，使全国图书馆界的阅读活动呈现出新气象。

① "阅读推广人"培育行动（第十二期）在云南省图书馆举办[EB/OL].[2019-04-29]. http://www.ynlib.cn/Item/80557.aspx.

② 霍瑞娟. 国家文化治理环境下中国图书馆学会发展研究[M]. 北京：社会科学文献出版社，2018.

③ 信息来源于"中国图书馆学会"官方网站。

7. 开放、包容的区域活动品牌

除中图学会自上而下的倡导以外，在各省市学会的精心策划组织下，有些区域品牌活动也具有自下而上、范围不断扩大的特点，为中图学会组织体系带来了生机与活力。如由深圳市图书馆学会2016年开始策划实施的4·23“共读半小时”活动，2017年深圳市共读点从24个增加至104个，2018年经广东省学会阅读推广委员会组织发动，共读点扩大到广东全省200多个。此活动在第十九届粤港澳文化合作会议上，得到香港、澳门同行的积极响应，上升为粤港澳文化合作交流项目。2019年，首届粤港澳“共读半小时”活动于4月23日下午3:30成功举行。共读点增至“4+N”个，即4个主会场、500个共读点，6万多人在同一时间、不同地点共同读书。共读内容突出“新中国70周年”“经典阅读”等特色，有效促进了粤港澳阅读界的文化交融，营造出“和而不同”的跨区域书香氛围，“让阅读成为习惯”的理念传遍粤港澳地区①。

新时期，中图学会五大职能定位与发展方向中的第二项即为“全民阅读促进与专业指导中心”②，相信假以时日，中图学会还将带领全国同行在全民阅读事业上取得更多成就。

四、展望与建议

新时代，新征程。总结40年经验再出发，中图学会必将有新作为、新贡献。展望未来，借鉴发达国家和地区的先进经验，我对中图学会推动行业发展有几点想法谨供参考。

1. 提升形象，争取支持

国际图书馆行业组织十分注重行业形象建设。如2011年美国图书馆协会的战略规划第一项就是“宣传图书馆和职业”。明确指出：“图

---

① 韩文嘉. 粤港澳联动“共读半小时”超过500个阅读点共享书香[N]. 深圳特区报，2019-04-24(A05).

② 霍瑞娟. 国家文化治理环境下中国图书馆学会发展研究[M]. 北京：社会科学文献出版社，2018.

书馆协会积极工作，增强公众对图书馆及馆员重要价值的认识，促进有利于图书馆和图书馆读者的州和国家立法，并且向当地拥护者提供物力、培训所需求的支持，致力为各种类型的图书馆得到更多的支持。”①美国图书馆协会还成立图书馆标志特别工作组，寻求一个标准符号，可用于识别所有类型的图书馆，希望通过在图书馆方向标志和宣传材料上使用该符号，提高公众对图书馆机构的认识。1978 年，美国马里兰州西部地区图书馆的拉尔夫·德维尔（Ralph E. DeVore）首次设计出美国全国图书馆标志（a National Library Symbol），在 1982 年美国图书馆协会出版的《图书馆标志系统》一书中正式亮相，并获当年美国图书馆协会年会正式批准，1986 年 3 月由联邦公路管理局正式对外发布②。目前，中国国民对图书馆的知晓率、利用率，对图书馆核心价值与使命的认识与理解还处于比较初级的阶段，全国及各省市学会组织可借鉴发达国家行业组织经验，进一步加强图书馆社会价值与文化内涵的形象宣传，如统一设计图书馆行业标志，纳入交通标志体系或交通指引系统，利用公交、地铁、广播、电视等公益广告渠道，提升公众形象，不断加强社会各界对图书馆的利用与支持。

2. 聚焦基层，攻坚克难

中国图书馆事业 40 年的快速发展，造就了一大批高大上的单体馆和各种各样的服务体系“模式”，福惠众生，成就显著。需要注意的是，各种“模式”看似“因地制宜”“百花齐放”，其实都不过是各地努力突破现行图书馆管理体制机制争取服务体系共建共享的努力与挣扎。多层级、条块分割的管理体制、运行机制与公共文化服务均等化、标准化之间存在的深刻矛盾，或许正是改革开放以来基层图书馆处境始终艰难、依然是全国事业发展难点与短板的真正原因。目前，我国与发达国家地区同行的差距，在基层图书馆数量与质量上尤其明显。如仅从公布的数量看，2018 年美国总人数约为 3.27 亿③，全美各地共有公共图书

① 闫小芬. 美国图书馆形象建构战略分析[J]. 图书馆杂志，2014(8)：83－89.

② National Library Symbol：Home[EB/OL]. [2019－04－29]. https://libguides.ala.org/NationalLibrarySymbol.

③ [美国人口 2018 总人数]美国人口数量 2018 | 美国人口世界排名[EB/OL]. [2019－06－14] https://www.phb123.com/city/renkou/21228.html.

馆16 536个[①],平均每 1.96 万人 1 个公共图书馆;2014 年德国人口 8119.8 万,各类公共图书馆 9218 个,平均每 8809 人 1 个图书馆[②];2012 年英国这个仅有不到 6500 万人口的国家有公共图书馆 4000 所[③],平均每 1.6 万人 1 个公共图书馆。中国人口(除港澳台地区)约为 13.95 亿,2017 年公共图书馆数量为 3166 个(县级以上)[④](尚未达到民国时期 1936 年的 5196 所[⑤]),平均每 44 万人 1 个公共图书馆。加强基层图书馆研究,破解基层图书馆发展难题,将基层图书馆纳入全国图书馆服务体系的规划发展与统计视野之中,这些直接关系到民众的文化权利、事业的长远发展与国家的文化自信。

3. 研究人才标准,引领事业发展

习近平总书记提出:"发展是第一要务,人才是第一资源,创新是第一动力"。专业人才是图书馆事业发展的宝贵资源。2013 年《国务院机构改革和职能转变方案》指出:"减少资质资格许可和认定。除依照行政许可法要求具备特殊信誉、特殊条件或特殊技能的职业、行业需要设立的资质资格许可外,其他资质资格许可一律予以取消。按规定需要对企业事业单位和个人进行水平评价的,国务院部门依法制定职业标准或评价规范,由有关行业协会、学会具体认定。"[⑥]同年,深圳市启动职称评审改革,将职称评审工作交由部分行业组织承接。深圳图书情报学会陆续承接全市图书资料专业初、中、副高级职称评审工作。目前,全国各地职称评审具有属地原则,各省评审程序与标准各有不同,但是,对行业人才的评价理念与核心指标可以尽量一致。中图学会若

① 黄小平. 2018 美国公共图书馆状况报告及其启示[J]. 图书与情报,2018(2):92.

② 钟德文. 德国公共图书馆为何深受读者喜爱[N]. 中国文化报,2017-01-16(4).

③ 周力虹,黄如花,Tim Zijlstra. 世界经济危机下英国公共图书馆的生存与发展[J]. 中国图书馆学报,2015(1):16-27.

④ 中华人民共和国文化和旅游部. 中国文化文物统计年鉴(2018)[M]. 北京:国家图书馆出版社,2018.

⑤ 霍瑞娟. 中国图书馆学会发展历程及组织建设[N]. 图书馆报,2019-3-29(3).

⑥ 受权发布:国务院机构改革和职能转变方案[EB/OL]. [2019-04-28]. http://www.gov.cn/govweb/2013lh/content_2354443.htm.

能依托图书馆学专业基础、整合行业理论与实践成果，研究制订图书馆专业人才评价标准体系，将对各地行业组织开展职称评审和人才培养给予明晰的指导与帮助。

4. 关注版权纠纷，理顺发展难题

进入信息化时代，数字资源成为图书馆服务的重要内容与趋势。图书馆虽然通过合法方式购买的数字资源，但由于数据库供应商出现了版权纠纷，图书馆也会因向读者提供了“链接”等原因被法院判定为共同侵权，需承担连带责任，这对图书馆数字资源服务与知识产权保护的公众形象造成了严重影响。据了解，近年来全国图书馆相关案件已达数百起①。

图书馆通过合法途径购买数字资源时，无法一一审查动辄上百万册（件）数字资源的相关版权，通常会在购买合同中明确要求数字资源供应商提供的所有产品无版权争议。在获知相关作品可能涉嫌侵权时，通常也会在第一时间通知数字资源供应商删除涉嫌作品。因此，图书馆无论在购买数字资源时抑或在发现相关作品涉嫌侵权时都会尽可能尽到合理的注意义务，不存在主观过错，不应承担侵权责任。

在这方面，关于网吧因合法取得的影视作品被诉侵权时可免责的相关规定，为我们提供了可资借鉴的参考。根据最高人民法院《关于做好涉及网吧著作权纠纷案件审判工作的通知》（法发〔2010〕50号），“网吧经营者能证明涉案影视作品是从有经营资质的影视作品提供者合法取得，根据取得时的具体情形不知道也没有合理理由应当知道涉案影视作品侵犯他人信息网络传播权等权利的，不承担赔偿损失的民事责任。但网吧经营者经权利人通知后，未及时采取必要措施的，应对损害的扩大部分承担相应的民事责任”。

为解决新兴领域的发展难题，希望中图学会代表行业与最高法院协调沟通，争取最高院出台相关司法解释或指导意见，引导各地法院办案，为图书馆依《公共图书馆法》开展的数字资源服务提供知识产权方面的法律保护。

① 依据北大法宝数据库统计。

守正创新　砥砺前行的四十年

——从评估定级看中图学会发展

任　竞

1979 年 1 月,中宣部正式批准了《关于成立中国图书馆学会的请示报告》,这标志着中国图书馆学会的诞生,这也是党的十一届三中全会后改革开放中的图书馆事业的里程碑。从此,中国图书馆学会以传承中华优秀传统文化、弘扬社会主义核心价值观为使命,守正创新,砥砺前行,为促进我国图书馆事业的繁荣发展做出突出贡献。

笔者所在单位重庆图书馆长期以来得到中国图书馆学会的鼎力支持与业务指导,建立了良好的协调与合作关系,尤其在第六次全国县级以上公共图书馆评估定级工作中,更是感受到了中国图书馆学会在承接政府转移职能、增强自我发展能力和服务创新能力等方面的重大突破。

始于 1994 年的全国县级以上公共图书馆评估定级工作基本每四年一次。自 2003 年,中国图书馆学会以政府职能转变为契机,积极加强与政府行业主管部门的联系与沟通,首次接受原文化部的委托,承担评估《细则》的编制工作,开展评估咨询和培训工作,协助组织专家评估组,对省级图书馆和计划单列市图书馆进行评估。评估定级工作加大了各级政府对公共图书馆事业的支持和保障力度,提升了各级公共图书馆的办馆条件,更好地保障了人民群众的基本文化权益,同时也不断提升了中国图书馆学会的行业权威性和社会影响力。

重庆市人民政府和文化主管部门也正是从评估定级工作中看到了本地区公共图书馆事业发展的短板,下定决心启动重庆图书馆新馆建设工程,最终投资 3 亿元人民币、占地面积 3 万平方米、建筑面积 5 万平方米的重庆图书馆新馆于 2007 年 6 月建成并对外开放。新气象、新

任竞,现任中国图书馆学会常务理事,重庆图书馆馆长,研究馆员。

局面、新环境带来了新面貌、新机遇和新发展，重庆图书馆从第三次评估定级中排名倒数第二位，一跃而起，多项评估考核指标均在西部省级图书馆中居首，此后连续3次获得国家评定的“一级图书馆”光荣称号。

第六次全国县级以上公共图书馆评估定级工作自2015年1月启动到2017年底评估定级工作基本结束，历时3年。期间，中国图书馆学会围绕创新驱动战略和服务改革需要，统筹评估工作安排，从评估标准修订、评估试点检验、评估宣讲培训、评估部署实施到评估总结思考，各项工作对标对表全面分析，明确思路精确发力，高质高效有序承接政府转移职能，充分发挥了社会组织的专业特色和行业优势，激发培育了文化创新与文化引领。

一、第六次评估定级工作回顾

1. 科学组建专家团队，开展评估标准调研

第六次全国县级以上公共图书馆评估定级工作研讨会上成立的公共图书馆评估定级标准研制专家组，由中国图书馆学会学术研究委员会副主任、南开大学柯平教授担任专家组组长。标准研制专家团队既有精深的图书馆学理论造诣又有丰富的图书馆评估经验，为第六次全国公共图书馆评估定级标准研制提供了智力支撑。专家组在前五次评估的实践经验基础上，通过多次实地充分调研，综合国内外图书馆评估理论与实践，启动研制《第六次公共图书馆评估标准征求意见稿》。标准吸收了各地各级图书馆的意见和建议，集中了图书馆界许多专家的智慧与思想，考量了我国公共图书馆的区域发展差异，确保了评估定级指标体系研制科学严谨、导向明确。

笔者所在的重庆图书馆就多次配合标准研制专家团队的调研工作，组织全市公共图书馆认真收集整理图书馆一线意见和建议。因评估而结缘，以评估助发展。正是在一次次的调研与反馈中，在专家团队的指导下，重庆图书馆不断加深对图书馆事业发展的反思与探索，与中国图书馆学会不断加深合作与交流。

2. 评估平台同步研发，开展试点检验标准

在此同时，中国图书馆学会积极推动平台研发与标准研制协同，委

托华博胜讯(北京)信息科技有限公司开发信息化评估平台,实现信息化评估模式。在中国图书馆学会的统筹部署下,平台研发小组与标准研制专家组通力合作,根据评估标准开展平台整体构思和模块化技术设计,开发建成"全国公共图书馆评估定级管理服务系统"。

为有效检验标准科学性和平台实操性,中国图书馆学会在全国范围选取吉林、浙江、重庆、安徽、福建 5 地 8 家单位开展试点预评估工作,重庆图书馆正是 3 家省级试点预评估图书馆之一。重庆图书馆在内的 8 家单位高度重视此次预评估试点工作,馆领导牵头成立试评估工作小组,按照正式评估的程序步骤,全面部署试评估工作,在中国图书馆学会和标准研制专家团队的指导下,依次完成试评估筹备、资料准备与网上填报、网上试评与实地访查、试评估总结与意见反馈四个阶段,全馆业务系统端口全面开放,无缝对接评估定级信息填报平台。各试点单位在试评估实践中不断检验评估标准合理性和可操作性,随时注意收集并反馈对具体评估指标和系统平台使用的问题与建议,从图书馆实际工作角度和用户体验角度,协同配合完善评估定级指标体系,优化评估定级管理服务系统。试点预评估工作为第六次全国县级以上公共图书馆评估定级工作的顺利开展奠定了扎实基础。

3. 广泛征集反馈意见,调整完善评估标准

评估标准研制是不断探索完善的过程,中国图书馆学会利用年会方式更广泛地征求意见。2016 年中国图书馆年会在安徽铜陵举行,中国图书馆学会设立工作论坛,充分介绍评估工作,国际图联主席多纳·希德,文化部公共文化司副司长陈彬斌,中国图书馆学会副理事长、国家图书馆常务副馆长陈力,中国图书馆学会秘书长霍瑞娟,评估标准研制专家组组长柯平教授等出席。通过年会工作论坛,不仅分享了评估标准与评估机制情况,也将国际图书馆评估的科学理念和先进技术与我国图书馆评估实践有机结合,为正式迎评促建打下坚实基础。

2017 年 4 月,文化部公共文化司和中国图书馆学会在河北石家庄召开评估定级工作会议,组织全国各省(自治区、直辖市)文化厅(局)相关负责人、省级和副省级图书馆(包括少年儿童图书馆)馆长、省级图书馆相关部门负责人举办评估定级工作培训,交流评估筹备经验。在此基础上,2017 年 5 月,中国图书馆学会在重庆南岸召开评估定级宣讲

工作专家委员会工作会议，文化部公共文化司、中国图书馆学会工作人员以及评估定级专家委员会成员出席会议，在中国图书馆学会秘书长霍瑞娟和评估标准研制专家组组长柯平教授带领下，评估定级专家全面梳理了评估标准细则的条文解读，保证了指标体系的科学性。

4. 组建专家宣讲团队，系统解读评估标准

评估定级标准研制完成后，中国图书馆学会面对广大图书馆工作者和各级各类公共图书馆的迫切需求，为了更好地宣传贯彻评估标准和协助各地迎评促建，组织成立第六次全国县级以上公共图书馆评估定级宣讲工作专家委员会。宣讲工作专家委员会一共由 15 名专家组成，既有来自图书馆管理一线的馆长，也有科研院校的专家教授，还包括评估定级平台产品研发负责人。笔者有幸成为其中一员，受中国图书馆学会委托，分别参加辽宁、山东、陕西等地的评估标准宣讲授课。宣讲工作专家委员会的组建为全国大规模的评估宣讲活动提供了重要保证。中国图书馆学会对各个宣讲专家的工作任务和宣讲方案进行了详细安排，力争做到布局合理、解读全面、重点突出，共在全国范围内举办评估定级工作业务培训班 10 期、专题培训班 3 期及县级图书馆馆长培训班 2 期，4000 余人得到了评估标准的系统专业培训指导。

同时中国图书馆学会开通了“公共图书馆第六次评估在线问答服务平台”，组织宣讲工作专家委员会开展在线答疑解惑并设置检索途径。全国各级各类公共图书馆针对评估标准中的必备条件、服务效能、业务建设、保障条件和平台填报等问题向宣讲专家在线提问、政策咨询、文献获取。中国图书馆学会还将各地图书馆通过问答服务平台所提问题进行汇集整理，编纂出版了《第六次全国县级以上公共图书馆评估定级知识问答汇编》。中国图书馆学会多措并举全力应对，并针对大家的共同疑惑和主要问题，深入浅出解读评估标准，以确保评估标准人人入脑入心。

全国范围的评估宣讲工作着力解决各图书馆在迎评促建工作中存在的困惑和问题，旨在明确标准、细化指标、增强评估定级工作的准确性和实操性。评估宣讲工作时间紧、任务重、头绪多，中国图书馆学会全体工作人员的工作作风扎实过硬、奋发有为，表现出了可贵的敬业精神、优秀的专业素养、卓越的工作能力与协调能力，工作成效显著，有效完成了评估定级培训工作的预期目标。

5. 精心组织评估工作，科学实施评估验收

在各级公共图书馆完成资料整理、自查自评、数据录入之后，评估定级工作就进入了正式评估阶段。各级地方政府和公共图书馆对第六次全国县级以上公共图书馆评估定级高度重视与参与，全国共有2994个图书馆参评，其中，省级成人馆45个；省级少儿馆13个；市级成人馆380个；市级少儿馆40个；县级成人馆2487个；县级少儿馆29个。正式评估采取网上评估和实地评估相结合的方式，分为两个阶段展开，实现了从区域性（地市级和区县两级）公共图书馆评估到全国性（省级和副省级）公共图书馆评估。

在第一阶段，各地政府文化主管部门按照原文化部的文件要求，在中国图书馆学会的指导下，组织成立评估定级工作领导小组，专题研究部署评估工作，制订评估工作方案，安排专项经费用于指导、检查评估工作，组建评估专家组，在评估领导小组的统筹下统一开展对本地区地市级和区县级公共图书馆的评估定级工作，积极稳妥完成迎评促建工作。例如，笔者所在的重庆市全市38个区县（自治县）有41个公共图书馆，参评图书馆41个，其中区级（地市级）馆25个、县级馆16个，参评率达100%。

在第二阶段，原文化部和中国图书馆学会组织成立12个评估专家组分别对全国30个省（自治区、直辖市）共58个参评的省级和副省级公共图书馆开展评估。评估组成员由组长、副组长、组员、观察员、联络员等组成，主要是原文化部公共文化司和中国图书馆学会的相关负责同志、部分具有较高学术水平和丰富工作经验的省级文化主管部门的相关负责同志，同时还包括部分省级（副省级）图书馆馆长、专家学者和社会力量代表。笔者所在第10组评估专家组，审核了云南省、广西壮族自治区和贵州省网上填报的评估数据，并分赴三地开展实地评估，在上述三省（自治区）视情况分别抽查1个地市级和2个县级公共图书馆的评估情况，听取了当地文化主管部门和图书馆所做的汇报，对参评图书馆的各项工作有了较全面的了解，在给予充分肯定的基础上形成了改进意见和建议。

二、第六次评估定级工作思考

1. 实现评估工作科学创新

第六次全国县级以上公共图书馆的评估定级工作在前五次评估定级工作基础上，突出体现了科学性和创新性。在国家关于社会组织有序承接政府职能转移的大背景下，原文化部明确委托中国图书馆学会承接“县级以上公共图书馆评估定级工作”。中国图书馆学会充分发挥学会的专业优势和行业公信力，广泛应用图书馆事业发展的前沿理念和新兴技术，积极稳妥开展各项筹备工作，组织专家团队通过多次研讨、实地调研、试点预评等多重举措构建“服务效能、业务建设、保障条件”三位一体的评估指标体系，并在全国范围开展大规模的评估标准宣讲与培训工作，引入信息化评估平台，加大社会公众参与评估力度，推行第三方评估机制和监督反馈机制。从标准科学研制到评估规范实施、从指标体系创新到方法手段创新等一系列改革措施增强了公共图书馆界对评估标准的认识与理解，推动了社会公众对公共图书馆的了解与支持，突出了政府部门在公共图书馆事业发展的责任与作用，最终提升了公共图书馆的业务建设与服务效能。

2. 推动图书馆的事业发展

笔者亲自参与第六次全国县级以上公共图书馆的评估定级工作，切身感受到原文化部统筹、中国图书馆学会承接的评估定级工作对全国各地公共图书馆事业的巨大推动作用。

公共图书馆的评估定级，是衡量一个地区图书馆事业发展水平全面、客观、科学的判定指标，关系到对一个地区公共文化事业发展水平的综合衡量。各省（自治区、直辖市）人民政府和各级文化主管部门高度重视第六次评估工作，对照评估标准尤其是定级必备指标，落实文化、财政、人事等多部门协同保障支持机制，加大财政投入、充实人才队伍，显著推动了本地区公共图书馆事业的投入力度，达到了“以评促投、以评促建”的评估目标。例如，在第六次评估期内，重庆市共有 12 个区县开展了新馆规划与建设，约占全市区县公共图书馆的 30%，图书馆场馆与设施建设提档升级，为公共文化服务提供了阵地基础和环境保障。在评估工作后，中国图书馆学会积极开展评估定级的总结与分析工作，并将评估结果及时上报原文化部，做到资料真实、分析翔实、档案健全，推动评估工作专业化、标准化、规范化建设。

在中国图书馆学会的指导带动下，各地文化主管部门及时组织本地区公共图书馆科学总结评估工作，了解公共图书馆事业发展过程中的困难与瓶颈，依据评估标准，评判图书馆基础业务工作是否到位，审视过去几年的工作方向和发展路径有无偏差，发现自身发展中的优势和差距，定位本地区图书馆在全国图书馆界的发展水平和地位。通过认真客观的评估总结与分析，各公共图书馆认识到自身的责任所在、成绩所在、优势所在、问题所在、差距所在，稳步强化基础业务，创新改善服务效能，使评估工作起到实效，切实发挥“以评促管、以评促效”的评估目标。

3. 评估定级推动中图学会职能发展

中国图书馆学会作为我国图书馆界最具权威、最有影响的专业性国家行业组织，在开展国际合作、学术交流、行业协调、全民阅读等工作中长期发挥积极作用。在国家深化文化体制改革、加快推进国家治理体系和治理能力现代化建设的大背景下，中国图书馆学会抓住国家转变政府职能、深化行政体制改革的机遇，顺势而为，积极探索，勇于创新，大胆实践，在推动学会改革创新、推进学会实力建设等方面取得长足进步。

回顾整个第六次全国县级以上公共图书馆评估定级过程，中国图书馆学会负责评估标准的研制和评估工作的实施，原文化部主要负责评估的组织领导，有效结合政府部门与行业学会的职能优势，形成良好配合。中国图书馆学会在承接政府转移职能中体现了六个方面的职能，发挥了六个方面的作用，充分发挥行业学会的第三方评估主体职能和专业评定作用；发挥行业学会的事业规划职能和全面指导作用；发挥行业学会的学术研究职能和政府智库作用；发挥行业学会的组织统筹职能和服务监督作用；发挥行业学会的业务引领职能和标准规范作用；发挥行业学会的人才建设职能和业务培训作用。

光荣梦想永驻心间，栉风沐雨不忘初心。中国图书馆学会走过成果丰硕的40年，在未来的发展道路上，将继续坚持以习近平新时代中国特色社会主义思想为指导，贯彻执行《中华人民共和国公共图书馆法》，坚定文化自信，牢记文化使命，增强文化担当，勇于文化创新，为建设社会主义文化强国众志成城，再创佳绩！

陕西省图书馆学会三十八年主要工作回顾

周云岳

一、学会的成立

1978 年,北京图书馆(现国家图书馆)根据我国图书馆事业发展的新形势、新任务,提出了成立中国图书馆学会的倡议,得到中央宣传部的批准。经过一年的筹备,到 1979 年 7 月,中国图书馆学会在太原召开成立大会暨第一次会员代表大会。与此同时,全国各地的图书馆学会也纷纷成立。陕西省图书馆于 1979 年 1 月 10 日向省文化局递交了陕西省图书馆学会筹备工作报告,5 月 8 日,省委宣传部以陕宣复〔1979〕34 号文件做出批复,同意在不增加编制和经费的原则下,成立陕西省图书馆学会。

随后,陕西省图书馆牵头并提议由陕西省图书馆、陕西省科技情报研究所、西安交通大学图书馆、西北工业大学图书馆、西北大学图书馆、西北农业科学院图书馆、陕西师范大学图书馆、陕西省社会科学院图书馆、西安市科技情报研究所和陕西地区图书馆协作委员会组成学会筹备委员会,工作机构设在陕西省图书馆业务辅导部。但随后的筹备工作进展缓慢,直到 1981 年 7 月 23 日,才召开成立大会,较全国省、自治区、直辖市图书馆学会普遍的成立时间 1979 年晚了两年,在西北五省区图书馆学会中也是成立最晚的。

尽管晚了两年,但成立大会对陕西省图书馆学会来说具有里程碑的意义。1981 年 7 月 23 日,陕西省图书馆学会成立大会在省文化局招待所召开,省委宣传部副部长方杰,省科委副主任兼陕西地区图书馆协

周云岳,现任中国图书馆学会常务理事,陕西省图书馆馆长,高级政工师。

作委员会主任崔中，省文化局副局长赵谭冰、张禹良以及全省各系统图书馆的150多名代表参加大会。中国图书馆学会讲师团辛希孟、李兴辉和刘德元等在会上做题为“我国图书馆事业发展趋势”“智力资源与文献工作经济效果”“中国图书馆图书分类法体系结构与使用”“主题法与汉语主题表的使用”“对图书馆管理工作的几点意见”的学术报告。会议审议并原则通过了《陕西省图书馆学会章程》（以下简称《章程》），《章程》规定学会的主要任务是：①组织学术会议和各种形式的学术活动；②编辑出版图书馆学刊物；③普及图书馆学基础知识，学习、介绍和推广国内外图书馆学研究成果；④参加国内外的学术交流活动。《章程》还规定学会属省文化局和省科委双重领导，业务上属省社科联领导。会议在事先充分酝酿协商的基础上选举产生了由31人组成的第一届理事会和由13人组成的常务理事会，省科委副主任兼陕西地区图书馆协作委员会主任崔中当选名誉理事长，省文化局副局长张禹良当选理事长，省图书馆馆长谢在邵、西北电讯工程学院图书馆副馆长金有巽、西安交通大学图书馆谢天吉当选副理事长，陕西省图书馆办公室副主任舒宗启当选秘书长，陕西地区图书馆协作委员会主任张森当选副秘书长。7月23日下午召开的一届理事会一次会议还确定了学术研究委员会和编译委员会的人选，主任分别由陕西省图书馆副馆长周光庆和办公室副主任舒宗启担任，从而完成了陕西省图书馆学会组织架构的组建工作，进入正式运行阶段。

二、会刊的创办

按照《章程》中规定的编辑出版图书馆学刊物的任务，第一届理事会第一次会议决定出版学会会刊，定名为《陕西图书馆工作与研究》，季刊，会议要求1981年底前试刊两期，1982年正式作为内部期刊发行。

后根据各方意见，经1981年12月24日召开的常务理事会议商榷，又定名为《陕西图书馆》，并决定于1982年3月创刊。在连续出版3期后因经费等原因停刊，直到1985年3月才补齐第4期。1986年，《陕西图书馆》经省委宣传部和省文化局批准，作为内部刊物复刊。1993年，《陕西图书馆》更名为《当代图书馆》，该名一直延续至今。

三、第一届理事会期间的主要工作

1. 组织建设

出于结合专业特点开展工作的考虑,1983 年 9 月成立了省学会武功农业科研中心分会。1986 年 1 月,宝鸡市图书馆学会成立,成为省学会的第一个团体会员。1986 年 4 月,西安市图书馆学会成立,与省学会建立了紧密的业务指导关系。在组织架构不断发展的同时,个人会员也不断增加。学会的第一批会员是在筹备阶段发展的,正式成立后又发展了几批,到 1987 年 1 月第二次会员代表大会召开时,有会员 360 人。

2. 学术研究与交流

1982 年 9 月和 1984 年 9 月,第一、二次学术讨论会分别在西安和杨陵召开。第一次讨论会参会代表 136 人,提交论文 63 篇。美国洛杉矶佩珀代因大学图书馆副馆长李素琴女士应邀做题为“图书馆与科研”的学术报告。第二次讨论会参会代表 98 人,提交论文 74 篇。西北电讯工程学院图书馆金有巽教授和马华锦讲师应邀分别做题为“新技术革命挑战与图书馆对策”和“光学技术在图书馆情报工作中的应用前景”的学术报告。

1982 年 9 月,在杨陵农业科研中心召开《中图法》研讨会,与会代表 83 人,提交论文 10 余篇。

1984 年 7 月和 1986 年 9 月,先后参与在西宁和乌鲁木齐召开的主题为“图书馆如何为两个文明建设服务、为开拓西北服务”和重点议题为“图书馆改革、馆际协作、队伍建设、地方文献征集整理”的西北五省(区)图书馆第一、二次科学讨论会,分别征集论文 93 篇和 103 篇,经过评选,向第一次讨论会提交论文 25 篇,向第二次讨论会提交论文 23 篇,分别选派 35 名和 23 名代表出席会议。

3. 专业培训

1982 年到 1983 年,为配合图书馆专业干部职称评定工作,组织讲师团在西安、咸阳、宝鸡、渭南、铜川、延安、榆林、汉中、安康举办图书馆专业学习班11期,每期为时一个半月,开设的课程为文化部图书馆局规定的图书馆专业6门考试科目,参加学习的学员共700余人。1985年,在西安、咸阳举办大型图书馆专业学习班3期,每期2个月,培训学员近200人。此外,还于1984年底、1985年初、1985年冬、1986年6月分别举办中文文献著录标准化学习班3期、主题法与主题标引学习班1期、西文文献著录标准化学习班1期。

1987年1月6日,学会召开第二次会员代表大会,距第一次会员代表大会相隔6年。这次会议选举产生了由43人组成的第二届理事会和由18人组成的第二届常务理事会。省文化局副局长党荣华当选理事长,第四军医大学图书馆左才杰,陕西师范大学图书馆余葭生,陕西省图书馆馆长武复兴、副馆长周永兴,西安交通大学情报系谢天吉当选副理事长,周永兴兼任秘书长,陕西省图书馆李郁、徐大平,陕西地区图书馆协作委员会主任张淼担任副秘书长,学术工作委员会和编译工作委员会主任分别为西安交通大学图书馆副馆长徐亭起和省图书馆馆长武复兴。

四、第二届理事会期间的主要工作

1. 组织建设

根据事业发展需要,1987年4月党校系统图书馆分会成立,使分支机构增加到2个。发展会员722人,会员总数达到1008人。

2. 学术研究与交流

1988年1月,图书馆服务效果学术研讨会召开。同年11月,与陕西医学图书情报学会联合召开图书馆科学管理学术讨论会。1988年8月和1990年8月,参与以"西北地区图书馆事业发展战略探讨"和以"西北五省区图书馆如何为西北地区的发展贡献力量"为主题和的西北五省区第三、四次科学讨论会。1989年11月,与陕西医学图书情报学会、西安军校图书情报学会联合召开文献情报资源布局学术讨论会。1990年12月,召开图书馆统计学术研讨会。1989年6月,1990年6月,先后召开图书分编技术、图书采购工作经验交流会。

1987 年 3 月、5 月，1988 年 5 月，1990 年 5 月，1991 年 3 月，先后邀请陕西省图书馆馆长武复兴，西北政法学院图书馆副馆长王金祥，《中图法》第一、二届编修委员会主任、第三届编修委员会顾问韩承铎，做题为“出访非洲见闻”“全国图书情报资源建设战略研究的现状与趋势”“《中图法》第三版的修订及有关问题”“图书馆学发展现状与趋势”“陕西省及全国文献资源调查成果之研究”的专题学术报告。听众累计 1700 人次。

1989 年 3—9 月，首次开展优秀科研成果评奖活动，包括前期制定评奖标准、成果征集办法和评审程序，中期征集成果和后期评奖、颁奖。本次活动有 8 项成果从征集到的 41 项成果中脱颖而出，获得优秀科研成果奖。

3. 专业培训

本届理事会期间，先后举办图书馆业务学习班 3 期，图书管理员研讨班 1 期，主题标引学习班 1 期，专业证书班 2 期，《中图法》第三版学习班 5 期，技术职务评定考前辅导班 1 期，古汉语、英语学习班各 1 期，累计培训 14 期，受训学员 817 人。

第二届理事会履职 5 年后，1992 年 4 月 16—17 日，第三次会员代表大会召开，选举产生的新一届理事会由 50 人组成，常务理事会由 21 人组成。文化厅副厅长党荣华再次当选理事长，省图书馆馆长武复兴当选常务副理事长，西北工业大学图书馆馆长叶文礼、陕西省图书馆副馆长刘军、西北大学图书馆副馆长武德运当选副理事长，陕西省图书馆副馆长刘军兼秘书长，陕西省图书馆朱亚莉、西北政法学院图书馆副馆长王金祥、陕西地区图书馆协作委员会主任张淼当选副秘书长。西北政法学院图书馆副馆长王金祥和陕西省图书馆馆长武复兴分别担任学术工作委员会和编译工作委员会主任。

五、第三届理事会期间的主要工作

1. 组织建设

1992 年 9 月，成立少儿图书馆委员会和医院图书馆工作委员会，并对原有的武功农业科研中心分会和党校系统分会进行了重新登记,使分支机构增加到4个。1994年12月和1996年5月,汉中市和渭南市分别成立图书馆学会,成为省学会新的团体会员。

对原有会员进行重新登记,并发展新会员458人。截至1997年底,在册会员总数为938人。为了加强与会员和会员单位的联系,建立了联络员制度。

2. 学术研究与交流

在第三届理事会任职的6年间,共举办学术研讨会9次,收到论文及书面材料490余篇,参会人数518人。这里值得一提的有首届少儿图书馆工作研讨会暨少儿图书馆工作委员会成立大会,陕西省首届中青年图书馆工作者理论研讨会,主题为“市场经济与图书馆建设”的西北五省区图书馆第五次科学讨论会,陕西省各系统图书馆馆长研讨会,学会第三次科学讨论会,西北五省区《中图法》第四版修订研讨会。参与主题为市场经济与图书馆的改革、发展的西北五省区第六次科学讨论会。此外,还组织了6次专题学术报告会。

3. 学术成果评奖

1994年4月,结合陕西省第四次社会科学优秀成果评奖活动,对1989—1993年发表的图书馆学研究成果进行评奖,并从获奖成果中推选成果参加全省第四次社会科学优秀成果评选,最终,推选的一篇论文获一等奖,2部专著获三等奖。

1996年4—6月,为配合在北京召开的第62届国际图联大会,开展1994—1995年学术成果评奖,从获奖成果中为图联大会提供参展成果5部,并组织17名代表参加会议。

第三届理事会历时6年,1998年6月10—11日,第四次会员代表大会在西北工业大学图书馆召开,本次会议除审议第三届理事会工作报告和关于章程修改的说明以外,新增加了表彰先进集体、优秀会员的内容,共表彰先进集体14家,优秀会员16人,使会议内容更加充实,功能更加完备。会议推选出了由60人组成的新一届理事会和由23人组成的新一届常务理事会,陕西省文化厅社文处处长谢林当选理事长,陕西省图书馆馆长马民玉当选常务副理事长,西安交通大学图书馆馆长周敬恩、西北大学图书馆学情报学系副主任武德运、西北工业大学图书馆副馆长张启勋、咸阳图书馆馆长梁澄清当选副理事长，陕西省图书馆副馆长徐大平兼任秘书长，陕西省图书馆梁经旭当选常务副秘书长。第四军医大学图书馆馆长李广德任学术工作委员会主任，陕西师范大学图书馆孟宪恒任编译工作委员会主任。

六、第四届理事会期间的主要工作

2002年7月与陕西省图书馆共同承办以“知识经济时代图书馆的发展趋向”为主题的2002年中国图书馆学会年会，来自全国图书馆界的代表和美国华人图书馆员协会代表团成员近800人参加会议，这成为第四届理事会期间的亮点工作。

第四届理事会期间，还举办了学会第四、五次科学讨论会，参与了以“走向21世纪的西北地区图书馆”为主题的西北五省区图书馆第七次科学讨论会和以“知识经济与西部大开发中的西部图书馆事业”为主题的西北五省区图书馆第八次科学讨论会暨中国西部地区图书馆事业发展战略与东西部合作论坛。另外，组织各种报告会上10场和专业培训班3次。

2003年12月16日，学会第五次会员代表大会在省图书馆召开，大会听取和审议了四届理事会工作报告和关于修改章程的说明，表彰了26家先进集体和43名优秀会员，选举产生了分别由63人和27人组成的新一届理事会和常务理事会，陕西省图书馆馆长谢林当选理事长，陕西省图书馆党总支书记马民玉、西安图书馆副馆长张弥、西北工业大学图书馆馆长苟文选、西安交通大学图书馆馆长俞炳丰、陕西师范大学图书馆副馆长康万武、第四军医大学图书馆馆长梁蜀忠、咸阳图书馆馆长梁澄清当选副理事长，陕西省图书馆副馆长徐大平兼任秘书长，陕西省图书馆梁经旭任常务副秘书长。陕西省委党校图书馆原馆长赖伯年、陕西省图书馆党总支书记马民玉分别担任学术委员会和编译委员会主任。

七、第五届理事会期间的主要工作

1. 组织建设

注销了已名存实亡的武功农业科研中心分会、党校系统分会和医院图书馆工作委员会。对在册的1700余名会员进行重新登记,发展新会员204人,截至2007年10月底,在册会员775人。

2. 学术研究与交流

2004年5月,举办全国图书馆部室主任工作、学术研讨会。同年10月,和陕西省社科信息学会联合举办民办高校图书馆建设与发展学术研讨会和全国图书馆地方文献工作研讨会。2006年11月,与中国图书馆学会联合举办全国图书馆网站建设研讨会。会后编辑出版《面向知识与信息的现代图书馆发展之路》论文集;2007年10月,与陕西省图书馆联合举办中德图书馆交流会。

2005年组织第六次学术成果评奖,评奖范围为2002年1月1日至2004年12月31日期间公开出版或发表的图书馆学研究成果。共收到参评成果118项,最终分别有7项、22项和33项成果获一、二、三等奖。

3. 其他重要活动

2004年,组织基层公共图书馆馆长21人赴香港、澳门图书馆参观访问。协助省文化厅组织实施第三次全国公共图书馆评估。参与2006年中国图书馆学会基层图书馆馆长培训志愿者行动榆林组的筹办工作。组织召开西北五省区图书馆馆长暨学会理事长、秘书长联席会议,恢复了中断8年的西北五省区图书馆科学讨论会,签订了西北五省区图书馆合作协议,建立了西北五省区图书馆峰会制度。

2007年12月13日,陕西省图书馆学会第六次会员代表大会召开,首次设立学会工作贡献奖,赖伯年等4名同志获奖。会议选举产生了由68人组成的第六届理事会和由30人组成的常务理事会,陕西省图书馆馆长谢林再次当选理事长,陕西省图书馆党总支书记马民玉、西北工业大学图书馆馆长荀文选、西安图书馆副馆长张弥、西安交通大学图书馆馆长俞炳丰、陕西师范大学图书馆副馆长康万武、第四军医大学图书馆馆长梁蜀忠当选副理事长，陕西省图书馆副馆长徐大平兼任秘书长，陕西省图书馆尚庄担任常务副秘书长。本次换届设立了学术研究委员会、编辑出版委员会、阅读推广委员会和协作协调委员会，主任分别由西北大学公共管理学院副院长杨玉麟、西安交通大学图书馆副馆长邵晶、西安图书馆副贺永良、陕西省图书馆党总支书记马民玉担任，并确立了在理事会领导下独立开展工作的委员会工作制度。

八、第六届理事会期间的主要工作

1. 组织建设

发展新会员 345 人，会员总数达到 945 人。对中图会员启用中国科协会员管理系统进行管理。2008 年重点做了非会员理事和常务理事的入会工作，基本实现了理事和常务理事百分之百入会。2009 年起，引入理事建议案机制。

2. 学术研究与交流

2007 年 12 月，召开以“和谐 · 共建 · 共享”为主题的学会第六次科学讨论会。2008 年 5 月，举办 Lib2. 0 学术报告会。同年 9 月，在定边县图书馆召开以“图书馆危机管理”为主题的学术研讨会。2009 年 10 月，召开以“服务创新与和谐社会”为主题的学术年会，邀请《图书与情报》常务副主编王景发、苏州图书馆馆长邱冠华分别做题为“西部基层图书馆公共文化服务漫谈”和“服务创新的体会——与您交流”的专题报告。本次会议还承接了中图学会和歌德学院合作的“儿童阅读在德国”来华巡讲西安站的工作。2010 年 12 月 3 日，召开以“职业院校图书馆建设与发展”为主题的学术研讨会。

2009 年 9 月 16 日，陕西省图书馆举行建馆百年庆典，作为庆典的系列活动，15 日，召开了主题为“西北五省区图书馆：合作 · 发展 · 共赢”的西北五省区图书馆首次高峰会议和西北五省（区）图书馆馆长暨学会理事长、秘书长联席会议。16 日—18 日，承办由中图学会承接的中美文化交流政府项目——中美图书馆员专业交流项目陕西站交流工作。2009 年 10 月 23 日，承办中图学会与歌德学院（中国大区）合作的“儿童阅读在德国”来华巡讲西安站报告会。2010 年 3 月，与陕西省图书馆联合举办联机计算机图书馆中心（OCLC）学术研讨会。

从 2009 年起，启动学会课题研究工作，并组建课题评审委员会。课题分学会资助课题（A 类）和单位资助课题（B 类）两类。2010 年立项 A 类课题 2 项，B 类课题 12 项，其中 3 项已于今年 4 月结题。2011 年立项 A 类课题 7 项，B 类课题 21 项。

3. 成果发布与评奖

2011 年 5 月，陕西图书馆学术成果发布平台正式建成启用，目前收录陕西省图书馆学术成果 4000 余条。同月，对 2008—2010 年的学术成果进行评奖，收到参评成果 133 项，75 项成果分获一、二、三等奖。

4. 专业培训

从 2009 年起，启动基层图书馆业务骨干培训志愿者行动，计划用 3 年左右的时间对全省基层公共图书馆业务骨干进行一次全面轮训。2009 年 8 月，培训在咸阳、宝鸡两地同时开班。由招募的省内 10 名专家志愿者对近 140 名业务骨干进行图书馆职业理念与职业素养、图书馆服务理念与服务方式、基层图书馆资源建设、共享工程与图书馆自动化、学术研究与论文撰写 5 个专题的培训。2010 年 8 月，志愿者培训在铜川（合并渭南地区）、延安和神木同时举行，分别由铜川图书馆、延安宝塔区图书馆和神木县图书馆承办，来自省内的 15 名志愿者和 1 名中国学会志愿者培训的志愿者对 200 名学员进行了 6 个专题的培训，培训内容在 2009 年的基础上新增加了图书馆阅读推广的专题。2011 年是志愿者行动的收官之年，对西安、安康、汉中、商洛的图书馆业务骨干进行培训，在西安图书馆集中进行，邀请华东师范大学范并思和《图书情报工作》主编初景利担任志愿者。

2008 年 5 月，与上海图书馆学会联合举办连续出版物著录规则与 CNMARC 格式培训班。同年 10 月，举办数字化专题、专藏与特色数据库建设培训班。

2009 年和 2010 年，连续 2 次组织基层图书馆馆长和业务骨干赴长三角、珠三角地区图书馆学习、交流。先后参观了苏州图书馆、上海图书馆、嘉兴图书馆、杭州图书馆、佛山市禅城区图书馆、东莞图书馆、深圳图书馆、深圳龙岗区图书馆和珠海图书馆。

2011 年，策划组织《中图法》五版在西北五省区图书馆的巡回培训。3—4 月期间，除青海外，其他四省区都如期举办了培训活动，新疆还在乌鲁木齐和克拉玛依举办了 2 期培训班，培训学员 170 人。

5. 其他

2010 年，促成十一家高校图书馆与县级图书馆结成帮扶对子，举办了帮扶协议签字仪式暨信息交流座谈会。按照协议，双方将在文献捐赠、技术援助、人才资源共享等方面开展合作。按照规划，今后每年都将发展新的共建对子，力争使更多的县级图书馆在发展过程中得到高校图书馆的指导与帮助。至“十二五”末，在全省范围内结成 30 个帮扶对子，最大限度地借助高校图书馆的力量助推陕西省县级图书馆的发展。

2011 年“4・23”世界读书日前后，与省图书馆联合开展国家图书馆文津图书奖在省图书馆、西安图书馆、宝鸡市图书馆、咸阳图书馆、铜川图书馆、延安宝塔区图书馆、神木县图书馆的巡展工作。

2011 年 6 月 23 日，与高校图工委在西安图书馆联合举办陕西图书馆界庆祝建党九十周年红色经典歌曲演唱会。

第六届理事会期间，还创办了学会工作通讯，开通了学会网站。

九、第七届理事会期间的主要工作

1. 组织建设

发展新会员 119 人，使会员总数达到 1176 人。会员信息填报准确及时。

2. 学术研究与交流

省内图书馆界的三个行业组织——图书馆学会、高校图工委和社科信息学会，近年来一直保持着良好关系，在整合资源、实现优势互补等方面进行合作。本届理事会期间，省图书馆学会通过联合开展活动激发组织活力，共举办各类活动 8 次，参与人数近 800 人，收到了众人拾柴火焰高的效果。另外，还积极与陕西省图书馆、陕西省公共图书馆服务联盟、全国文化信息资源共享工程陕西省分中心、湖北三新文化传媒有限公司、陕西新华出版传媒集团等联合搭建全国性学术交流平台，举办了“陕西省 2017 年图书馆创新服务专题研讨班”“第十三届‘馆藏与出版论坛”“第五届陕西省阅读文化月之第五届陕西（西部）丝路图书交易博览会”等，并取得了很好的社会效益。除此之外，还与高校图工委联合创新举办“读者服务案例交流展示会”，在高校和公共图书馆系统共举办 8 期分享会，有 500 余名馆员参加了案例交流活动。

3. 承办会议及培训

2012 年 7 月 12—13 日与神木县人民政府共同承办了中国图书馆学会“第四届百县馆长论坛”，来自全国各省（区）、市、县图书馆馆长 130 余人参加会议，会议形成的《中国图书馆学会第四届百县馆长论坛神木共识》为全国百县馆长论坛留下了陕西烙印。

2015 年 7 月 16 日，联合延安市图书馆承办了中国图书馆学会 2015 年秘书长联席会议，中国图书馆学会及分支机构，各省、自治区、直辖市图书馆学会秘书长等 60 余人出席会议。

2017 年 3 月 29—31 日，与陕西省图书馆共同承办了中图学会主办的“第六次全国县级以上公共图书馆评估定级（西安站）培训班”，来自全国各省（自治区、直辖市）地市级公共图书馆和县级公共图书馆的 300 余名学员参加了培训。随后学会还承办了省文化厅的“陕西省第六次全省县级以上公共图书馆评估培训”和“省内评估专家培训”，培训人数累计多达 200 余人。培训解决了在省内图书馆在评估过程中对评估细则理解的偏差和问题，对于评估的准确性和一致性起到很好的保障作用。2017 年学会协助省文化厅顺利完成了对全省 10 个地（市）辖区内 104 家县级图书馆的评估工作。

4. 完成中图学会任务

积极组织陕西图书馆界参加每年度召开的中国图书馆年会，组织年会征文、比赛、参与主题论坛等，每年度陕西参加年会的馆员均达百人左右。

响应由国家图书馆主办、中国图书馆学会协办的“共筑中国梦　共度书香年”楹联拜年活动号召，联合陕西公共图书馆联盟，积极动员全省的各级、各类图书馆，包括陕西省图书馆、宝鸡市图书馆、旬阳县图书馆等67家图书馆共同承办了本地区的“同筑中国梦　共度书香年”楹联拜年活动，得到社会各界的广泛关注。中国图书馆学会对陕西省图书馆学会等7家优秀组织单位给予表扬。

参与由国家古籍保护中心和中图学会联合举办的“中华古籍保护成果宣传推广活动”，对全省古籍保护工作的持续健康发展起到有力的推动作用。首先，以陕西省图书馆为主阵地，联合陕西师范大学图书馆、咸阳图书馆、汉中市汉台区图书馆、韩城市司马迁图书馆、延安市图书馆开展了“我与中华古籍”摄影大赛优秀摄影作品巡展活动；其次，联合陕西省图书馆成功举办两次“国家珍贵古籍系列讲座”活动，两次讲座现场听众达600余人次；再次，在学会的精心组织下，西北农林科技大学图书馆、延安市图书馆、西藏民族大学图书馆等9家图书馆积极参与“我与中华古籍”创客大赛，陕西省学会由于组织得力，获得中国图书馆学会优秀组织奖。整个活动的延续开展，既普及了古籍保护知识，也增强了民众的古籍保护意识。

组织、协办“信息时代　数字未来——2016年数字图书馆业务技能竞赛”活动，全省共有44家单位195名馆员参加了竞赛，20名馆员进入复赛。陕西有2名馆员最终参加了决赛，西北赛区（陕西省、甘肃省、宁夏回族自治区）作为7个赛区之一，荣获四等奖。陕西省图书馆学会也因宣传得力、组织参与单位众多，获得优秀组织奖。

在中国图书馆学会组织开展的“2017年中国图书馆最美故事”系列风采展示活动中，学会积极组织陕西省19家单位参与活动，最终西安理工大学图书馆报送的《讲述长安故事，感知丝路文化》获优秀服务奖。

认真完成了《中国图书馆年鉴》陕西部分稿件每年度的组织提交工作，高校图工委、陕西公共图书馆服务联盟和学会秘书处分别负责年鉴中高校馆、公共馆和学会的稿件编撰工作，以图全面展示我省图书馆事业的发展状况。

5. 加强区域联合

本届理事会期间，学会在恢复西北五省（区）图书馆科学讨论会制度之后，积极推动以学术研讨为方向的五省（区）图书馆合作。2014年6月9日至15日组织来自陕西、宁夏、甘肃三省的公共、高校图书馆共32人赴华东地区进行阅读推广专题参观、学习和交流活动，对东南大学图书馆等近8个先进图书馆参观交流，实现了东西部图书馆阅读推广工作的交流互动，大大开阔了西北图书馆人的眼界。2014年5月26—29日及2015年7月29日—8月6日联合甘肃省图书馆学会举办了"西北五省（区）图书馆网站和数据库建设暨图书馆员继续教育培训班""公共图书馆评估上等级图书馆学习交流培训班"，来自西北五省（区）公共、高校、党校、科研系统图书馆200余人参加培训。在陕西省阅读文化月中，学会成功主办"2016年西北地区少儿阅读推广基础理论专题培训班（基础级）""2017年陕西省图书馆创新服务专题研讨班"，高规格的培训再次奠定了陕西省在西北五省区图书馆界的学术地位。

2012年11月我省学会主办的"西北五省（区）图书馆第十一次科学讨论会"在宝鸡举行，陕西、甘肃、宁夏、新疆、青海五省（区）图书馆的代表180余人参加会议。此外，学会还积极配合参与组织西北五省区图书馆第十二次、十三次、十四次科学讨论会，按期完成讨论会陕西省征文评选及上报工作。

6. 学术研究

本届理事会通过搭建高水平、多层次、开放式的学术平台，达到传播先进理念，促进业务交流的目的，有效地推动了陕西省图书馆学术研究与交流的开展。举办各类学术沙龙、专题讲座共计20场次。

课题研究工作持续推进。从学会设立此项工作开始，已持续推进六个年度课题立项工作，本届理事会完成四个年度课题立项评审工作。共有80项课题准予立项，其中A类课题33项，B类课题47项，最终有53项课题准予结题，14项课题目前延期研究中。这项工作达到了鼓励会员及广大图书馆从业者积极关注和研究图书馆学重大理论和现实问题的目的，特别是针对制约陕西省图书馆事业发展和读者服务质量的重点、难点或带有普遍性的问题，诞生出不少有理论深度、有现实意义、有推广价值的原创性、开拓性研究成果。为了有效推进课题研究工作的进程及研究人员的积极性，学会从2015年起提高了A类课题研究经费资助标准。

此外，在本届理事会期间，认真完成学会第九次、第十次学术成果评奖。参与评奖的成果共 242 项，其中著作 7 部，研究报告 7 篇，论文 229 篇，会议最终评选出一等奖成果 24 项，二等奖成果 47 项，三等奖成果 75 项。

7. 文化志愿活动

“春雨工程”文化志愿者边疆行活动是由文化部牵头搭建的内地与边疆文化帮扶与交流的平台，活动以“行边疆、走基层”为主要内容，以“大舞台”“大讲堂”“大展台”为基本载体，充分发挥志愿服务在支持“老少边穷”地区公共文化服务体系建设中的积极作用，着力加强基层公共文化服务产品供给和文化人才队伍建设，推动各地区各民族之间的文化交流。应文化部文化志愿工作要求，陕西省图书馆学会于 2014 年 6 月和 2017 年 9 月两次在新疆伊犁州、塔城地区开展“春雨工程——文化志愿者边疆行”活动。两次活动共培训当地公共图书馆馆长、业务骨干 215 人。省图学会应文化部春雨工程的要求，在本省区域内开展“文化志愿者基层行活动”。“2017 陕西省图书馆学会基层文化志愿服务活动铜川行”于 7 月 25—26 日在铜川图书馆、铜川图书馆学会的共同承办下圆满举行，来自铜川市馆及各县区馆 70 多名乡镇、社区、文化站的业务骨干在培训活动中受益良多。

文化志愿活动不仅激发了基层图书馆员的职业热情与信心，提高其业务能力和水平，并且发现和培养了一支省内图书馆界的专家志愿者师资队伍。目前学会已建成二十余人的专家志愿者团队，可以按基层图书馆的需求进行菜单式志愿服务。

高校图书馆与基层公共图书馆结对帮扶是通过高校图书馆对基层公共图书馆在理念、资源、技术等方面的扶持，最终实现不同系统图书馆之间的均衡、协调、可持续发展。这项工作于 2010 年正式启动，已由当初的 11 家高校图书馆与 11 家基层公共图书馆结对发展为目前的 14 家高校图书馆与 19 家基层公共图书馆结为帮扶对子。本届理事会期间，除了每年组织相关人员进行结对帮扶工作调研外，两年一次的结对帮扶总结暨经验交流会正常进行，为结对帮扶工作拓展下一步工作思路、持续有效地开展奠定了坚实的基础。此外，在结对帮扶过程中吸引了社会力量的参与，2017 年，联合西安数图科技网络有限公司向洋县图书馆、佛坪县图书馆、洋县金水中学进行了帮扶捐赠活动，实现了从图书馆间的帮扶到社会力量加入参与的跨越，达到了“扶智”与“扶志”的目的。

8. 阅读推广工作

近年来，陕西各级各类图书馆响应国家号召，自觉担当使命，开展了形式多样、各具特色的阅读推广活动，形成了一股推动全民阅读、建设书香社会的强大力量，在社会上产生了积极影响。在这一良好态势下，学会阅读推广委员会于2014年启动陕西图书馆全民阅读年度报告的撰写工作，报告于当年《当代图书馆》第四期全文刊发。2014年学会组织了阅读推广活动案例评选，并对优秀案例进行了表彰和交流。2015、2016两年“4·23世界读书日”全民阅读活动期间，经省学会不完全统计，陕西省高校图书馆、公共图书馆阅读推广活动就达300余场次。2017年4月，与北京策腾教育科技集团有限公司联合举办“第五届陕西省全民在线英语口语大赛”，并达成年度合作协议，继续为读者提供更加高规格、高水平的口语大赛，为全省的全民阅读活动添砖加瓦。

积极配合中图学会完成每年度全民阅读工作先进推选工作。按照年度文件要求择优推荐全民阅读活动“优秀组织奖”“先进单位奖”“全民阅读示范基地称号”“阅读推广优秀项目”“阅读推广领军人物”等奖项。六年期间，陕西省图书馆、西安电子科技大学图书馆获得“全民阅读示范基地”称号，西安图书馆、西安理工大学图书馆、延安市图书馆、神木县图书馆获得“全民阅读先进单位奖”，西安交通大学图书馆获“阅读推广优秀项目奖”，宝鸡市图书馆获得“全民阅读优秀组织奖”。

9. 其他基础业务工作

会刊《当代图书馆》的编辑出版工作一直是本届理事会的重点工作。在内刊稿源困难、来稿水平有限的情况下，编辑部六年期间共收投稿2435篇，刊发用稿404篇。在学会宣传方面，不断完善学会网页栏目内容，利用网站报道学会全面工作、利用工作通讯快速反应热点问题。在此基础上，秘书处坚持一事一报道或一事多报道制度，加大自我宣传力度。据统计，会刊和网站登载或发布本会信息近200条，学术成果发布平台审核发布学术成果631条。工作通讯集中发布了图书馆微服务、全民阅读、图书馆里过大年、流动图书馆、少儿阅读、超市书屋、民间读书会等专题信息。六年来共完成陕西图书馆学研究年度报告 3 篇,扩大了学会活动的辐射面和影响力。

从以上七届理事会工作的简单回顾中可以看出,38 年来,随着社会环境的变化和图书馆事业的发展,陕西省图书馆学会的组织机构不断壮大,活动内容日益丰富,服务手段渐趋多样,办会空间得到拓展,有些工作还形成了连续性和创新性的特点。所有这些,都与几代学会人的辛勤努力密不可分。2017 年底,七届理事会的任期届满,我们已于 2018 年 5 月召开第八次会员代表大会,实现组织机构的又一次吐故纳新。相信在新一届理事会的领导下,陕西省图书馆学会必将在依法办会、民主办会、鼓励学术创新、促进学科发展、发挥行业协调作用、推动图书馆事业均衡发展等方面发挥出更大的作用,从而进一步开创出学会工作的全新局面。

每个春天都把美好抛向长空

——写于中国图书馆学会成立四十周年

孔德超　张怀涛

自1979年7月9日至16日中国图书馆学会成立大会在山西太原召开以来，全国图书馆人步入了共同奋发、携手前进的新时期。40年来，中国图书馆学会成为党和政府联系图书馆工作者的桥梁和纽带，成为发展我国图书馆事业的重要社会力量。40年来，河南省图书馆学会与中国图书馆学会同呼吸，共命运，相互支持，紧密合作，共同为中国图书馆事业的发展献计献策。值中国图书馆学会成立四十周年之际，河南省图书馆学会特向中国图书馆学会表达深情的感谢和衷心的祝福。

当人类智慧映照在浩瀚时空，
文明的脚步便蹚踏出坚实的里程。
我们从秦时明月汉时关走来，
去搭乘疾驰的列车阅览天下风景。

四十年的风雨洗礼了四十年的胸襟，
一路求索吹奏着改革开放的号声。
多彩的载体镌刻着多彩的记忆，
筑建出一方方空间储满纯洁的真诚。

在这方空间我们感恩大自然的馈赠，
从出土嫩苗到难以捉摸的宇宙黑洞。
电子计算机强烈碰撞出无数奇妙，

孔德超，现任中国图书馆学会理事，河南省图书馆馆长，研究馆员。

张怀涛，现任中国图书馆学会学术研究委员会委员，研究馆员，曾任中原工学院图书馆馆长。

一丛丛智慧花朵装点了无限葱茏。

在这方空间我们解析对社会的认知，
从《百年孤独》眺望灿烂的天下大同。
一只只信鸽展翅向天边昂然飞去，
春天的萌动将生长出秋天的蒲公英。

在这方空间我们坚持先进文化的方向，
古老的大地绽放阵阵笑语和春风。
我们正在走向通往世界的精彩，
在敞开的书架上细品典册的厚重。

在这方空间我们迈开社会服务的步伐，
平等、开放、共享是每一位馆员的心声。
公民书房正是老幼皆宜的乐园，
文化的富氧融入每一个幸福家庭。

在这方空间我们利用信息技术增强力量，
软件硬件蕴含着不尽的抒情。
海量的数据昭示着理想的鲜艳，
安静的阅览室潜流着热血沸腾。

在这方空间我们呼吸守正、创新的空气，
光荣、梦想激发百花齐放、百家争鸣。
鲜活的脉搏在体内顽强地生长，
每个春天都把种种美好抛向长空。

四十年的探索凝结了四十年的共识，
历史的行进由我们推动、参与和见证。
每一个背影都将成为难以忘怀的深念，
日月星辰运转促使江海潮流涌动。

每一天人们都用芸香把世间沐浴，
读书成了太阳下面最美好的事情。
图书馆人接受了未来隆重的邀请，
我们将浓墨重彩共同书写中华的复兴。

业界引领　凝心聚力

——中国图书馆学会成立四十周年随想

钟　琼

2019年是中华人民共和国成立70周年,也是中国图书馆学会(以下简称“中图学会”)成立40周年。中图学会作为我国图书馆界的全国性社会组织,在行业领域发挥着重要的桥梁和纽带作用,助力推动中国图书馆事业的蓬勃发展。中图学会对国内外行业动态的把握、学术研究的广泛交流等,为地方社会团体、为学会会员的发展提供了广阔的发展舞台。桂林图书馆学会作为地方学术性社会团体,挂靠广西桂林图书馆,自1979成立以来,便融入中图学会的大家庭,也走过了40载。伴随着时代步伐,它不仅为当地公共文化事业出谋划策,也积极组织会员参与其中各种活动,在地方图书馆事业的发展中做出自己应有的贡献,在中图学会的大舞台上,尽显一方特色,这得益于其40载的正确引领和带动。

一、传递行业新要求,引领行业新发展

学会在履行行业学会职能的同时,承担部分政府职能,传递行业新标准和新要求,推动行业新发展。如:四年一次的公共图书馆评估定级是综合评价公共图书馆事业,分析每个公共图书馆的工作状况,促进图书馆工作规范化、标准化发展的重要途径。自1994年以来,文化部组织了六次全国县级以上公共图书馆评估定级工作。中图学会作为全国性的行业组织,积极参与和承担评估定级工作,协助制定和发布评估标

钟琼,现任中国图书馆学会理事,广西壮族自治区桂林图书馆馆长,研究馆员。

准，组织开展评估培训，并通过具体组织实施评估工作，让各级公共图书馆明确行业发展新标准、新规范和新要求，对照自身发展现状，不断提高和完善自身建设。

中图学会每年根据国家和行业的发展情况，确立年会主题，以此围绕并联合各级公共图书馆及各地图书馆学会等会员在全国各地开展各种活动。桂林图书馆学会关注中图学会动态信息，组织会员单位及个人积极响应各项活动。学会会员通过年会主题，了解行业动向，如：2014 年主题为“馆员的力量：改革发展进步”，2015 年主题为“图书馆：社会进步的力量”，2016 年主题为“创新中国：技术、社会与图书馆”，2018 年主题为“图书馆与社会：共享　效能　法治”等。通过对中国图书馆年会主题的解读，我们能较好地洞悉社会发展与改革方向，紧随国内外图书馆事业发展趋势。这些主题的确定，似行业方向标，明晰了图书馆当年的行业发展与国家政策、社会发展的密切关系，能更好地围绕发展主题开展日常工作，组织各类活动。学会的会员不仅通过了解中图学会的动态掌握行业信息、发展动向，在扩展视野同时，通过桂林图书馆学会倡导和组织起参加中图学会举办的活动，进一步融入行业盛会和业界大舞台，感受图书馆事业的新发展。桂林图书馆学会努力配合每年中国图书馆年会及其各项活动的开展，倡导会员单位及个人参加各项征文、案例等活动，并根据实际情况，组织会员直接到年会现场参加会议。每一次参加现场会议的会员，都是满载而归，受益匪浅。他们都能感受到年会的盛况，感受到图书馆各业务领域在科技进步的社会发展中与时俱进的脚步，感受到图书馆事业发展的前景趋势。桂林图书馆学会会员单位广西桂林图书馆成为中图学会八届、九届理事单位会员，在新时代图书馆事业新的发展时期，以理事身份参与中图学会重大事项的决策部署，以更密切的方式融入中图学会发展。

二、组织行业活动规模开展，形成图书馆行业聚力

中图学会一直将“推动全民阅读，促进知识的创新与传播，为提高国民科学文化素质，建设学习型社会发挥作用”作为重要任务。多年

来,不断探索工作机制,搭建活动平台,出版专业书籍,培育专门人才,发布年度全民阅读工作动态,积极引导、协调和组织全国各级各类图书馆开展形式多样、内容丰富的阅读推广活动,形成了我国图书馆界集体推动全民阅读工作的合力。桂林图书馆学会每年都积极响应中图学会关于联合开展全民阅读活动的号召,联合各成员馆举办丰富多彩的阅读活动,形成地方行业阅读推广主要力量,促进形成全民阅读良好风气。

2019年“4·23世界读书日”期间,桂林图书馆学会与中图学会同步,联合辅导区各市县公共图书馆、桂林高校图书馆以及中小学图书馆积极开展“读经典,学新知,链接美好生活”为主题的系列阅读推广活动,向社会发出阅读倡议,向读者及学校师生传播经典,依托中图学会网络平台,开展互动、竞答等活动,营造良好阅读氛围。

三、以多样的学术活动,提升会员专业知识和业务能力

中图学会自成立以来,一直注重发挥学术研究的引领作用,组织学术研究和各种形式的学术活动,编辑图书馆学刊物和专业图书资料,普及图书馆学基础知识、介绍和推广国内外图书馆研究成果,开展国际学术交流活动,体现出学会的行业特色和学术优势。桂林图书馆学会密切关注中图学会网站、微信公众号、QQ群等交流平台,及时接收中图学会会议通知、培训信息、项目申报等各类信息,并在学会内部大力宣传,发动会员踊跃参与。桂林图书馆学会组织会员参加中图学会定期和不定期举办的各类讲座、业务技能培训,提高业务知识。同时,重视中图学会的学术研究活动,每年都组织会员参加中图学会的年度征文比赛并取得了一定成绩。自2014年起,桂林图书馆学会连续五年组织参加“馆员书评”活动,参与活动的馆员一百余人,征集书评一百余篇,分别获得一、二、三等奖项,学会连续4次荣获“馆员书评”优秀组织奖。借助中图学会的学习交流平台,鼓励会员自我学习,广泛阅读书目,鼓励会员积极参加中图学会的各类比赛,以此提升自我专业素质和自我修养,提升自我知识储备,提升综合素质。

四、丰富多彩的活动，激发会员的学习能力

中图学会密切关注国内外业界发展动态，能比较敏锐地洞悉行业动向，成为引领图书馆事业发展的重要组成部分。桂林图书馆学会在中图学会的领导下，号召会员参与融入活动，鼓励会员加入中图学会的大舞台，展示自我才能，助力本地图书馆事业的发展。2018 年，桂林图书馆学会组织会员到河北廊坊参加中国图书馆年会，并组织青年会员重点参加了“依法办馆　创新发展——新时代公共图书馆建设与服务”知识竞赛，其中 4 名青年会员作为省级选手参加了全国复赛，与全国其他 30 个省级代表队同台竞技。从预赛到复赛，桂林图书馆学会鼓励青年会员自我学习，积极参与网上预赛答题活动，借此机会让更多的年轻会员了解图书馆的法律知识和业务知识，激发他们的学习兴趣。特别是最后参与决赛的 4 名青年会员，经过短期的专项知识学习，提升其基本业务知识及业务技能，进一步激发了年轻会员的学习激情。

五、中图学会的大舞台，助于加强会员职业认同感

中图学会及其各分支机构，在学术研究委员会、地方文献委员会、阅读推广委员会等各业务领域、社会各行业领域系统地举办或推行各种活动，促进了图书馆事业在全国各地蓬勃发展。桂林图书馆学会会员虽在西部少数民族地区，同样能感受到中图学会的积极力量。图书馆事业作为公共文化服务体系的重要组成部分，是全国公益性事业，很多年轻会员在社会快速发展中，对职业的发展认识不是很清晰，偶尔会陷入迷茫。桂林图书馆学会关注学会年轻会员的职业发展并培养青年骨干，鼓励其注册成为中图学会会员，倡导和组织年轻会员参加中图学会举办的各类活动，以此提升其业务知识并借此机会加强对行业的认知及对自身职业的认同。据桂林图书馆学会对 2018 年首次参加中图学会举办的“依法办馆　创新发展——新时代公共图书馆建设与服务”知识竞赛复赛的青年员工反馈，他们在参加完全国复赛后纷纷激动地

表示，参加行业盛会收获的不仅是知识，而且开拓了思维和眼界，一致认为，在中图学会搭建的业界大舞台上，不仅提升了自我知识水平，更意识到自我成长的空间；通过与全国各地同行交流，收获了经验，最重要的是看到了所在行业的发展变化，有学术的前沿、有科技进步等。他们对自己所从事的职业有了进一步的认识，并为自己所从事的职业感到自豪，表示在今后工作中，要进一步提升自己，能为所在地方图书馆事业发展做出自己的贡献。

中图学会是图书馆界的重要组成部分，是引导图书馆行业全面落实科学发展观，科学管理，推动科技进步，建设创新型国家，发展我国图书馆事业的重要社会力量。桂林图书馆学会将一如既往地参与和支持中图学会工作，不断发展和鼓励会员加入这个大家庭，共同推动图书馆事业的新发展。

感　恩

——写在中国图书馆学会成立四十周年之际

李金龙

中国图书馆学会是每个图书馆人都向往加入的一个社团组织。因为,在这个组织里,我们能看到许多业内名流、专家学者,还有全国各地图书馆举办的特色活动。特别是学会每年的培训活动和年会,使我们不仅开阔了眼界,增长了知识,还能通过各种交流达到业务与个人专业素质的提高,对我个人来说更是受益匪浅。过去,我到图书馆工作之前,只知道读书,只梦想着到图书馆工作可以多看书。到了图书馆工作以后才发现,我面对的是一个大海,深不可测的知识的大海,才知道这是一个专门的学科。加入中国图书馆学会之后,通过会员通讯和学会的一些活动,又了解到全国各地图书馆发展与工作的脉络,看到了我们首都图书馆的馆长倪晓建老师是中国图书馆学会的副理事长,您不仅讲过很多课,还做过很多课题,敬仰之心油然而生。特别是我看到了许多有关地方文献的知识。于是,我不仅爱上了这份杂志,也爱上了地方文献工作。

其实,在来到宣武图书馆工作之前,我已经采访和搜集了北京宣南的很多历史典故,也在各种报纸杂志公开发表了许多这方面的作品,特别是1994年参加了区政协文史委员会的工作以后,开展地域文化的挖掘与创作,形成宣南文化系列研究。在我加入图书馆行业,成为中国图书馆学会会员之后,我才知道,这仅仅是个基础,还没有形成规范性、完整性和专家学者们能够认可的东西。恰逢此时,首都图书馆馆长、中国图书馆学会的副理事长倪晓建教授,来到了我们身边,他号召每个图书馆人都要重视和了解本地域内的特色文化,鼓励大家申报课题研究项

李金龙,现任中国图书馆学会理事,研究馆员,曾任北京市西城区第二图书馆馆长。

目。说来也巧，也正是这时我才了解到全北京市各区公共图书馆其实各具特色、各有优势，如通州的运河文化、东城的科举文化、西城的什刹海文化、门头沟的永定河文化、崇文的包装文化等。倪馆长要求我们要充分了解、充分挖掘和认识地域文化在图书馆发展中的重要作用，要主动编纂各区图书馆的二次文献、三次文献，做好研发工作。这是一个智者的前瞻性思考，一个智者的决定与选择，英明的决策。倪馆长说，我们这一代图书馆人要学会自己利用文献研发文献，还列举了首图正在进行的“北京记忆”工程，它为图书馆在区域文化创新发展中指明了一条光明之路。于是，全市各馆积极响应，纷纷申报各馆的课题。2006 年 4 月经北京市文化局、首都图书馆批准，宣武区图书馆正式建立了“首都图书馆”宣南文化资料馆，这个实际的举措一下子激发了我和我的同事们对课题研究的兴趣和信心，也使我们当时馆藏的宣南历史文化书籍和北京历史文化书籍得到了有效的利用。2006 年 4 月 22 日，以倪馆长为首的北京市各届文化专家学者 30 余人齐聚一堂，就“宣南文化的内涵及外延与传承发展”召开论证会，会上倪馆长代表首图将“北京会馆”数据库作为第一课题，给予确定；并提名由我担任课题负责人。这是我第一次接受做数据库及课题的任务，内心非常激动，也非常紧张。我在会上向各级专家当场表了态：“请倪馆长放心，各位老师放心，我一定要完成好这个任务，一定要拿出成果，不辜负老师们的信任和期望。”同时，内心深深地对倪馆长给予我的信任充满感激。

工作开始了，我组建了课题组，邀请了区内有关部门老同志前来指导，集中了 60 多种古籍和现代出版物。当我面对一大桌子的古籍和资料不知如何下手，正一筹莫展之时，倪馆长带领首图的几位老师，来到了我们身边，在图书馆资料室亲自谋划并亲手将一幅完整的工作流程图交给了我，然后又给我们大家讲解了如何搭建数据库的架构和平台，怎样谋划课题方案、怎样选取材料，同时举例说明。当时，我虽然跟倪馆长相识还不到一年，但您用自己体验过的事实经历来给我们解析、指路，无私地将自己的经验毫无保留地传授给了我们。

2007 年 5 月，我们课题组的第一个成果，由 2000 幅图片和 150 万字组成的《北京会馆资料集成》三卷本，由学苑出版社正式出版，成为北京市区县图书馆历史上第一部大型历史文献工具书。

2009 年 7 月“北京会馆数据库”建设工作在倪馆长和各界专家的

支持下通过了验收,被称之为:达到比较完整级的成果。

2008年3月,抢救、挖掘宣南文化的又一个重点项目——“北京宣南寺庙文化”启动,我再次挂帅,出任课题组负责人。经过拟定课题方案,考察、论证、充实、甄别,于2009年形成正式课题成果,编辑出版了二卷本120万字大型历史文献工具书《北京宣南寺庙文化通考》,这在当时宣南文化研究中是一个突破,因为宣南历史文化中的很多重要事件与人物都与宣南地区的寺庙关系密切,纵横交错,渊源很深。其中特别的收获,是这个课题完全由我和图书馆的同志们独立自主完成。在课题论证会上,倪馆长及到场的专家一致认为:这是区县图书馆在自主研究课题领域方面的一个突破,拓宽了图书馆的工作域度。

2010年10月,这个项目荣获了中共北京市委和北京市人民政府颁发的“北京市第十一届哲学社会科学优秀成果奖”。这是迄今为止,北京市各区县图书馆首次获得这一项荣誉,也是我们在倪馆长的培育支持下的一次成功实践。

为了让我们能够得到更进一步的提高,倪馆长多次鼓励我继续申报国家课题和北京市课题,同时提出了很多有益的想法和思路。

在后来的日子里,在倪馆长的引导和关心下,我先后申报了“清代进士与宣南会馆”课题、“北京民俗文化研究”课题,两项课题成果分别由学苑出版社和邮电大学出版社正式出版。与此同时,我又组织并搜集了大量的民间传说和故事。在2018年底,由经济日报出版社正式出版了天桥老艺人及后代们亲口述说的《口述天桥》。这是一个抢救性课题,也是倪馆长课题研究体系的又一次成功实践。

如今我退休了,但每当想起那些在图书馆工作的日子,特别是做课题的日日夜夜,就总会想起倪馆长对我们的关怀和指导,心怀感恩。因为,我从一个什么都不懂的、没正式上过大学的无师无名的学生,成为中国图书馆学会的理事,成为北京市图书馆协会的副理事长,成为享受国务院特殊津贴的专家,成为北京市专业技术正高二级研究馆员。

在中国图书馆学会成立四十年之际,我要感恩中图学会这个大家庭,让我了解和认识了像倪馆长这样待人乐观敦厚、品位极高的专家学者,同时,更加感恩我遇见了倪馆长这样的好人、这样的好老师。

不忘初心　砥砺前行

——写在中国图书馆学会成立四十周年之际

石焕发　赵谞炯

在全国人民高举习近平新时代中国特色社会主义思想伟大旗帜，喜迎新中国成立七十周年之际，在不久后的火红七月，我们图书馆人将迎来自己的盛事——中国图书馆学会成立四十周年。

四十年来，中国图书馆学会不忘初心、砥砺前行，推动事业发展，促进学术繁荣，培育人才成长，引领全民阅读，留下了坚实的奋斗足迹，做出了积极的行业贡献。

四十年，坚定信念一心跟党走

作为中国图书馆学会的山西会员，我们铭记着太原是中国图书馆学会的诞生地。在十一届三中全会的精神鼓舞下，在改革开放的号角声中，1979 年的盛夏，中国图书馆学会的创建者们筚路蓝缕，跨过长江、黄河，翻过太行、吕梁，从全国各地奔赴太原，响应党的号召，共商推动祖国图书馆事业发展大计。7 月 9 日，在晋祠宾馆召开了中国图书馆学会成立大会和第一次全国科学讨论会。从此中国图书馆界有了行业组织，中国图书馆人有了共同的家。

中国图书馆学会始终听党话、跟党走，积极发挥党和政府联系图书馆工作者的桥梁和纽带作用，引领全国图书馆人主动服务党和国家改革开放各项事业，为国民经济和社会发展提供了精神动力和智力支持。特别是党的十八大后，按照习近平总书记系列重要讲话精神要求和中

石焕发，现任中国图书馆学会理事，研究馆员，曾任山西省图书馆党委书记。

赵谞炯，现任山西省图书馆副馆长，研究馆员。

央关于社会组织党建工作的总体部署，作为社会组织的中国图书馆学会较早地成立了党委，为党更好地领导学会工作和协调图书馆事业发展提供了坚强保障。

四十年，不懈努力与时代同行

改革开放新时期，中国图书馆学会紧跟时代潮流，引领和推动图书馆事业与时俱进。以公共图书馆为例，中国图书馆学会成立之初，就提出把工作的着重点转移到为社会主义现代化建设服务上来，其后三十年间，公共图书馆服务中心不断下移，从有条件办证、重点服务党政机关和科研生产，到敞开办证、面向全民服务。2008 年，中国图书馆学会发布《图书馆服务宣言》，确立了普遍开放、平等服务、以人为本的基本原则，引领公共图书馆不断扩大开放，为推动美术馆、公共图书馆、文化馆（站）免费开放意见的出台做出了先驱性贡献。

进入新时代，中国图书馆学会深入学习贯彻习近平新时代中国特色社会主义文化思想，2012 年，中国图书馆年会以"文化强国——图书馆的责任与使命"为主题，为新时代图书馆工作提出了新使命。几年来，中国图书馆学会坚定文化自信，坚持以人民为中心，从学术研究、职业培训、业务交流等方面，推动古籍保护工程、数字文化建设工程、县级图书馆总分馆制建设、法人治理结构改革等工作深入开展，引导当代图书馆人致力传承传统文化、宣传革命文化和发展先进文化，努力担当建设文化强国，促进文化繁荣兴盛的时代重任。

四十年，致力建设学术共同体

中国图书馆学会历经四十年的发展，组织架构科学合理，分支机构枝繁叶茂，规章制度健全完善。会员代表大会按期召开，理事会和常务理事会工作规范，秘书长会执行有力；分支机构跨行业、跨系统、多层次，既设有专项的业务分会，还结合实际分设专业分会；学会章程、会员发展、会费管理、道德规范等规章，为规范合理、公开透明地开展工作，提供了制度保障。

中国图书馆学会学术交流科学有序，行业协调组织有力。学术科研方面，自1999年起每年在不同的城市举办中国图书馆学会年会，青年学术论坛、未成年人服务论坛、百县馆长论坛等均办成了固定的品牌活动，还为《公共图书馆法》《公共图书馆建设标准》等行业相关法律、标准的制定提供了积极有效的科研支撑。职业培训方面，资源建设、文献分编、古籍修复、民国时期文献保护、数字图书馆推广、未成年人服务提升和县级图书馆馆长培训等，内容全面，效果良好。经过四十年的扎实发展，中国图书馆学会已经建设成为图书馆界的学术共同体，为图书馆事业的发展提供了澎湃的动力。

四十年，倾情构筑温暖的家园

中国图书馆学会积极构建荣誉体系，通过挖掘图书馆创新发展和图书馆人爱馆敬业的典型事迹，树立行业榜样和标杆。中国图书馆学会全民阅读优秀组织奖、最美故事风采和榜样人物、优秀会员、学会工作者等荣誉评选，以及青年人才奖、李柄穆交流合作奖等各种奖励，有效引领各级各类图书馆不断开拓创新，助力民族复兴，激励图书馆人更好地奉献事业，服务读者。

中国图书馆学会以服务会员为己任，倾情构筑图书馆人的温暖家园，在特殊时刻凝聚力量，为需要帮助的图书馆和图书馆人送去温暖。汶川地震后，2009年的中国图书馆学会年会对参会经费困难的重灾区图书馆人给予全额经费资助，并将"不朽的图书馆精神：汶川地震与家园重建"主题优秀论文单独结集出版。2016年，山西朔州市图书馆一名馆员的女儿突遭意外火灾，治疗经费高昂，在学会公共图书馆分会和各地学会的号召下，全国200多家图书馆的同行解囊相助，募捐了50余万元善款。只因从事相同的事业，坚守相同的岗位，面对困难我们从来不忘抱团取暖，同舟共济，此时，中国图书馆学会已然超越了它本职的功能，成为我们图书馆人温暖的家园。

四十年，长歌浩荡，中国图书馆学会一路风雨兼程，在图书馆事业发展史上取得了不俗的成绩。四十年，矢志不渝，一代代图书馆人与中国图书馆学会一路同行，在这个大家庭里结下了深厚的情谊。

“潮平两岸阔，风正一帆悬”，站在新时代，又是新起点，中国图书馆学会将团结图书馆工作者们，在实现中华民族伟大复兴的新征程中，继往开来续写新的壮丽篇章！

难忘的千人大会

辛　欣

每次开全国范围的图书馆会议，都会认识一些新朋友，当他们得知我是大连图书馆长时，通常说的第一句话是“我去过你们馆，是1999年参加中图年会的时候”。1999年7月8日至13日，中国图书馆学会年会暨成立20周年纪念活动在大连举行，作为东道主大连图书馆负责接待工作。

1999年，很特别的年份，既是百年之交，也是千年之交，中国图书馆学会当年年会的主题即是“世纪之交：图书馆回顾与展望”。图书馆人的思想历来很活跃，当网络和计算机在中国刚刚出现，还没有形成规模时，中国图书馆学会就已经提出前景规划，当年年会的分主题也都与此相关，诸如“数字图书馆与网上图书馆”“网络环境下的文献资源建设与共享”“新世纪——图书馆管理与改革”“走向21世纪的文献信息服务”等。除此之外，二十年前的中图大连年会还有一个突出特点——人多。可能是受千禧年即将到来的热情驱动，也可能是大连海滨城市夏日凉爽的诱惑，那年竟然出现超千人参会的盛况。20世纪末，国内会议社会化服务还不够成熟，没有形成规模化的会议服务业态，诸如往返订票、接送、住宿、会场安排等事务都需要办会方自己解决，对于当时人员编制区区百余人的大连图书馆来说，要承办超出其体量10倍的千人大会，其难度可想而知。为了配合中国图书馆学会把年会办好，大连图书馆特地成立了指挥部，由时任馆长的张本义先生亲自挂帅，选取馆内40名精干馆员担任接待工作。在大家的共同努力下，这次会议办得很成功，其规模、内容、形式对后来中国图书馆学会年会的举办产生了很大的影响。下面选取几件办会期间发生的特别的事情与大家分享。

住宿酒店，五花八门。中国自20世纪70年代末开始改革开放，虽

辛欣，现任中国图书馆学会理事，大连图书馆馆长，研究馆员。

至90年代末已初见成效，但与今天相比，还有很大差距。作为当时东北经济最发达的城市大连来说，还没有能承接千人会议的酒店，而且会议期间正值夏天旅游旺季，住宿资源紧张，所有来开会的图书馆代表不能同住一处，住宿地点散布全市各地——“临海饭店”“星海湾宾馆”“军械宾馆”“航空宾馆”“黑石礁部队招待所”“辽化大连疗养院”“海宇宾馆”“军招二部”（后来改至“泰莱宾馆”）。上述宾馆中部队方面的比较多，乍一看好像是要开军事会议，很难与图书馆年会联系起来。主会场设在星海广场的会展中心，开会之前散居各地的代表在大连图书馆馆员的引导下，坐专车前往会场。

会场之外，惊险不断。1999年中国图书馆学会年会的会议开得非常顺利，无论是主会场还是分会场都未出现纰漏，流程清晰，气氛热烈。然而在会议之外却接连发生了两件意想不到的事情。众所周知，20年前办会一般都有文化参观的内容，中国图书馆学会大连年会也有相关的安排，除了参观本地各种类型的图书馆外，为了体现大连海滨城市的特色，还特地请代表乘坐登陆艇进行海上巡游。原定是三艘登陆艇运送代表，然而由于临时有出海任务，最后只剩下了一艘艇供代表使用，所以海上巡游只好分两拨进行。当第一拨500名代表乘船而归，船上人还未下船，岸上600多名代表就迫不及待地一哄而上，于是千余人刹那间汇聚。人多，船少，加上很多代表之前没见过大海，对海上巡游的热情极高，在登艇时争先恐后，发生了极为严重的拥挤现象。眼前是混乱的人群，一米之外是没有防护栏的波涛汹涌的大海，稍不留神就会发生众人坠海的惨剧。“在这万分危急关头，大连馆的馆员们挺起胸膛，紧紧地手挽着手，肩并着肩，筑起人墙，以弱小的身躯拼死顶住热浪滚滚的人流，坚持着，再坚持着。在这危急的时刻，方显出大连图书馆从上至下团结一致、临危不惧的英雄本色。最终化险为夷，代表顺利地上下船，完成了海上巡游活动”。虽然二十年过去了，但仅从这段摘自《大连图书馆1999年工作总结》的文字中，仍能感受到当时情况的危险与紧急。掩卷静思，既为大连图书馆馆员的出色表现叫好，也庆幸现在国家有明确规定，开会和培训期间不准安排参观活动，这种险情不会再发生了。

一波刚平，一波又起，白天海上的险情刚过，夜里宾馆又频频告急。起初是住在星海湾宾馆的一位高校代表发病，上吐下泻，被送到了医院。后来又有将近50位代表也同时出现了这种症状，经医院诊治为急性肠胃炎。大连夏季患急性肠胃炎的人比较多，主要是外地来大连旅游的人，因为水土不服，肠胃不适应吃海鲜（尤其是生冷或半熟的海鲜），故出现呕吐、腹泻等消化不良的病症。为了防止病情的蔓延，在酒店负责接待的图书馆员连夜外出买药，然后逐一房间发放，当一百多名代表服完药平安入寝时，已是半夜一点多钟。至此，一天的忙碌终于结束。疲惫的馆员蜷缩在座椅上休息，再过几个小时，代表将陆续离会，艰巨而繁忙的送站任务又在等待着他们。

一石几鸟，多重收获。大连图书馆承办1999年中国图书馆学会年会，在付出诸多辛苦的同时，也有很多收获。首先是馆员队伍得到了锻炼。通过办年会，一批年轻人的才华、能力和吃苦耐劳的良好品质得以展现，十几名馆员因表现突出受到中国图书馆学会的表彰，从而成为日后大连图书馆的骨干，有的甚至还因此走上了领导岗位。其次是积累了丰富的办会经验。中国图书馆学会年会结束之后，在张本义馆长的组织下，全馆上下对此次活动进行了全方位的认真总结，总结材料汇集成册，作为大连图书馆珍贵的历史资料归入档案室收藏。在此基础上，大连图书馆后来又多次承办国内外大型会议，均取得了很好的效果。另外，通过承办年会，加强了与全国各地图书馆的沟通与了解，学习到许多好的经验，结交了一大批新朋友。由于接待工作的耐心、细致、周到，在会议之后的很长一段时间内，大连图书馆不断收到来自全国各地图书馆代表的感谢信。“相逢毕竟是短暂的，但是美丽的海滨城市大连，热情友好的大连人给每一个参会代表都留下了美好的回忆。这次大会也将作为学会成立20年来召开的最大规模的国内会议而载入学会发展史。衷心地感谢你们，所有为这次大会倾注心血、付出辛劳的大连图书馆的同志们！正是你们的努力，换来了大会的圆满成功！”（摘自中国图书馆学会1999年8月致大连图书馆的《感谢信》）。

在众多收获中，最值得一提的是大连图书馆改造论证会。大连图书馆的前身是“南满洲铁道株式会社图书馆”（俗称“满铁图书馆”），建于1907年，旧馆舍位于大连市中山区鲁迅路。现馆舍建于1986年，位于大连市西岗区白云山麓。20世纪末，随着城市建设和经济的快速发展，对图书馆信息知识文化的需求不断加大，旧有馆舍限制了图书馆各项工作的开展，亟须在功能设置与布局方面进行改善，为此，根据大连方面的请求，借着开年会的机会，时任国家图书馆党委书记、常务副馆长的周和平先生组织部分与会专家，就大连图书馆的改造工程进行了论证。

“图书馆改造应长远考虑，跨世纪改造工程应以人为本，要像设计广场一样，注重物流、人流、信息流的分配，大连图书馆要高瞻远瞩地建设一个更加完善的现代化图书馆。”（孙蓓欣）

“大连图书馆的改造要考虑中央空调，应设大开间。”（陆行素）

“图书馆建筑应该体现以组织知识为主导，大连图书馆馆舍改造应作如下划分：总咨询台、学术服务区、读者生活服务区、读者活动区、办公区。”（黄俊贵）

“大连图书馆在改造过程中要做好综合布线，争取达到千兆网。”（马远良）

“大连图书馆新馆改造要解决采光问题，能用自然光，尽量用自然光，要符合现代潮流。大连这个美丽城市如果再配上这个美好的图书馆，将会更加美丽。”（王效良）

“图书馆要资源共享，可以建总馆、分馆模式。总馆统一采访编目，分馆主要做服务，网络中心在总馆，实现一个城市的资源共享。目前，大连图书馆已建立了中日文献资料馆、新世纪图书馆等分馆，已经形成了自己独特的总分馆模式，如果进一步发展下去，把县（市）区及少儿馆等容纳进来，大连图书馆的模式在中国21世纪图书馆发展中，将具有示范性。”（周和平）

时间过去了整整20年，今天面对当年专家们的真知灼见、高瞻远瞩，对图书馆未来发展的精准预测与规划，以及对大连图书馆寄予的殷切希望，不由得心中充满温暖与敬意。正是在此次专家论证意见的指导之下，当年大会结束不久，大连市政府启动了具有里程碑式的大连图书馆改造工程。经过一年的努力，老馆舍脱胎换骨，随之而来的是一座现代化图书馆。

时光荏苒，日月如梭，二十载光阴转瞬即逝。当1999年中国图书馆学会大连年会辉煌的记忆还未远去时，中国图书馆学会又迎来了四十周年的纪念。抚今追昔，心中充满对中图学会光辉未来的无限希冀与祝福！

我与中国图书馆学会

蒋 伟

40 年,中国图书馆学会伴随着改革开放的历史车轮已走过了 40 年。40 年不忘初心,一路向前,引领着中国图书馆行业与时俱进,推动着图书馆行业不断地做着加法。在学术研究、人才培养、资源建设与共享、行业规范、服务创新上,在文化服务、文化引领和文化惠民上做出了重要贡献,发挥了不可替代的作用,彰显了其价值。我作为一名图书馆人、中国图书馆学会的会员和本届理事,深感光荣与自豪,为中国图书馆学会点赞、加油!

12 年,弹指一挥间,我在图书馆馆长岗位上工作已有 12 年了。对于图书馆学会和图书馆的历史来说,12 年并不长,对于长期工作在图书馆战线的同人来说 12 年也并不算长,但是,12 年却给了我深深了解图书馆,深深爱上图书馆的时间与空间,给了我展示馆长、基层学会理事长身份的舞台。我是由一名共青团干部转业来到图书馆任职馆长的,从青春飞扬的活力场进入一个寂静无声书香飘逸的人间“天堂”。12 年里,牡丹江市图书馆连续 3 次被中国图书馆学会评为“国家一级图书馆”,连续两年被评为国家级“全民阅读先进单位”,被中国图书馆学会授予国家级“全民阅读示范基地”。我们成立了由市图书馆牵头,驻牡丹江市七所高校图书馆参加的“牡丹江区域图书馆联盟”,并实现了“一卡通”。2018 年 4 月 22 日,我们还在江滨广场成功举办了“牡丹江区域图书馆联盟国学经典诵读暨 2018 牡丹江红色历史文化全民阅读”启动仪式,成员馆全部派队参演,获得社会各界的好评,扩大了区域图书馆联盟的影响。目前,我市图书馆已形成了传统服务、现代服务、品牌服务、特色服务、联盟服务等为一体的现代化多功能图书馆;12 年里,中国图书馆学会秘书长霍瑞娟、中小型图书馆联合会会长郭斌、黑龙江省图

蒋伟,现任中国图书馆学会理事,牡丹江市图书馆馆长。

书馆学会会长高文华等先后走进牡丹江市图书馆调研指导;12 年里,我们通过中国图书馆学会了解了“少儿阅读大礼包”,并结合实际突出国学经典打造成为牡丹江市图书馆的一个服务品牌;12 年里,通过图书馆学会组织请来了德国少儿阅读专家,在牡丹江进行了广泛而深入的交流;12 年里,牡丹江市图书馆学会及会员积极参加中国图书馆学会组织的学术研究与交流,通过中国图书馆学会搭建的载体,与全国各级各类图书馆同行及专家、学者交流、学习、提高。我也先后参加了“构建现代公共图书馆服务体系”研讨班、“民国时期文献保护计划宣传推广项目”培训、“网络书香——数字图书馆建设与服务”宣传推广项目培训,我还获得了中国图书馆学会“优秀学会工作者”称号;12 年里,我在中国图书馆学会年会上交流《农村儿童课外阅读三级网络建设》的意见和建议,在全国中小型图书馆联合会年会上做题为“公共图书馆落实科学发展观要实现‘三个转变’”的发言,在黑龙江省图书馆学会中参与决策。12 年里,我由一个共青团干部真正转化为一名图书馆的工作者、管理者、学术研究与推动者。

5 年,我参加中国图书馆学会理事会已有 5 年,这是中国图书馆学会、黑龙江省图书馆学会和会员的信任,职责光荣。5 年来,我积极参加理事会议事,努力发挥理事作用,让我更进一步走近了中国图书馆学会,感受了到了它的与时俱进,感受到了使命与担当,更感受到了图书馆人所面临的挑战。在此,我作为一名图书馆人和中国图书馆学会理事提出一个我们不能回避的问题与大家共同思考与实践,即:面对大数据、网络化、智能化、现代化、社会化的时代大潮,我们如何做好加减法?

面对新时代,我将不辱使命,团结带领牡丹江市图书馆人不忘初心,努力践行一名馆长的应尽职责,努力发挥一名基层学会理事长的应有作用,努力做出一名中国图书馆学会理事的应尽义务,体现自身价值,为图书馆事业的发展做出新的贡献。

站在新的历史起点上,愿中国图书馆学会在习近平中国特色社会主义思想指引下,团结带领全国图书馆人积蓄长风破浪、云帆直挂的斗志,不忘初心,迎接挑战,创新发展,开创中国图书馆事业“三万里河东入海,五千仞岳上摩天”的未来,为实现中华民族伟大复兴的中国梦贡献出我们的智慧与力量。

一次难忘的学会活动

——中国图书馆学会第四届青年论坛策划与导演小忆

范并思

一、入戏太深，路人成导演

中国图书馆人对于中国图书馆学会的印象，更多的是其策划与组织学术活动的能力。特别是进入21世纪后，中国图书馆学会组织的学术活动的内容越来越丰富，如一年一次的年会和全民阅读论坛，两年一次的青年论坛和百县馆长论坛，以及不定期的未成年人服务提升计划、阅读推广人培训，等等。这些学术活动围绕图书馆学理论和服务的前沿领域，通过学术思想的交流与碰撞，促进了图书馆学理论的发展与变革，以及图书馆服务的创新与发展。由于中国图书馆学会的学术活动令人收益颇多，我一直争取参加学会的各种学术活动，特别是2004年以后，我的理论兴趣从图书馆学基础理论转向公共图书馆研究及其他应用领域，学会活动更是成为我吸收理论养分的重要场所。

在我参加过的数十场次的学会学术活动中，最令人难忘的一次是2008年7月在上海召开的第四次青年论坛。一般认为，青年论坛是中国图书馆学会所有学术会议中形式最为生动活泼的会议，会议的内容一般较有冲击力，会议的形式也会设计得别具特色，适应青年图书馆人参与。第四次青年论坛的内容不论，其形式在所有青年论坛应该是最具特色的。王波老师当年参加会议后，一口气写了4篇名为《念唱做打　学术有戏——中国图书馆学会第四届青年学术论坛侧记》的博客文，将这次论坛称为一台大戏。我也写了9篇博文，从筹备到总结，对会议进行了详细的报道。

范并思，现任中国图书馆学会理事，华东师范大学信息管理系教授。

中国图书馆学会第四次青年论坛对我本人也具有特殊的意义。原本在中国图书馆学会的学术活动中，学会秘书处是策划者，秘书处策划高手众多，经验丰富，办会对他们来说是信手拈来。我如果有幸参会，一般是代表之一，能够获取一两次发言或讨论机会足矣。但是，原本只应该在中国图书馆学会学术大戏中扮演“路人甲”的我，却在第四次青年论坛中阴错阳差地干起了编剧、导演甚至舞台布景的活。第四次青年论坛已经过去十多年了。回望当年，竟不知自己何处来的勇气与精力。或许是自己当年频繁参与学会的学术活动，入戏太深，忘乎所以，连自己的真实角色也给忘了。

二、起因与筹划

2007 年我担任上海图书馆学会学术委员会主任后，在工作计划中我提出了“推动上海图书馆学走向全国”“推动区县公共图书馆系统的学术研究”的工作目标。为实现这一目标，我将推动区县图书馆承接中国图书馆学会的大中型学术活动当成抓手。而两年一届的青年论坛，因为规模适中，影响力大，最先进入了我的视野。2007 年底，经过我和上海图书馆学会刘炜、金晓明等朋友的一番努力，中国图书馆学会同意了上海图书馆学会和长宁区图书馆承办第四届青年论坛的申请。

本来我的工作到此结束。没想到 2008 年初，接到学术研究委员会主任李国新教授电话，说学会秘书处最近太忙无力筹划会议，希望由我代中国图书馆学会秘书处承担会议策划工作。接到任务后我有些忐忑，当然更多的是豪情。当时，中国图书馆学界推动图书馆服务理念变革的努力已经持续多年，中国图书馆学会《图书馆服务宣言》也已经完稿。我十分期待借助中国图书馆学会青年论坛的策划与组织这样一个平台，将 21 世纪中国图书馆人在图书馆服务理念方面的创新进行一次集中的交流与展示。请教了很多朋友后，我们采用了李超平教授研讨图书馆公共关系的建议。考虑到“公关”更多地用于商业领域，我们将主题定为“图书馆公共形象：研究、策划与设计”。这一命题也与《图书馆服务宣言》中“图书馆在服务与管理中体现人文关怀”“图书馆欢迎社会各界通过资助、捐赠、媒体宣传、志愿者活动等各种方式，参与图书馆建设”十分贴合。

会议主题确定后，经进一步征集专家意见，我们确定4个分主题，分别是图书馆的公共关系、图书馆活动的组织、图书馆文明礼仪和图书馆服务用语。4个板块中除了专家报告、专家点评、青年代表指定发言和自由发言等学术会议常见形式外，还有3场最终成为论坛亮点的参与型活动。这些参与型活动根据事先指定的场景，由与会青年代表和嘉宾即兴表演，演绎他们对于图书馆公众形象的理解。这3场活动为：

(1)图书馆礼仪表演。表演分为自选动作和规定动作。自选动作是表演队伍表演事先排演的、展示图书馆员形象和服务礼仪的舞台节目，规定动作则是在我们设计的服务场景，如图书馆大门、借书处、咨询台，表演队伍担任图书馆员，代表们担任读者，分别展示读者到馆接待、读者借阅服务管理、读者咨询接待、读者离馆服务管理等规定动作。

(2)公关危机处理表演。设计了四个危机案例场景：①读者间纠纷受伤，图书馆主动邀请媒体公关；②老年读者在图书馆滑倒摔伤，图书馆与老人子女交涉；③图书馆不可抗拒灾害损坏名人赠送的藏品，电视台邀请名人家属和图书馆参加谈话节目；④少儿在图书馆电子阅读室打游戏引家长不满，媒体记者采访图书馆。代表们担任图书馆方角色，会议嘉宾等担任媒体或纠纷对方，未经彩排表演公关危机对手戏小品。

(3)文明用语竞赛。将事先收集的图书馆服务用语分为两类，4组代表分别进行“锦上添花”和“点石成金”的现场PK，“锦上添花”PK组讨论如何将好的用语修改得更好，“点石成金”PK组讨论将不太好的服务用语改得更好。

三、组织与效果

在论坛的组织工作方面，我除了拟定主题和分主题，帮助确定、邀请发言专家、参加会议会务工作外，还深度参与策划了三场表演活动：写下了完整的场景文本，整理文明用语文本，挑选/邀请了公关危机表演中四个小组的“对手”，挑选活动的主持人，指挥会场的场景布置或切换，等等。

为顺利完成这些活动，会议在正式开会前夜召开了一个全体代表参加的预备会(其他会议预备会一般只有部分代表参加),预备会将全体代表分为4个小组,我和秘书处汤更生秘书长一起对各组交代任务。我为每个组准备了一张组长任务工作单:

7月1日

(1)每组推选“馆领导”演员三名(担任如馆长、副馆长、办公室主任等),商定“危机处理”策略。

抽签决定出场顺序。

(2)每组推选“读者”代表三到四名,设计配合“礼仪规定动作表演”的表演。

抽签决定配合表演对象。

协商或抽签决定表演动作中的“不文明动作”(规定动作含进门、出门、借阅、咨询四个动作,每组可在一个场景设计不文明动作)。

商定/排演“读者”动作(可设计成特殊读者,如老人、乞丐、残障人)。

(3)推选文明用语PK代表四名。

抽签决定参加哪场PK(共有两场:锦上添花提供好的用语本文,代表应该针对文本,适当点评,提出更好用语;点石成金提供不太好的用语文本,代表应该针对文本,适当点评,并提出更好的文本),研究/商定本组将推出的文明用语;

(4)各组的组长准备主持PK。

7月2日

(1)表演“馆领导”的代表依次参加“危机处理”表演。

(2)高校联队排练礼仪规定动作和自选动作表演。

(3)表演“读者”的代表排练礼仪规定动作表演。有需要与节目主持人配合的事先与主持人联系。

(4)参加“服务用语PK”的代表继续赛前准备。

7月3日

(1)各组“读者”代表依次参加礼仪规定动作表演。

(2)各组服务用语PK的代表参赛。组长主持另一场PK。

7月2日论坛如期召开。由于事先精心策划，加上青年代表和与会嘉宾的积极参与，会议可以说是高潮迭起。无论是专家报告、代表发言、舞台表演还是专家点评，都使与会者大呼过瘾。两天的会议一直在一种紧张、热烈的气氛中进行，不但正式代表始终没有人中途离席，上海和外地来的观摩代表也一直听到论坛结束。会议中不时爆发出欢笑声和掌声，不时出现大批代表涌向前排拍照的情形。国家图书馆白云峰代表是第一组组长，除了需要帮助本组“演员”排练，还出任了两场活动的策划，还有舞台活动的主持，将他忙得不行。会议结束后他告诉我说，出来开会前，领导说你最近较辛苦，上海有个会你去放松一下。没想到论坛会累成这样：凌晨3点大家还在宾馆房间里“彩排”。

事后王波的博文对会议的亮点进行了点睛式总结。他将会议的学术报告当成“念”，青年代表发言当成“唱”，公关危机处理表演当成“做”，图书馆文明礼仪表演当成“打”，念唱做打就是一台学术大戏。王波在介绍文明礼仪舞台活动时写道：

> 规定动作要求二人开门纳宾，站在图书馆门口，笑不露齿，来一位读者哈一下腰，说声“欢迎您来某某图书馆”。这一设计事后被专家拍砖，评价为热情过度，没有必要，李国新老师引经据典，说图书馆的服务达到礼貌、得体就行了，没必要像饭馆、酒店。
>
> 其余二人一人负责咨询，一人负责借书。图书馆员的表演比较平和，都很敬业，不太容易出彩。
>
> 倒是表演读者的代表，有两位大放光芒。有位稍胖男士，到了咨询台，嗯嗯啊啊，假装哑巴，咨询员使出浑身解数，也不能让他明白他的书拿多了，只能借两本，最后馆员灵机一动，写在纸上，哑巴读者方才作罢。还有一位瘦高男士，卷起一条裤腿，扮演拾荒者，背着印着love的大号垃圾袋，到阅览室里看书，图书馆员平等礼貌相待，要求他将大包存起来，他说是他的钱袋，死活不肯，弄得馆员没辙。

我的博客文《真的很“青年论坛”》中也介绍了公关危机舞台表演：

下午的图书馆公关危机处理是一个很"青年论坛"的高潮。其实大家都准备得很仓促,昨天晚上代表抽到签拿到资料,今天早上我才将另一个有提问提示的资料给几位记者。本想与他们一起开个会,后来发现实在没时间,就逐个确定了一下分工。但下午青年代表们的"馆领导"表演确很精彩,虽然从未做过馆长,但一个个打起官腔来煞有其事。但记者们更厉害,除王波一组有些心太软外,赖雪梅表演的"老人子女"、蒋弘表演的记者、李超平金武刚等表演的"名人家属",一个个咄咄逼人,搞得"馆领导"事后直埋怨:怎么为我们配这么强的对手?

会议的"小动作"还有很多,如自由发言环节是会场一侧放话筒,发言者自觉排队发言。发言中理事长詹福瑞也在后面排队,主持人李国新和排队者都没有请他"插队"。詹理事长等了 6 轮才得到发言机会。又例如闭幕的自由发言是短信抢位,抢到者才有机会上台发言。

四、跳出"青年"看"论坛"

第四次青年论坛的形式极为活泼多样,以至于会后很多人都将关注点放到各种表演上。会前会后也有人批评会议不像论坛。但我不这么认为。我和许多参加论坛的青年聊过,甚至多年以后还聊这话题,他们普遍认为只有这种形式才能最大限度地提升图书馆人对于公共关系的关注,而敢于以这种形式举办学术论坛的中国图书馆学会,才是一个真正愿意关注学术的学会。对此我在《跳出"青年"看"论坛"——第四届青年论坛网络报道结语》的博客文中评价了这个会议:

这个论坛的确很"青年"。但作为一个学者,如果仅限于对于会议的形式的观察与评价,至少难说其是一名有历史感的优秀学者。不论人们褒贬如何,这届青年论坛一定会在中国图书馆学史上留下浓浓的痕迹。我相信,这种痕迹并非来自论坛的形式如何如何的"青年",而是它标志着中国图书馆人对于图书馆精神或现代图书馆理念的关注，已经上升到一个新的阶段。

过去5年，中国图书馆人探索现代图书馆理念，经过诸多艰难努力，同时也受益于社会环境的改善，终于使大多数图书馆人无条件接受了以“读者权利”为核心的现代图书馆理念。这是一个巨大的、根本性的进步。但是，理念的确立并不能完全解决实践的问题，从确立读者权利的理念到能够在实践中全方位且不露痕迹地体现这种理念，给读者一个天堂般的图书馆，我们还有很长很长的路要走。我悲观地认为，这也许要整整一代人的努力。

但理论家的使命从来不是等待。就像当年中国图书馆人借纪念“百年的图书馆精神”弘扬图书馆精神一样，这一次，我们也遇到了这个机会：青年论坛。当中图学会将这个会议的主题策划交给了我们，当我在网上向朋友们征询这个会议的主题，当李超平老师给我点出了“公共关系”这个题目，我便意识到机会来了。我们要借青年论坛这个平台，将读者权利的理念在图书馆服务实践中的实现，大大地演绎一番。通过一种青年人易于接受的形式，促使人们（当然也包括我自己）对于这些话题的关注和交流，缩短从确立读者权利理念到在实践中体现这一理念的时间。这样一个主题，早个二、三年，讨论的门都没有。事实上，对于一些不太发达地区的图书馆人，他们的关注程度也很低。只是在我们大规模探讨现代图书馆理念并取得决定性胜利后，这样一个论坛的主题才水到渠成。现在的结果就是，由于青年论坛对于图书馆媒体公关、图书馆读者活动的组织、图书馆文明礼仪、图书馆服务用语的规模化探讨，这些问题正在引起人们的关注，我希望是持续的关注。

感恩：中国图书馆学会携手我们共同成长

——庆贺中国图书馆学会四十华诞

邱冠华

2002年12月，当中共苏州市委任命笔者担任苏州图书馆馆长时，笔者以为只是一种职业生涯过渡：本人是外行，专业和经历与图书馆毫不相干。但眨眼之间16年，图书馆工作成为笔者的最终职业，且深感职业自豪。

十年馆长生涯，许多老师和同行一方面肯定笔者的成绩，将笔者划归“知名馆长”，另一方面又认为这种成功不可复制，但李国新教授在《十年追梦：公共图书馆服务实现均等高效的探索》的序言中分析了笔者成为知名馆长、苏州图书馆快速发展的原因。笔者站在当事人这个角度来看，除了李国新教授分析的原因外，其实各个方面的指导和帮助是非常重要的因素，特别是来自中国图书馆学会的提携。

自2004年中国图书馆学会年会在苏州举办后，笔者及所服务的苏州图书馆与中国图书馆学会（以下简称“中图学会”）结下了深厚的情谊，合作过许多学术活动，影响大的有年会，年会会前会，新年峰会，全民阅读论坛等；完成了不少重要的研究课题；全程参与了中图学会志愿者行动——基层馆长培训，并为中图学会举办的许多培训班授课。可以说，笔者在担任馆长期间，约三分之一的工作时间在参与中图学会组织的学术活动，特别是参加志愿者行动，有两年都是参加年会后紧接两个省的连续培训授课，离开苏州的时间会超过半个月，以至于大多数人在与笔者通电话的开头都是问“在不在苏州？”上级领导对笔者花大量时间参加中图学会活动颇有微词，甚至有一次因工作安排在时间上发生冲突而爆发，在电话中对笔者不客气道：“你有没有搞清楚，你这个馆长是苏州市委任命的，不是中图学会任命的。”笔者心说参与中图学会

邱冠华，现任中国图书馆学会理事，研究馆员，曾任苏州图书馆馆长。

的活动也是工作,而且是重要工作,但上哪说理去?这样的委屈还有很多,如在2004年中图学会年会召开的前一个星期,领导鉴于苏州刚承办完亚太经济合作组织(APEC)财长会议,各个部门都人困马乏,天气预报年会期间还将出现持续高温,十分担心年会能否成功举办,要求笔者与中图学会联系,协商改期。笔者强硬表示:年会由中图学会与苏州市人民政府联合主办,几个月前已经取得市政府的批复,中图学会也早就发出会议通知,根本没有改期的可能,且苏州图书馆已经做好了全力配合年会顺利举办的一切准备,做了周密的安排,制定了应急预案。在争执不下时,笔者向上级领导递交了军令状:对会议的顺利举办以及代表的安全负全责,如果出现事故,笔者引咎辞职。后来想想,也就是当时年轻气盛,超过千人规模的会议,因住宿费用控制,代表分住七所中低档宾馆,会务人员只有40人,天气又出现少有的炎热,且当时的低档宾馆并不全部安装空调。笔者竟然傻傻地递交这样的军令状:会议举办成功,成绩不是笔者个人的,真发生什么意外,责任全归笔者,风险与利益完全不对等,真让人怀疑自己是不是学经济管理的。

其实,积极参与中图学会的活动,不仅笔者获益良多,也是苏州图书馆快速发展的重要因素之一:从一个单馆发展成为拥有82所分馆、2个流动图书馆、3个地铁站点图书馆、2个集装箱工地图书馆、99个社区投递点,并实行统一管理的总分馆体系。2008年到馆读者近1200万人次,借出纸本图书超过500万册次,举办阅读推广活动2500多场次,苏州图书馆应该是国内拥有场馆数量和到馆读者人次最多的公共图书馆。笔者内心十分清楚,不管是苏州图书馆的成功还是笔者的成长,许多地方得力于中图学会的提携和帮助。

一、开阔眼界,掌握第一手资料

参加中图学会组织的活动,第一个好处是开阔了眼界,并掌握第一手资料。许多经验介绍并不完整,不少数据也不完全客观,有些观点似是而非。所以,通过参加中图学会的活动,到各处实地看一看、学一学,特别是与馆员、读者交谈一番,会有不一样的感受、认识和判断。笔者在这些年中,跟随中图学会的脚步,与国内外同行进行经验交流、学术研讨，长了不少见识，学了许多真知，甚至发现了专业上一些常识的例外，使笔者摆脱了一开始的盲从，对专家的观点有了求证的勇气和精神，对同行介绍的经验有了去粗取精的判断。如笔者2012年跟随中图学会参加“中美图书馆专业交流”活动时发现，美国公共图书馆整体和某一个具体的图书馆，两者对“为所有人服务”中的“所有人”理解和界定并不完全一致。

二、长期规划和年度计划更具前瞻性

参加中图学会组织的活动，特别是连续几年参加新年峰会，与许多专家学者一起讨论图书馆的前沿问题，研究中图学会的年度重点工作，对笔者厘清这些工作的起因、思路、设计等帮助极大。笔者根据中图学会确定的重点工作，调整完善本馆的长期规划和年度计划，优化和调配资源，使之聚焦在中图学会重点工作的主线上，使本馆的工作计划更有前瞻性，更加契合主旋律。事实证明，其结果使本馆的发展方向不出现偏差，工作安排始终比别人快一拍，成效显著。

三、提升了本馆在本地和业界的地位

承办中图学会的学术会议和学术活动，使苏州图书馆从场馆、资源、服务、活动、管理等各个方面都展示在同行眼前，增加了苏州图书馆在媒体上的曝光频率，既扩大了在当地的影响力，从而在公共财政资金分配中占据有利位置，也可以得到业内专家学者的指点，并提升了苏州图书馆在业界的认知度，提高对专业人才的吸引力。2006年底前，苏州图书馆在编人员中硕士及以上学历的只有1名，连续几次招聘硕士、博士生均以无人报名应聘收场。2006年12月，苏州图书馆承办中图学会2007年新年峰会，10多位与会的教授详细了解了苏州图书馆的办馆宗旨、发展前景、组织文化等情况，纷纷介绍自己的学生前来应聘。至今，苏州图书馆具有硕博士学位的干部职工超过编制数的40%。

四、互相交流、取长补短

参加中图学会组织的学术活动，就是专家、学者、馆长等相互之间的思想交流和观点碰撞，可以第一时间获取他们研究成果、工作经验甚至教训，决策中既可以引入新的观点和经验，又避免重复别人走过的弯路。图书馆的服务人群地域性强，馆与馆之间不会形成利益竞争，因此，其他图书馆的成功经验完全可以"拿来主义"，只有共享、互相借鉴，而不存在抄袭。中图学会的各种学术活动为这种共享和借鉴搭建了非常好的平台，而且，中图学会的专题研讨会，一般都安排在取得成功经验的地区，具有现场会的性质。

五、锻炼提升了自身能力

至少从笔者的经历来看，参加中图学会组织的活动，有助于提升自身能力，包括研究能力、授课能力等。如笔者的授课能力，主要是通过参加志愿者行动而逐步提升的。记得 2006 年中图学会开展这个项目时，笔者刚担任馆长三年，还没有图书馆副高职称，不具备报名资格，因而既未报名，也不敢报名。但后来接到中图学会的通知，要求笔者担任"馆长实务"一课的讲师，并起草课件大纲。通过参加中图学会组织的一次又一次研讨会，在许多专家学者的帮助下完善了课件大纲。2006 年 8 月，笔者第一次当讲师，担心在讲授时脑袋出现空白误了大事，只能采用"笨办法"，事先把讲义全部打印在一本 32 开的活页笔记本上，以备晕场时救急。现在回想起来，中图学会对笔者有"赶鸭子上架"的嫌疑，但正因为如此，加上参与志愿者行动其他专家老师的帮助，笔者才能够迅速地锻炼出授课能力。笔者研究能力的提升，主要是通过与于良芝教授联合承担中图学会的几个课题而训练出来的。这两种能力，对于提升管理水平其实非常重要：授课能力强，口才就好，在沟通交流中可以准确表达观点，内部管理上容易达成共识，外部争取资源时容易说服领导，取得支持；研究能力强，判断就准，考虑问题更加全面，决策不容易出现失误。

笔者及苏州图书馆与中图学会有着良好的缘分。2004 年承办中图学会年会，正是中国公共图书馆百年诞辰、中图学会成立 25 周年、苏州图书馆 90 华诞。自那时起，国内公共图书馆赶上了大发展的好时候：国家实力增强，经济稳定发展，领导充分重视，方针政策配套，服务理念复苏，社会需求旺盛。中图学会准确地把握住了发展的脉搏和方向，规划、设计并组织了一系列的项目和活动，促进了图书馆学界和业界的融合，发挥了行业引领作用，在推动事业快速发展的同时，既成就了自身成为行业发展的引领者，也造就了一批知名专家和馆长，而笔者忝列其中，可谓运气爆棚。

时值中图学会 40 华诞，谨以本文，感谢中图学会的携手之恩。

变革与传统的纽带　融合与交流的媒介

——中国图书馆学会给我学术记忆印象最深的两件事

严　峰

中国图书馆学会(以下简称“中图学会”)之所以有着较强凝聚力和影响力,实际上是其自身长期以来卓有成效的工作而赢得的。我作为中图学会第九届理事,参加中图学会所组织学术活动的经历,深切地感受到,中图学会正是通过对全体会员和广大图书馆工作者长期的学术引领与服务,才成为了我们中国图书馆界业内人士信任的旗帜。在我近十年内的学术活动中,给我印象最深的记忆中,有两件事值得一书。

第一件事,参加中美图书馆服务研讨会和国际图联(IFLA)2011 年第 77 届年会。

2011 年 8 月 8 日至 8 月 12 日,受美国华人图书馆员协会的邀请,我参加中图学会组团,至美国参加中美图书馆服务研讨会,参访纽约公共图书馆、布鲁克林图书馆、皇后区图书馆、哥伦比亚大学图书馆和国会图书馆。8 月 13 日至 8 月 16 日,随中图学会组团,参加在波多黎各(Puerto Rico)首都圣胡安(San Juan)召开的国际图联(IFLA)2011 年第 77 届年会。中图学会精心并紧凑地安排行程,包括组织我们参加中文代表预备会议,参加开幕式大会,参观展览,还尽可能多的参加分会场活动,让我们感受到了这届图联大会活动主题广泛,交流发言丰富,交流方式活跃的实际成效。

这届国际图联大会的主题是:超越图书馆的图书馆:集成、创新与信息共享(libraries beyond libraries: integration, innovation and information for all)。参加此次学术活动,感悟很多,特别是国际图联(IFLA)2011 年第 77 届年会所提供的中文汉语同声翻译服务以及大会秘书处每天

严峰,现任中国图书馆学会第九届理事,研究馆员,曾任金陵图书馆馆长。

提供包括中文版本在内的会议简报，供代表们免费取阅，给我留下深刻印象。

随着中国国际地位的提升，中国在国际各种专业学术组织中的话语权，越来越成为我们中国学者关心的事情。在我的记忆中，1997 年，中图学会工作通讯报道称，在哥本哈根举行的图联大会上，由杜克同志率领的中国图书馆代表团，提交了“将中文作为国际图联工作语言”的动议提案。从那年开始，包括中图学会在内的中国图书馆界孜孜不倦地争取，2009 年 3 月 3 日，国际图联中文语言中心正式在国家图书馆成立，并将作为国际图联在中文语言区域的永久代表。

国际图联中文语言中心在推动国际图联的工作上，特别是对促进中文成员机构更有效的沟通，译制国际图联年会期间的国际图联快报中文版，翻译国际图联重要文献、指导方针、新闻稿以及图联大会的论文等，向中文汉语地域的图书馆工作者提供极大语言方面的便利，使国际图联更加开放地面对中国以及其他国家使用中文的同行，促进世界范围内同行之间的交流，起到了明显的作用。

在这届大会上，我幸运地享受到了这种语言上的便利。通过大会所提供的中文同声翻译，我听到国际图联主席艾伦·泰赛（Ellen Tise）在大会开幕式上说：“信息的普遍性以及对传统图书馆中馆藏资源关注的缺乏引发了一个新的趋势，就是重新定义空间并创造一个多元的图书馆。”正是这个语言同步翻译服务，让我及时地听到“重新定义空间”和“多元的图书馆”这一提法，这个话题也真的成为我之后在学术领域里去探究的方向，因为我们真的需要紧迫去思考图书馆如何应对飞跃发展的信息时代给图书馆这个古老行业所带来的机遇和挑战。

“中美图书馆服务研讨会”是由美国华人图书馆员协会（CALA）和中图学会共同主办的一项制度化专业学术交流项目。在美国参加中美图书馆服务研讨会期间，参访图书馆的过程中，中图学会的领队工作人员，在确定更适合我们中国图书馆人所关注的话题上，在方便交流的语言问题上，积极与美方沟通，获得他们的理解，聚焦中国图书馆人所关注的主题内容，以报告和讨论的形式，与中国图书馆员开展交流。

为使交流活动取得更好的实效，美方还特意注意与中国图书馆员语言上的沟通，每一家图书馆都特意把在各分馆工作的会中文的馆员都集中到交流会场，能用中文交流就尽可能用中文，不能用中文发言的，也尽可能在文字材料和演示文档上用中英文双语显示，以方便中国图书馆员阅读和理解。

例如，在美国国会图书馆，我们与居蜜博士进行了交谈，她是辛亥革命元老居正先生的孙女，时任美国国会图书馆亚洲部主任，著名华裔学者。她针对我们有的中国图书馆员关于信息网络的发展对图书馆这个传统事业的冲击而担忧的话题，谈了她的见解。她认为，越来越多的参考咨询服务，知识和信息的增长，使图书馆员的信息资源保存和编目技能变得更加重要，无论有多少人类记录的知识进入因特网，图书馆仍将在未来发挥重要作用。

无论是争取到工作语言的权益，还是尽量提供中文交流的语言环境，中图学会让我们的学术交流没有了生疏感。而我作为第一次参加中美图书馆服务研讨和国际图联年会（IFLA）的中国图书馆人，在参加学术会议中语言方面所感到的便利、自如和融入，恰恰是在享受着我们中国图书馆人多年努力和争取才得到的权益。

第二件事，提议将"提升图书馆员阅读和书评能力，把书评撰写能力作为专业能力去要求"列入2013年中国图书馆年会征文分主题和承办2013年中国图书馆年会之"馆员书评与全民阅读推广"分会场。

我于2011年起担任中图学会阅读推广委员会图书评论委员会主任。我一直在思考一个问题，那就是：图书馆馆员应该在全民阅读推广中起什么样的作用？翻看当时讨论图书馆如何开展阅读推广工作的一些文案，一般都局限在"组织读书活动""邀请专家学者举办专题报告""播放优秀影视作品""制订阅读计划""编制阅读书目""召开读者座谈会""提供网络浏览导航""策划阅读征文""交流阅读心得体会""主办读书交流栏目"及"推出精品图书展览"等方面，很少提及馆员应该以撰写读书随笔和书评的方式，向读者推广阅读、推荐好书。

而近现代以来，中国图书馆专家撰写书评是有着优良传统的。1927年李小缘就主张，好书评乃无偏见形容或解释书之内容，由图书馆专家自撰书评，则以求实详尽为上。这样的优秀传统，图书馆界应接受过来，发扬光大。

2013年中国图书馆年会学术会议围绕"书香中国——阅读引领未来"的主题，以"繁荣学术研究、促进学术交流和推动事业发展"为宗旨，针对图书馆如何在倡导全民阅读，提升国民素质中更好地发挥作用进行深入研讨和广泛交流。

我记得，在收到正式通知之前，我收到学会秘书处关于征求此次年会征文主题分主题意见和建议的函，我在反馈意见时提出，希望能把"提升图书馆员阅读和书评能力，把书评撰写能力作为专业能力去要求"反映在分主题中。因为我认为，一个不阅读的图书馆员，一个不会写书评的图书馆员，说他能够把图书馆的阅读推广工作做好，那是绝对不可能的。中图学会秘书处采纳了这条建议，把"馆员阅读与专业能力构建"列入年会征文的分主题。

11 月 8 日上午，2013 年中国图书馆年会第 14 分会场"馆员书评与全民阅读推广"在上海世博展览馆 7 号会议室举行，以"阅读，从馆员开始"为分会场主题，既是我上述主张的一次推广与实践，也是对图书评论委员会牵头举办的"最值得向读者推荐的一本书——馆员书评"活动做总结，分析点评、前瞻展望，对馆员的阅读、评论、提升做出方向性的引领。我强力推进开展"馆员书评"活动，得到了图书馆界和广大图书馆员的关注。从此以后，"馆员书评"活动更加活跃，我欣喜地看到中图学会有更多的专委会参与到这些交流之中，更多的阅读类刊物的出现，为图书馆员们提供了广阔的空间。

"学习型馆员"，请从读好书、写书评起步！这是我 2012 年提出的口号。到目前，我倡导的"馆员书评"活动，已连续开展到了第六个年头，已经成为中图学会在阅读推广领域中的一项品牌活动，它对全国的图书馆馆员提升阅读能力、提升书评撰写能力，产生了明显的示范和引导作用。

这项活动的成功举办，是与中图学会从领导到每一位工作人员，在推进学术民主上率先垂范，尽量更多地听取全国各级图书馆工作者的意见和建议，调动图书馆员学术动能的良好作风有直接关系的。

撰写这些值得回忆的事情，仿佛又让我回到当年情景，感受那曾经的精神享受。变革与传统的纽带，融合与交流的媒介，我作为中图学会的一名理事，真切地感受到中图学会给我们带来的学术春天氛围。我长期担任城市图书馆领导工作，所有工作实践上的创新，学术观点与理论上的突破，都是与中图学会作为全国图书馆人的学术家园所体现的真诚服务情怀分不开的。

"时在中春,阳和方起",如果说 40 年前,中图学会的建立,就像是春天暖和的气息刚刚来临的话,那么 40 年后的今天,"等闲识得东风面,万紫千红总是春",图书馆事业学术春天万紫千红的景象因有中图学会而点染。

砥砺奋进,再出发

应 晖

四十光阴弹指间,四十春秋换锦天。中国的图书馆事业千淘万漉虽辛苦,但在改革开放和国家高度重视文化繁荣的大背景下,亦是吹尽黄沙始到金。尤其是1979年,中国图书馆学会正式成立以来,充分发挥学会的组织力、协调力,积极倡导学术公正、独立,倡导奉献、创新、求实、协作的精神,引导图书馆行业科学健康快速发展。现如今,各地图书馆百花齐放,百家争鸣,呈万千气象,不仅是当地的城市客厅、文化驿站、市民书房,更是城市文化的地标、城市温度的所在、城市精神的凝聚。我作为一名文化战线上的老兵、图书馆行业新兵,能够共襄中国图书馆学会成立40周年盛事,感到非常的骄傲和自豪。

2017年底,我接受组织安排,调至杭州图书馆担任馆长。虽然真正进入图书馆行业还不满2年,但从事文化工作、全民阅读推广工作多年。曾主抓杭州市全民阅读活动、农家书屋、版权工作等,致力于杭州阅读风雅底蕴的展示,以及“书香杭州”正能量的传播;曾牵头组织杭州市历年各届读书节的开、闭幕式,成立了杭州民间阅读联盟组织、阅读空间等。相似的工作内容,使得我与图书馆有着千丝万缕的关系,与书籍和文字有着深厚的感情。也许,正是这样的缘分使然,兜兜转转中,我踏入了图书馆这个行业。

两年来,有幸先后被推选为杭州市图书馆协会理事长、浙江省图书馆学会副理事长及中国图书馆学会理事。这些称呼并不简简单单是一个职务,更是一份推进图书馆事业发展的责任。

两年来,我们在各级学会组织的各类活动中获得成长。2018年,在中图学会举办的馆员书评活动中,杭州市图书馆协会被授予了“优秀组织奖”,两篇书评获得一等奖,这是中图学会给予的肯定;2018年,杭州

应晖,现任中国图书馆学会理事,杭州图书馆馆长。

市图书馆协会被浙江省图书馆学会授予了“浙江全民共读”数字阅读推广活动“最佳组织单位”，这是省图学会给予的肯定；2018 年，在面向区、县（市）举办的 3 次全市性学术培训中，杭州地区 300 人次以上的业务骨干及协会会员受益，参与热情高涨，这是基层协会会员给予的肯定。

两年来，我们在各级学会相关的会议、研讨、学术交流中增强信心。我深切地感受到了中国图书馆学会作为我国图书馆界的引领者，在学术研究指导、推动事业发展、凝聚行业力量、培养专业人才方面的前瞻性和先进性，在对于全国构建现代公共文化服务体系和创新驱动发展战略中，起到了至关重要的作用。这是一个不断生长着的有机体，拥有着辉煌的纪录和历史的积淀。在这种图书界丰厚底蕴的支撑下，成就的是文旅融合背景下全国图书馆事业的一个新开始、新契机、新征途。

作为中国图书馆学会的一员，我一直在思考，如何更好地彰显公共文化事业推动者的身份，如何强化文化和旅游的融合叠加效应，如何在一以贯之的文化交流中迈出重要的“关键步”。全民阅读氛围需要互相促进、互相推动、互相进步，我同杭州地区、同浙江省、同全国各图书馆的同人们，为这一目标不断尝试和摸索。2018 年 10 月，首届中国—中东欧国家图书馆联盟馆长论坛在杭州图书馆成功举办，中东欧 16 国图书馆馆长和代表，中国 29 家省、市级公共图书馆馆长等 100 余人参加论坛，论坛上通过了《中国—中东欧国家图书馆联盟成立宣言》和《中国—中东欧国家图书馆联盟 2019—2020 年行动计划》，成立了中国—中东欧国家图书馆联盟，联盟秘书处落户杭州图书馆；2019 年 3 月，杭州图书馆李白诗词文化分馆开馆，这是基于文旅融合大背景下的实践，也是基于杭州本地特色公共文化服务的创新项目。

雄关漫道真如铁，而今迈步从头越。我们任重道远，我们前景光明。面向未来，每个中国图书馆学会工作者，必将共同努力，披荆斩棘，期望在新时代和新征程中，砥砺奋进，再创佳绩，为中国的图书事业发展尽自己的绵薄之力。

最是书香能致远

——学会工作的回忆与展望

徐益波

最是书香能致远。在图书馆这个书香飘逸、充满人文气息的环境里工作本身就是一件幸事，有效提升了我的工作能量和知识储备。在中国图书馆学会这个大家庭里，我又结识了许多图情领域的专家和同行，汲取了他们的宝贵经验，极大拓展了我的工作思路和创新路径。特别是近年来，图书馆学会通过举办各类形式多样的阅读推广活动，开展各种学术研讨和交流会，进一步加强了业界交流和业务创新，较好地把学会活动融入图书馆的各项业务工作中，充分发挥了其桥梁和纽带作用，扩大了图书馆工作在社会上的影响力。

2016 年 4 月，我担任中国图书馆学会阅读推广委员会社区与乡村阅读推广专业委员会主任，在这 3 年里，我和学会同人们一起奋进，一同努力，以推动基层民众阅读为己任，大力开展社区与乡村图书馆的阅读服务研究及阅读推广实践活动，为培养民众阅读习惯，营造全民阅读氛围，推动书香社会建设贡献了自己的力量。在这几年里，我们也做了一些针对性的阅读推广和宣传提升工作，积极发动、联合社会各界利用各自优势，开展面向社区、乡村基层的阅读推广活动，并从中发现和挑选出了一批优秀典型。其中让人印象最深刻，最有成就感和社会影响力最大的是“书香社区”“书香城市（区县级）”发现评比活动，活动策划的前瞻性、各方参与的积极性、评比内容的专业性，都让我深深感受到了图书馆人在推动全民阅读上的坚持与努力，以及全社会对书香城市建设的热情和期盼。

2016 年，我们第一次举办“书香城市（区县级）”系列活动，从前期标准的制定，到活动的正式启动，再到以开放式论坛的形式圆满结束，

徐益波，现任中国图书馆学会理事，宁波市图书馆馆长，副研究馆员。

我们感觉收获很多,活动成功挖掘和发现了一批保障体系完善、社会参与度高、创新性强、阅读成效显著的区县级书香城市,在全国树立了全民阅读的示范典型,在活动现场还开展了“书香城市(区县级)”论坛的开放式对话环节,专门邀请了北京市东城区、苏州市张家港市、宁波市镇海区等7个区县作为2016年书香城市(区县级)代表进行了分享交流和经验介绍,通过各自工作案例和经验的介绍交流,互相间产生了思想碰撞,并从中取长补短,产生了融合发展的良好效果。在第一次举办此类活动的成功经验后,2017年和2018年,又相继举办了“书香社区”评比发现活动和“书香城市(区县级)”发现活动,并开展了“书香社区”和“书香城市”论坛活动。活动规模和业界影响力逐年增大,2017年共吸引了全国126个社区注册,61个社区入围评审名单,最终40家社区成功入围2017“书香社区”发现活动名单。2018年又评选出了内蒙古自治区鄂尔多斯市东胜区等10个城市为“书香城市(区县级)”发现活动名单。在此基础上,在2018年中国图书馆年会上,还对书香城市(区县级)、书香社区发现活动进行了集中展示和宣传推广,进一步提升了“书香城市”和“书香社区”发现评选活动在社会和业界的影响力。

我们深知开展书香城市建设的目的是为了推动全民阅读,而全民阅读的目的是为了培养国民阅读的兴趣,养成良好的阅读习惯,提升综合素质。在工作中,我们还注重对活动内容的提炼提升,进一步总结工作经验,展示活动成果。2018年9月,编撰出版了《创新与融合——2016年“书香城市(区县级)”发现活动案例集》,通过汇集19个城市在推动书香城市建设方面的优秀做法和经验,展示书香城市的独特魅力,引导全民阅读活动的蓬勃开展。此外,还组织图书馆员工开展阅读推广人系列教材的《社区与乡村阅读推广》一书编撰,从对象研究、条件保障、推广活动、绩效评价、案例分析、服务规范、实践探索等方面对社区与乡村阅读推广进行了系统阐述与理论探索,从学术层面上进一步厘清了相关概念和意义,丰富和拓展了全民阅读推广的方法和方式,对进一步推进全民阅读在社区与乡村的开展起到了积极作用。

近几年,我们在社区与乡村阅读推广和服务提升方面做了一些努力和探索,但我也一直在深思与探索,图书馆学会作为图书馆与社会各界之间交流、合作、协调的平台,在新时代,如何更好地服务广大人民群众,体现“人民为中心”根本宗旨,如何更好地开展更有社会影响力和社会效应的活动，如何更好地体现其社会价值和行业引领力。

我认为首先学会要起到更强的指导功能。学会要在组织基础、行业建设、运行机制上都更加专业化、社会化与体系化，在日常工作更加注重各项工作的均衡化和常态化，积极发挥学会的团体优势和人才优秀，在全民阅读推广等方面注重分层指导和分类推进，进一步打造特色化品牌，提高服务效能。同时也要提高学会的引导功能。注重工作经验和活动的总结提炼，开展学术交流和业务培训，提升全行业人员的业务素质和工作能力。在全民阅读方面可系统开展阅读推广人培育和人才培养工程，通过阅读推广宣传进一步培养社会民众的阅读习惯，营造良好的全民阅读氛围，提升全民综合素质，真正发挥学会在公共文化服务体系建设中的作用。

好雨知时节　当春乃发生

——图书馆总分馆制落地中国的嘉兴故事

章明丽

我与中国图书馆学会的交集要追溯到2007年的12月12日——“双十二”这个日子早已载入中国史册。对我而言,这一天发生的事和这些事背后的人注定要铭记终生。

一、缘起

那年,北京大学的李国新老师参加完南京图书馆新馆开馆典礼后到杭州,他想到浙江省内走走,了解当地公共图书馆事业发展现状,时任中国图书馆学会学术研究委员会常务副主任的他同时也在为中国图书馆学会的“新年峰会”寻找案例。

浙江大学的李超平老师推荐他到嘉兴。在此之前,嘉兴图书馆老馆长崔泉森曾在李超平老师的博客上留言邀请,后来我又当面诚恳邀请,这些都促使李超平老师想来嘉兴实地看看嘉兴的图书馆总分馆建设。巧的是李国新老师也刚从文化部的一份舆情上看到关于嘉兴图书馆总分馆建设的报道,于是两人一拍即合,结伴来到嘉兴。

这一趟,对嘉兴来说注定是重要时刻,对推动全国的图书馆总分馆制建设也意义非凡。

记得当时,嘉兴的图书馆总分馆建设如火如荼,城区分馆和两个由市图书馆试点的乡镇分馆已取得成功。探索一开始是市图书馆的一种自发行为,是嘉兴图书馆人面对长期不能解决的由于城乡二元结构造成的“农民读书难”问题进行的基层图书馆建设体制机制突破性探索。

章明丽,现任中国图书馆学会理事,研究馆员,曾任嘉兴市图书馆馆长。

试点的成功引来了时任嘉兴市市长陈德荣到现场调研。当他亲眼看见乡镇的孩子们放学后奔跑着进入乡镇分馆，瞬间座无虚席时，感动地说："以前看乡镇文化站，无外乎唱的、跳的、看的，一眼就知道是人为组织的，今天来的读者是真实的，镇上有图书馆对农村孩子未来的成长影响是深远的。"作为全国城乡统筹的先行地，交通、卫生、教育等领域如何统筹，市长心里已有数，但城乡公共文化如何统筹还没有定论，市图书馆总分馆的探索提供了公共文化以城带乡共同发展的有效模式，市长当场拍板决定推广。交谈中，当我坚持一定要落实由总馆派出分馆馆长以实现集中管理时，市长对我说，对总分馆建设你怎么想的、有什么困难、有什么建议写份材料给我。三千多字的材料市长认真看了批了，于是嘉兴五县（市）二区乡镇分馆全覆盖开始了。

政府主导，是所有图书馆人的梦想，也是我们前期做试点时煞费苦心要达成的目的。就是这位市长，在 2003 年市图书馆搬入15 000平方米新馆并保留 6000 平方米老馆时，"吝啬"得没有增加一个事业编制。他有一个嘉兴市政府各部门皆知的"名言"："没钱没人，其他都好商量！有钱有人，你应该做好工作；没钱没人，能够做好事情才算你有本事。"可想而知，要想得到这位市长的鼎力支持是多么不容易的事！

总分馆建设的快速推进同时给了主管局领导和身为馆长的我巨大压力，"白＋黑"的日子开始了。我们珍惜这次极为难得的发展机会。对于这次总分馆建设，顶层设计的科学性与可操作性显得非常重要：在政府层面，可持续的总分馆管理体制如何建立？市、区、镇（乡）三级政府和县（市）、镇（乡）二级政府如何主导？如何规划？推进机制、保障机制、统筹机制、协调机制等都需要逐步建立起来，实践成果要转化为制度成果，最终转化为政府文件、市长专题会议纪要等。因此，每天"白天跑部门，晚上写材料"成为常态。在图书馆层面，如何有效推进五县二区公共图书馆事业的均衡发展，如何有效推行对乡镇分馆人财物的集中管理和统一的业务规范，实现把优质资源和专业的图书馆服务送到农村读者家门口的目标，要解决一系列问题，建立起相关制度、机制。因此，各种研讨与协调会议不断。在乡镇层面，乡镇分馆的选址、标准、布局、基础设施建设、设备采购、技术实现、人员培训等，都需要具体落实、过程管理、督查验收等。没有前车之鉴，主管局领导和我只能经常跑乡镇，反复探讨。在当时，还有一些政府官员对图书馆总分馆建设心存疑虑，而我是物理科班出身，做事容易较真，经常和领导争辩，有一次甚至在分管市长召开的协调会上与人直接争辩起来。因此，我们迫切需要全国一流专家的高位指导，两位李老师的到来真是及时雨啊！而这次指导以及由此而生的友谊延续至今……

2007年12月12日一早，我们一行人就奔赴余新分馆和王江泾分馆考察。我的兴奋点是总分馆，所以一直在谈论总分馆问题，我拿出一沓材料希望他们提意见，超平老师想留存，我坚持等文件正式出台后再给。后来得知她还是悄悄拿出刚买的iPhone2“偷拍”了部分材料，正因为这个“偷拍”，才拉开了她后来持续研究嘉兴总分馆制的序幕。为什么要建总分馆？怎样建？制度设计是什么？机制建设有哪些？有许多想法需要倾诉，一路而行，我不停地说，两位老师也很兴奋不停地问，超平老师当时还对两个分馆的社会效益进行了解读。

根据原定安排，下午要参观平湖市图书馆新馆和李叔同纪念馆，当地文化局领导得知后希望和专家见面。上午基本是我讲的，到了平湖我坚持一定要三人关门讨论，话题就集中在对总分馆模式的探讨上，这一次主要是我听。嘉兴总分馆叫什么我还是想低调一点，两位老师建议“嘉兴模式，索性就这么叫”，事后超平老师在她的博客上介绍了考察情况，“嘉兴模式”自此就正式叫出来了。让人感动的是，平湖市文化局领导们就坐在隔壁办公室等了一个多小时，所以三人关门讨论结束后，平湖市图书馆的马慧馆长决定取消后面的参观项目，让专家与领导座谈，用她的话说，“不然，心里不平衡”。这是专家与嘉兴文化系统的官员第一次坐在一起讨论图书馆建设问题，主题还是公共图书馆服务网络建设。嘉兴市已经建有较完备的四级公共图书馆网络，为什么还要建总分馆？讨论很热烈。由此可以看出，公共文化服务体系建设已经成为政府关注的热点。让人意外的是，平湖市文化局分管图书馆的局长居然也在关注李超平老师的博客，可见专家的影响力显然已渗透到政府官员之中。

李国新老师回京后很快给我发来了邮件。国新老师以专家的视野，站在学会工作的角度，谈了国内基层图书馆面临的困境，学会举办“百县馆长论坛”的初衷；谈到了学会对图书馆总分馆建设的关注，包括对苏州由行业推动图书馆总分馆建设所做探索的关注，并资助南开大学于良芝老师和苏州团队做专门研究；他敏锐地指出，嘉兴做法最值得关注的一点就是以“政府主导”来推动图书馆总分馆建设，认为这是中国公共图书馆服务体系未来发展的一个方向。国新老师还介绍说中国图书馆学会秘书处团结了一批专家学者，每年对中国图书馆界当时的热点问题和紧迫问题进行研究和部署，通过学会平台去推动中国图书馆事业发展。国新老师提出将“嘉兴模式”列入2008年中国图书馆学会“新年峰会”议题，并邀请我到会上介绍“嘉兴模式”的具体做法。

长长的邮件让我万分感动与感激，这份浓浓的对嘉兴图书馆总分馆制建设探索的关爱促使我把它打印出来交到了分管市长和局长们的手中。专家对嘉兴图书馆总分馆建设方向的肯定让我们倍感鼓舞，也为嘉兴方面统一思想、达成共识、坚定走下去增添了信心。

二、相交

中国图书馆学会“新年峰会”于2008年1月10日在山东大学举办。因为会议事先设定的议题已经由学会秘书处牵头做过认真讨论并且落实，因此效率很高。会议规模不大，参会的有文化部领导、著名专家、优秀的图书馆馆长，其中不乏我的偶像。以前只能在台下远远地仰望他们，今天终于可以近距离地交流请教了，真好！

那时，市场经济的浪潮席卷中国大地，图书馆“以文养文”成为常态，我对图书馆未来的发展深感迷茫。为了解惑，我经常翻阅专业杂志，甚至特地读了武汉大学的研究生班，并经常关注李超平的博客、老槐的博客等，直到看到国内图书馆界进行的“公共图书馆精神”大讨论、对无差别服务理念的倡导以及吴建中馆长所著《21世纪图书馆新论》的附录中大量的国外公共图书馆法、指南等内容时，才使我对公共图书馆的使命、愿景、核心价值观等重要问题的思考越来越清晰。当我得知坐在身旁的就是范并思老师（老槐）时喜出望外，特地告诉他《公共图书馆精神的时代辩护》一文对我的震撼。是的，虽然是在虚拟社区中，他们的博客或各类文章，对我的影响却是随风潜入、润物无声的。

第一次参加这样级别的学会会议，我内心难免忐忑，但在与会专家们的鼓励下很快进入角色，“政府主导、统筹规划，多级投入、集中管理，资源共享、服务创新”的嘉兴案例反响很好。当听到我说既然领导要快速推进，我就乘机向政府要人要钱，做强做大总馆才有能力辐射乡镇分馆时，与会代表都会心地笑了起来。事实上，嘉兴的各县级公共图书馆在乡镇分馆建设的浪潮中全部实现了跨越式发展。

会上对“图书馆总分馆建设”的争议出乎我的意料，思想火花撞击的激烈程度也超出我的想象。争议主要是两点，一是对“真正的总分馆”提法的质疑；二是对于良芝老师所提建议的分歧（学会决定在课题研究基础上向文化部提出在国内推行图书馆总分馆制的建议）。即有人不同意把真正的总分馆作为最佳建议提出去，反对者以陈力馆长和范并思老师为代表，多数人赞同。而我当时是赞同于良芝老师的，理由是基于对新中国成立以来农村图书馆建了关、关了建的历史教训的反思，要走乡镇图书馆专业化、可持续发展之路，我认为唯一出路只有“真正的总分馆”（紧密型总分馆制）。

到了今天，当我有机会走南闯北，接触到更多的基层图书馆，并了解到他们一直在为生存挣扎时，我更多地理解他们当时的想法了。范并思说，目的不是总分馆而是服务网络，这点我赞同。从道理上可以说，建设服务网络的方式应该是多元化的，并非一定是总分馆，但我认为最佳方式的确是总分馆，这已由发达国家图书馆服务体系建设所证明。而建设图书馆总分馆制，最好的选择，就是“真正的总分馆”。总分馆模式除了能够保障分馆的经费，还能保障规范管理，提供优质服务，只有实现总馆对分馆的人、财、物的控制权，总馆才有可能按照自己的专业意志去实施对分馆的管理和服务。

时至今日，国内还有不少经济落后地区的县级政府甚至市级政府仍没有能力解决当地图书馆的经费问题，总馆自身难于发展，则分馆建设从何谈起？2016年五部委下发的《关于推进县级文化馆图书馆总分馆制建设的指导意见》中，提的还是因地制宜建设总分馆，有条件的地方可以探索总馆统一管理或参与管理各分馆人财物。

现在，我认为关于图书馆总分馆制建设较为合适的提法是：明晰我国已经有多少种总分馆制，分析各种总分馆制的优势与局限，提出各种总分馆制适合推广的环境与条件，然后供各地参照或进一步优化。不过，有一点应当是坚持的：只有知行合一地先做起来，并有适当的超前意识，才有可能逐步达到理想境界。

会议的另一重要议题是推动公共图书馆免费开放，由浙江图书馆馆长朱海闽介绍。我暗自得意，嘉兴市图书馆早在2003年搬入新馆时已推出面向全社会的免费服务。还有一个重大事项是范并思老师介绍由他和首都图书馆馆长倪晓健共同起草的《图书馆服务宣言》情况。不久，中国图书馆学会通过《中国图书馆学报》发布《图书馆服务宣言》，在全国图书馆界引起强烈反响，普遍认为这是现代图书馆理念在中国艰难重建的结果。

借助这次会议，我第一次有机会把自己服务的嘉兴市图书馆放在全国的平台上让同行专家进行审视，有先进的经验，也有不足的地方，对照宣言，嘉兴图书馆人任重道远。

此次会议让我强烈地感受到在中国图书馆界，有一群忧国忧民、关心图书馆命运和图书馆事业发展的领导和专家，他们的殚精竭虑，让我有理由对中国图书馆事业的美好未来满怀憧憬。

会议上，我与学会秘书处的汤更生、卓连营等一见如故，鉴于图书馆总分馆建设正处于方兴未艾的发展阶段这一共识，大家一致同意在春暖花开的四月到嘉兴举办关于图书馆总分馆建设的会议。

会议快要结束的时候，天上开始飞舞雪花。

当年有一插曲是美国青树基金会也关注到了嘉兴的图书馆总分馆建设。2008年基金会主席赵耀瑜女士来嘉兴实地考察，考察时建议我说总分馆要通过开展大量活动吸引读者走入图书馆，并介绍了美国公共图书馆总分馆建设和开展活动的情况，自此嘉兴非常重视阅读推广活动的开展。2018年总分馆（市本级）活动达6000多项。目前，寻找合作伙伴让图书馆服务活动化、常态化、品牌化已成为城乡馆员的共识。基金会的职责之一是推动和资助中西部地区农村图书馆建设。基金会在甘肃、贵州等地的总分馆建设是从中小学开始，由县中总馆带动乡镇中学图书分馆，同时推动向社会开放的模式，引起我对总分馆建设多元化的思考。

三、推动

在中国图书馆学会推动及多方努力之下，2008年4月15日—17日，由中国图书馆学会和嘉兴市人民政府联合举办的“构建公共图书馆服务体系——嘉兴高层论坛”成功举行，引发业界与媒体的普遍关注，《人民日报》、《光明日报》、《中国文化报》、人民网、中国文化传媒网以及本地媒体均予报道。

这次会议的核心议题是关乎中国图书馆事业发展建设的重要问题——构建公共图书馆服务体系。

会议的目的是凝聚业界力量，搭建交流平台，汇集群体智慧，就我国公共图书馆服务体系建设中出现的典型模式与重大理论和实践问题进行深入探讨，为各级政府制定主导公共图书馆服务体系建设的方针政策，提供理论、学术、范例支撑，通过大众传媒向全社会传播公共图书馆服务体系建设是实现和保障公民基本文化权益重要途径之一的理念，推动我国公共图书馆服务体系建设进一步走向深入。

学会对本次学术研讨会议的形式进行了创新，先有馆长介绍，然后专家点评，这实现了实践和理论的结合。实践从中获得了指导，理论从中获得了充实。馆长和专家的紧密结合，通过良好的互动，体现了良好的学风。今天这样的会议形式已成为常态。

考虑到国情和服务体系建设的多样性，会议上安排介绍的典型案例大体可以分为三种类型：嘉兴、苏州、佛山市禅城区的做法，代表我国东部经济发达地区的成功探索；北京市西城区、上海市嘉定区的做法，代表大城市中心城市在公共图书馆服务体系建设方面的探索；黑龙江省、哈尔滨市、长春市的做法，代表我国中西部地区构建公共图书馆服务体系的做法。会议的讨论，聚焦集中，畅所欲言，气氛热烈，启迪甚大。

嘉兴市政府作为这次会议主办方之一，对这次会议的召开十分支持。嘉兴市副市长柴永强和浙江省文化厅领导出席开幕式，嘉兴市文广新局的王鸣霞局长和张颖杰副局长全程听会，许多代表说这在图书馆界会议上还是第一次。他们对构建包括公共图书馆在内的公共文化服务体系重要意义的深刻理解以及亲力亲为，给与会者留下了深刻印象和乐观预期。同时，中国图书馆学会秘书处的同志和专家们严谨踏实的工作作风、创新发散的思维以及快节奏的工作效率和满腔的热情、专业的水准，也给与会者留下了深刻印象。

会议期间也有插曲发生，主要是对“嘉兴模式”的争论。来自全国不同地方但都致力于推行公共图书馆服务网络建设的图书馆馆长，对

“嘉兴模式”大都看好，但也有少数专家认为“嘉兴模式”是准总分馆模式，是目前比较可能实现的模式，是权宜之计，并不是最理想的模式，认为多级投入必然增加管理的复杂性，意味增加管理成本，总馆难以适从，现在还无法预测长期运行的后果。

会后我分别给李国新、李超平、范并思、于良芝四位老师写了邮件，陈述嘉兴实行的是联席会议制度下的总馆馆长负责制，所有问题都在一年一次的联席会议上解决，会议形成纪要，由总馆执行，管理成本因此不高也不复杂。于良芝老师由此得出结论：嘉兴通过联席会议制度已实现责任主体和管理主体的统一。

十年一晃回首望，嘉兴的联席会议制度坚持至今，时间已证明这一制度设计的适切性：在三级政府的协同支持下，嘉兴的总分馆是生长着的有机体。2007 年建成的乡镇分馆正逐步提档升级，“室内空间改造新增亲子功能、信息设备升级新增体验功能、读者借阅新增自助功能、服务活动化成为新常态”，范并思命名的乡镇分馆 2.0 版现在已逐步朝“服务智能化、信息数字化、活动品牌化”、24 小时智慧服务与传统借阅于一体的乡镇分馆 3.0 版发展。随之变化的是镇长们对分馆建设的态度，如果说第一代乡镇分馆是被动建设，2.0 版就是乐于改造，当 3.0 版建设试点的高照街道（原高照镇）的书记、主任对我说，要建最好的分馆、不用考虑钱时，我带了街道领导、设计师跑上海的钟书阁、嘉定图书馆（以前是不可想象的）。今天这个 24 小时“不打烊”的图书分馆，每月到馆读者 2 万余人次，每月外借 1 万余册次，每月阅读活动精彩丰富。当油车港镇等乡镇街道的领导也说同样的话时，我意识到我们所处的外部形势已发生了巨大变化，今天的乡镇已经有了融资平台，“要建就建最好”的理念，也说明乡镇图书馆在镇长眼里的重要性。

多级投入的最大好处是各级政府都履行对分馆的责任，空降分馆馆长能够确保总馆政令的畅通，而对外打开局面却需要靠乡镇政府的支持，嘉兴通过联席会议很好地做到了，时间真的会解决一切。

同时在嘉兴召开的另一重要会议是志愿者工作会。“志愿者行动”是中国图书馆学会历史上一次面向全国公共图书馆馆长们普及现代公共图书馆服务理念的大规模行动，总分馆制是其中重要内容，更多的馆长通过培训了解了嘉兴、苏州、禅城的总分馆做法。这次行动在学会的历史上同样是值得浓墨书写的精彩篇章。

很快，时任中国图书馆学会理事长、国家图书馆馆长詹福瑞在《中国文化报》上发表了题为“好雨知时节，当春乃发生”的文章，文中称“嘉兴论坛”是围绕一个关键的主题，在适宜的时间、适宜的地点召开的具有特殊意义的理论与实践高度结合的研讨会，凝聚了图书馆人“润物无声”的实干精神和“源于基层”的创新睿智，体现了图书馆人智慧与服务的职业理念、普惠社会的人文情怀，它的成功举办，对于构建具有中国特色的公共图书馆服务体系，将会起到积极的推动作用和理论指导作用。

会后，许多未能参会的同行也纷纷来函来电索要会议有关资料。

四、影响

“嘉兴论坛”的影响力持续发酵，在专业力量、媒体力量和地方党委、政府的共同努力下，嘉兴的图书馆总分馆建设得到更高层领导的关注。同时，嘉兴的公共文化服务体系建设也形成跨越式发展，走在了全国的前列。

2008 年 6 月，时任浙江省委书记赵洪祝前来嘉兴考察总分馆建设，由此省内自上而下关注“嘉兴模式”。2011 年，我作为公共文化领域专家参加了由他主持召开的文化强省建设方案小型座谈会。

2009 年 4 月，文化部“全国农村图书馆服务网络建设工作经验交流会”在嘉兴召开，各省文化厅厅长、处长、省图书馆馆长等 200 余人参加会议。这次会议是基于专家呼吁、媒体报道，由业界推动上升到政府层面，以政府力量开始向全国推行图书馆总分馆建设，“嘉兴模式”也在更高层次、更大范围内得到关注。

2009 年 6 月，时任中共中央政治局常委李长春莅临大桥分馆视察，态度明确：“嘉兴的总分馆建设模式值得在全国推广，也为在我国公共图书馆领域的改革指明了方向。”

2009 年，嘉兴市图书馆成为浙江省委省政府公布的“首批浙江省创新团队”，在中国图书馆学会 6 位专家的悉心指导下，嘉兴地区 38 位图书馆馆员成立项目组，开展头脑风暴，进行课题研究。

这一年，我也有幸成为中国图书馆学会学术研究委员会委员，后来又成为中国图书馆学会理事。

2011 年,嘉兴市文化局(市图书馆)成功创建首批国家公共文化服务体系示范项目,“嘉兴市城乡一体化公共图书馆服务体系建设”项目三年后获全国第一。

期间,嘉兴市图书馆积极推进公共图书馆服务体系建设,形成“中心馆—总分馆”“图书馆联盟”“社会资源整合”三重服务体系。在学会专家主持指导下,完成制度设计“公共图书馆服务体系管理体制、协同机制、城乡统筹机制研究——基于东部发达地区嘉兴案例分析”。

2011 年 6 月,时任中共中央政治局常委刘云山到余新分馆视察,对嘉兴乡镇分馆建设进行调研,并给予高度评价:“你们为全国创造了一种新模式,为全国做了大贡献,嘉兴的文化建设走在全国的前列。”

同年,嘉兴市图书馆作为创新者,成功申请参与到比尔和梅琳达·盖茨基金会全球图书馆合作项目中,历经 3 年,16 个国家的 30 多名图书馆员共同学习、交流与合作。从此,我们具有了国际视野,也了解到发达国家总分馆建设情况,在新西兰、荷兰、瑞士,我们都发出了中国声音。基金会聘请了 6 位国际图联专家,新加坡图书馆管理局副总裁郑爱清女士成为嘉兴团队的指导老师,嘉兴总分馆建设的优化、分级阅读推广体系的建立和小型图书馆的改造都借鉴了新加坡经验。

2013 年,由中国图书馆学会和嘉兴市人民政府联合举办的第二次“构建公共图书馆服务体系——嘉兴高层论坛”召开,嘉兴承接了当年中国图书馆年会的会后会。经过五年多时间的发展,各地图书馆的总分馆建设延伸和拓展出现了许多新探索,又一次需要梳理总结与提升,各地馆长和专家们又相聚在南湖之畔共同研讨。会议很成功,许多参会人员留下了感言。

当时,国务院法制办的杨帆为立法调研也来参会,就总分馆建设是否写入《公共图书馆法》实地考察。当时,我也参与了中国图书馆学会承担的文化部项目“《公共图书馆法》立法支撑性研究”。在调研中,对国家图书馆到底是不是公共图书馆、总分馆建设是否应写入、图书馆读者信息获取自由等敏感性话题,我们开展了一系列的交流。对于《公共图书馆法》的立法工作,我也做了自己力所能及的工作。

2013 年,嘉兴市人民政府成功创建第二批国家公共文化服务体系示范区,三年后综合评价获东部地区第一。

期间,“文化有约”“文化馆总分馆”“两员队伍”等公共文化服务品牌成为嘉兴的新名片。同时,“公共图书馆中心馆—总分馆服务体系建设管理规范”的颁布,成为国内最早的“中心馆—总分馆”建设地方性标准。村图书流通站与农家书屋、文化礼堂的融合,让“一卡通行”“通借通还”通过手机得以实现,图书馆优质资源和服务向村一级延伸。市图书馆“公共文化服务与精准化服务”齐头并进的探索,诞生了科技、财税、法院、寺庙等众多主题分馆;乡镇分馆升级改造从 1.0 版向 2.0、3.0 版发展,空间舒适优美的分馆更受百姓欢迎。

而李国新老师已成为文化部国家公共文化服务体系建设专家委员会主任,他以专家的睿智影响着众多主管文化工作的政府官员,以创建国家公共文化示范区为抓手,推动中国公共文化服务体系建设的探索。而嘉兴作为创新实践探索基地,始终得到李老师团队的关注和指导,有问题找李老师已成为嘉兴市主管文化的政府官员的共识。

2016 年,“国家公共文化服务体系示范区创新研究中心”落地嘉兴,这既是一份光荣,也是更重的任务。

2017 年,“国家公共文化服务体系示范区文献信息中心”在嘉兴市图书馆建成。嘉兴,又有了服务和奉献全国的机会。

2018 年中国图书馆年会上,“国家公共文化服务体系示范区创建城市图书馆联盟”成立。

这一期间,嘉兴相继接待前来调研或考察的中央文化政策研究所、中国社科院等专家学者,为制定国家公共文化政策、丰富图书馆总分馆建设理论做出了贡献。

同时,嘉兴成为浦东干部学院考察基地,全国各地更多的领导在中央党校学习时了解了“嘉兴模式”。当学员们在乡镇分馆考察了解到“嘉兴数字图书馆”有 50 多个数据库、有“知网”能够免费检索到学习所需要的论文并得知读者在家里同样可以实现阅读需求时,非常羡慕。

来自全国各地图书馆同行等参观考察到今天仍然络绎不绝,仅在 2018 年就接待了 73 批次参观学习。

媒体宣传也极为火热,国内各重要媒体对嘉兴的探索都有报道,嘉兴的图书馆总分馆建设甚至四上新闻联播。

与此同时，嘉兴市图书馆团队和我不断成长，在学会专家的指导下，我率领的团队先后主持或参与十多项国内外重大课题（项目）研究，并收获了十多个省部级荣誉。

五、结语

回望嘉兴图书馆总分馆建设的起步、成型直至成熟，是多方力量凝聚和持续发力的成果，以李国新、李超平、汤更生、范并思、金武刚、于良芝、卓连营等为代表的中国图书馆学会的专家对嘉兴长期的真诚关爱和高水平的专业指导是其中极为重要而不可或缺的力量。在我有幸近距离接触这批可爱可敬的人时感触更深，这批图书馆界的狂人们的时间效率常常被发挥到极限，饭桌上、晚上被挤占的睡眠时间都在激情地讨论。对于他们，讨论是思想、情感的集中释放，是高效率的头脑风暴。而每一次我都收获满满、充满激情，这样的状态持续了很久。

中国图书馆学会对图书馆长们的培养也值得一说。以李国新老师为例，当我今天查看邮箱，发现和李国新老师交流的邮件已超出百封。当2008年在北京参加“中图学会和中欧信息社会项目”会议上看到他在修改苏州、黑龙江的材料时，我忽然意识到李国新老师是全国（公共文化领域）的专家，自此才开始尽量少麻烦。每一次见面，我都下载他的资料，回去慢慢学习消化。今天回想李国新老师在繁忙的工作之余对我们这些基层图书馆馆长的请求毫不推辞、有求必应、悉心指点，一定是想培育“革命的火种”，星星之火燃遍原野才有力量。今天，图书馆总分馆建设的熊熊之火已在中国大地燃起，我想这是李国新老师等领导和专家最乐于看到的。

事实上，“嘉兴故事”只是中国图书馆学会所催生的百花中的一束而已。在中国图书馆学会的历史上，新年峰会、百县馆长论坛、青年论坛、志愿者行动、总分馆、立法支撑性研究、图书馆服务宣言等都将载入史册。策划者所花费的时间和心血，我虽然没有亲身见证，但还是知道不少，他们表现出的崇高的职业责任感和使命感让人钦佩万分。我相信，正是这种责任感与使命感激励着中国大地上如我这般的成千上万的图书馆人为了图书馆事业踏实前行，创新奋进。

感谢学会！感谢在这个平台上结交的人和他们做的事！

谨以此文纪念火红的日子，也纪念学会成立四十周年。

管理书城六十载，一代师表启后昆

——追忆中国图书馆学会第一届理事、福建省图书馆学会第一届理事长金云铭教授

方宝川

金云铭(1904—1987)，字宁斋，福建福州人。福建师范大学图书馆原馆长、教授，近代著名图书馆学家，中国图书馆学会第一届理事会理事、福建省图书馆学会第一届理事会理事长。

金云铭先生自幼生活在穷苦的农民家庭，靠着勤奋和不懈的努力，以优异的成绩毕业于福州鹤龄英华中学。1924 年，考入私立福建协和大学社会学系。入学不久，即以勤工俭学的身份担任该校图书馆的管理员。由于其认真的工作态度和日常工作中流露出的对于图书馆事业的热爱之情，毕业之后即正式留校担任图书馆馆员，成为该校图书馆第一个中国籍的正式馆员。从此，以馆为家，徜徉在书的海洋，构建并追逐着自己图书馆王国的梦。

金云铭先生在福建协和大学图书馆工作之初，由于当时没有统一的图书分类法可遵循，他就深入研究美国杜威(M. Dewey)的十进分类法，结合我国传统的经、史、子、集四部分类法等，编成《中国图书分类法》和《著者符号编列法》，于 1928 年 6 月初版，后经多次修改、补充，类目增至 15 000 多条。该《分类法》第一次提出了按著者姓氏笔画排列的著者著录法，简称“金氏分类法”或“金法”，在当时的国内外产生重大的影响。“金法”被福建师范大学图书馆等采用达半世纪之久，直至 1974 年全国统一使用《中国图书馆分类法》后才被改用，但福建师范大学等院校图书馆的古籍及民国时期图书的分类至今仍保留此法而未改编。

1934 年，金云铭先生被任命为私立福建协和大学图书馆主任。

方宝川，现任中国图书馆学会理事，教授，曾任福建师范大学图书馆馆长。

1938 年,受抗日战争影响,福建协和大学由福州迁往闽北山区的邵武。金云铭先生全面负责组织福建协和大学图书馆的图书搬迁工作。在极端困难的条件下,雇用二十条木船,把绝大部分的珍贵典籍安全运抵邵武。同年,即在邵武校区负责主持筹建两层的图书馆大楼,并以福建协和大学的第二任校长高智(John Gowdy)之名,命名为"高智楼"。该楼成为抗战时期福建协和大学邵武校区的标志性建筑。

1945 年 8 月,抗战胜利,日本无条件投降。福建协和大学迁回福州原址办学。金云铭先生同样全面负责组织福建协和大学图书馆的回迁工作。在很短的时间内,他组织人钉了几百只大木箱,把所有的图书装了进去。学校还拆掉几座简易房舍,钉成木排,以运送图书馆家具和书架。当时在回迁的过程中,从南平地区到福州必须通过闽江水路,水中暗礁四伏,万一触礁,就会船毁人亡。历尽千辛,全部图书资料均平安抵达福州校址,并经过整整两年时间的整理,才将全部书籍归类上架。

金云铭先生在福建协和大学图书馆任职期间,除了图书馆学研究与管理实践之外,还以搜集福建乡邦文献为己任。早在 1931 年 12 月,他就参与筹办私立福建协和大学的《福建文化》季刊,后任主编。在整理福建协和大学图书馆专藏清朝末代帝师陈宝琛赠书的"陈氏书库"基础上,陆续于福建协和大学校刊《协大学术》及《福建文化》等刊物上,撰写发表了《本校陈氏书库福建人集部著述解题》《福建协和大学陈氏书库所藏清代禁书述略》《福建文化研究书目》等大作,为专门研究福建地方文献及闽人著述开风气之先。

1948 年,金云铭先生获得美国哈佛大学燕京学社奖学金,被福建协和大学选送赴美国哥伦比亚大学图书馆学院攻读图书馆学硕士学位。在美求学期间,他详细考察纽约大学图书馆的管理、藏书等各方面情况,最终写成毕业论文《纽约城大学图书馆报告》。该论文对美国纽约大学图书馆的制度和管理特点进行了详尽深入的阐述和研究,由此获得了图书馆学硕士学位。

1949 年 9 月,金云铭先生在美国得知福州解放,中华人民共和国即将成立。此时,美国哥伦比亚大学中文系主任富路泽教授(Prof. Groodrich)已正式聘请他在该校图书馆中文部任职,并鼓励他继续攻读图书馆学的博士学位。然而为了新中国的建设,他毅然放弃了哥伦比亚大学图书馆的聘约,历经千辛万苦,终于当年 12 月 5 日,辗转回到福州。

回国后，继续担任福建协和大学的图书馆主任。

1951 年，私立福建协和大学、私立华南女子文理学院、福建省立师范专科学校等合并成立福州大学。1953 年，福州大学更名为福建师范学院。金云铭先生初任福州大学图书馆采编科科长，后任福建师范学院图书馆副馆长。当时馆长由原私立华南女子文理学院院长王世静教授担任，实际馆务则均由金云铭先生主持。在担任福建师范学院图书馆副馆长期间，他十分注意提高图书馆管理人员的业务水平，亲自讲授“图书馆图书组织”“图书检字法”“图书目录学”“版本学”等课程。1956 年，金云铭先生还亲自负责设计并筹建福建师范学院长安山校区的图书馆大楼。1958 年，新馆落成。该图书馆大楼至今依然屹立在长安山脚下，依然是福建师范大学长安山校区中旧楼群的标志性建筑。

1960 年 3 月，福建省政府正式任命金云铭先生为福建师范学院图书馆馆长。这期间，他的足迹遍布北京、上海、苏州等各地古旧书肆及福建私家藏书楼，网罗丛残，搜辑遗佚，同时悉心收藏了为数不少的历代名家书画和碑刻拓片，使当时的福建师范学院图书馆藏古籍文献蔚为大观，尤以福建古代地方文献及闽人著述最为丰富，驰名东南。至今部分秘籍佳本，以专制木箱庋藏，缥缃琳琅，古朴书香，不乏稀世珍宝。同时，他长期坚持爬梳抉剔，钩玄提要，编目叙录，启示津梁。尤其是为了承传福建乡邦典籍，发扬桑梓文化，他主编了《福建地方文献及闽人著述书目》，著录了有关书目 1800 多种。对学术界研究福建地方史奠定了坚实的文献史料基础，具有特别重要的学术参考价值。后又陆续撰写了《宁斋序跋集》，以序跋的文体，叙录了福建师范学院图书馆馆藏 94 种古籍善本的版刻源流、作者概况、内容提要、得书缘由等，使得馆藏珍稀文献，发扬深显，嘉惠士林。

“文革”初期，福建师范学院停办，图书馆被封存，金云铭先生被扣上了种种罪名。虽然深受迫害，却能处之泰然，未尝有戚戚乎其心而汲汲乎其言者。在这种境况中，他毅然坚持工作，在封馆期间还组织了部分留校的老教师对存书进行了一次全面清点，为保护图书馆的藏书不至于散失，呕心沥血，奇迹般地把图书馆馆藏几乎完整地保存了下来。

1972 年，福建师范学院复办，更名为福建师范大学。金云铭先生回馆工作后，主编了《台湾、琉球资料联合目录》。1973 年 2 月，又主编《南海诸岛资料联合目录》，以历史、地理、统计、辞书、年鉴、中外地图、越南文献和西方文字资料等坚实丰富的文献史料事实，强有力地论证了钓鱼岛、西沙、南沙等南海诸岛自古以来就是中国神圣不可侵犯的领土，从而获得了中央有关部门的嘉奖和社会各界的好评。

1978年，福建师范大学正式发文《关于为金云铭同志平反的决定》，推翻了“文革”期间强加在他头上的一切不实之词，彻底平反，恢复名誉。已经74岁高龄的金云铭先生，复任福建师范大学图书馆馆长。1979年，当选中国图书馆学会第一届理事会理事、福建省图书馆学会第一届理事会理事长。

1981年，他不顾年事已高和日益衰弱的身体，以福建师范大学历史系教授的身份，为该系辅修史料学专业的学生讲授“图书分类法”“中国书籍发展史”等课程，并为参加福建省高校图书馆第一期业务培训班的学员授课。1982年，又为福建师范大学图书馆工作人员讲授古字画鉴定等课程。1983年2月25日，福建师范大学隆重举行“庆祝馆长金云铭教授八十寿辰暨从事图书馆工作六十周年大会”。与会的领导与专家学者对金云铭教授的工作经历、学术生涯及其研究成果，尤其是对福建近现代图书馆事业发展的贡献，做出了全面的总结与极高的评价。1986年，82岁高龄的金云铭先生因身体健康原因，从福建师范大学图书馆馆长任上光荣退休。

综上可见，金云铭先生从事图书馆工作六十二年，将自己毕生的心血和精力，全部奉献于中国的图书馆事业，实现了作为一位中国图书馆人的梦的追求。究其初心与缘由，诚如他在《书城六十载忆旧录》中所说的：

> 我今年八十三岁了，从事图书馆工作也已逾六十年。我在《七十诞辰书感》诗中，曾说自己是“书城半纪愧淹留”，那是实在的话。我一生平平凡凡，在半个多世纪的时间里，天天只知和书打交道，没有做过什么惊天动地的事。图书馆以其所藏的知识资源为社会的物质文明与精神文明服务，为人们的精神与文化的需求服务；简言之，它的工作便是服务。由此看，图书馆工作很有点“为他人作嫁衣裳”的味道。但是，在当今的世界上，凡是图书馆事业落后的国家，它的科学文化水平大抵是不高的。因此，图书馆事业虽默默无闻，但从一定的意

义上来说，它却支撑着文化与科学技术的大厦。我想，正是基于这个认识，我才把自己一生所有的精力和时间全部献给了它。

他还在这篇《书城六十载忆旧录》的最后“赠言年轻图书馆的工作者”：

首先，图书馆工作是为读者大众服务的，所以，从事这个工作的人必须树立起全心全意为人民服务的思想，不求名，不求利，甘以一生为人作嫁衣。对读者提出的任何问题，都要热情、耐心地给予回答……为读者释疑解难的过程，也就是自我学习、自我提高的过程。日积月累，就会广拓视野，丰富知识，获得许多学问。“做别人事情，学自己的功夫”，这句俗话说的就是这个道理。

其次，要做一个称职的图书馆员就必须勤字当头，勤于学习，博闻强记，这是做好工作的基础。每见到一本书都必须先翻翻它的目录，看看它的内容提要（当然不需要精读）；这样，对这本书有了一些印象后，遇到读者发问，回答时就较有把握……“开卷有益”，要牢牢记住这一点……对一个图书馆员来说，最快乐的事莫过于能在最短的时间内，为读者找到他所需要的书，为读者提供方便。

再次，就是不论在什么情况下，都要有良好的服务态度。读者是图书馆的“顾客”，对“顾客”就是热情诚恳，要以礼相待，要与之很好地合作；任何时候都不能有丝毫的急躁，急躁就会拒人于千里之外。

在此与年轻图书馆工作者共勉赠言，至今对从事图书资料工作的人依然未过时，具有很强的职业针对性和现实指导意义。

总而言之，金云铭先生的一生，管理书城六十载，自行设计建造了两座图书馆，独创“金氏分类法”；矢志搜集福建乡邦文献，网罗闽士丛残，胸怀万卷，书海导航；视图书馆事业与学术研究为安身立命之乐土，著述不辍，立言弘博；培养人才，启迪后昆，春风化雨，桃李成林，一代师表，图界楷模。

笔者作为福建师范大学图书馆的晚辈后学，1981年，在福建师范大学历史系就读辅修史料学专业时，就受教于金云铭教授；毕业入馆工作之初，曾趋庭拜谒金馆长，又旁听了古字画鉴定等课程。韶光如流水过去，中年已倏忽而至。在时隔近四十年之后，追忆当初如坐春风，聆听教诲的日子，金云铭先生的谦和儒雅、安贫乐道、博古通今、持志弥坚的形象与精神，至今依然如在眼前，感佩不已！

旗山葱葱，闽水泱泱，先生之风，山高水长！

三届有幸*

——对“武夷论剑”的一点回顾

萧德洪

2006年9月，中国图书馆学会理事长会议决定在福建省武夷山市举办中国图书馆学会第三届青年学术论坛，来函指定厦门大学图书馆作为协办单位，我便答应了下来。厦门和武夷山虽然同处福建省境，但一个闽南一个闽北，过去要坐一个晚上的火车。而各地的代表要抵达目的地，也只有北京、上海等少数大城市有航班直达，大部分只能乘坐火车上山。这会议筹办还是不方便，于是我想了个主意，让武夷学院图书馆也来协办，因为与武夷学院的馆长徐俐华是好朋友，再加上徐馆长的直接领导裘国伟副校长也很爽快，对图书馆发展高度重视，便呈请学会秘书处发函商请。再加上福建省图书馆学会的支持，或者还能借到公共图书馆界的力量。

其时的厦门大学图书馆也在探索图书馆的转型，一个明显的方向是用数字图书馆项目来带动发展。一种来自馆员自发学习、自觉创新、自下而上推进图书馆转型发展的所谓图书馆2.0文化已在馆内形成，来自一大批馆员的创新项目也有一定进展，当时馆里推出了所谓数字图书馆的四个支柱项目，即新架构的图书馆集成系统、知识发现解析系统、学术典藏库系统和WiKi知识库系统，也确实有了眉目，这种馆内的组织文化正好也呼应着学会理事长会议确定的第三届青年学术论坛的主题——“在创新中成长”，因此我想这可能是理事长们选择厦门大学图书馆作为协办单位的原因之一。

当然我想还有一种历史原因让第三届青年学术论坛选择了福建和

---

* 标题“三届有幸”取自时任中国图书馆学会秘书长汤更生女士写来的一封电子邮件。

萧德洪，现任中国图书馆学会理事，研究馆员，曾任厦门大学图书馆馆长。

武夷山，那也是学会秘书处同志们的用心。青年论坛的首届选在郑州，有嵩阳书院，第二届到绍兴是因为古越藏书楼。参加第二届论坛的一位同事回来后跟我说，这次会议不但凭吊了藏书楼，还重温了兰亭上曲水流觞的雅事，由此已使我对青年论坛崇敬了起来。我想，到了武夷山，何止是曲水流觞，简直就可以九曲棹排；也应不止这个，山上有武夷精舍，那是理学大师朱子宣教论道之地，选择这里自然是因为要借此地行“居敬存养”与“格物穷理”事，以完成历史时空的对话，为图书馆找到更好的道路，于是不由得踌躇满志起来，仿佛铁肩担了道义，须“聚高山之巅，展雄辩之才，继大道之行”。

那时的中国图书馆学会秘书处秘书长汤更生、副秘书长顾文佳，还有胡秋玲、卓连营、吴悦等老师都是新意不断，我们用了接下来的两个月时间紧锣密鼓地进行会议设计，不断动脑筋、出点子，主要想的就是怎么去调动大家积极讨论，比如出题辩论，让大家参与进来，不致像有的会那样大多数人只带耳朵来开会。又比如，让参会者张贴自选话题，以投票的方式选出其中的四个话题作为会议分组讨论的选题。不知道是谁出了个主意，我们把参会人员按武夷山的“天游峰”“大王峰”“水月亭”等景点命名每三人组成的20个小组，互相辩论，最后评出本次会议的“学术之星”“创意之星”“论坛之星”等奖项，以团队协作激发大家的参会热情，强化青年论坛倡导的勇于交流的精神。最终我们通过电子邮件往来确定了会议的日程，确定了论坛的各种话题和主持人。我们还特别设计了“幔亭夜话”环节，邀请当时福建省图书馆学会理事长、福建省图书馆谢水顺书记，他是福建刻书史研究专家，在幔亭峰下借着夜色给青年馆员讲述武夷刻书的历史。到筹备的最后阶段，秘书长跟我说，我们已经为学会会议开创了从形式到内容的创新，会议的包袱还没抖开，就已经觉得这会有了让人着迷、过瘾和珍爱之处。

学会理事会特地邀请了首都师范大学图书馆馆长胡越（时任学会副理事长），北京大学李国新（时任学术研究委员会常务副主任），南开大学于良芝、柯平，中山大学程焕文，中国科学院张智雄，浙江大学叶鹰和北京邮电大学代根兴等一批学有所成的图书馆学教授上山指导，但没有安排他们来做报告，会议的主要方式是讨论，因此他们这次是唱配角。10月30日至11月2日，中国图书馆学会第三届青年学术论坛在武夷山的世纪桃源饭店按计划召开，开幕式只进行了20分钟，学术讨论却夜以继日地开了三天半。各省经过推荐和论文征文入选一、二等奖的青年馆员60余人,加上前述的指导老师共约80人,围绕着图书馆理念创新、服务创新、管理创新三大主题和“青年图书馆员成长的烦恼”“易中天品三国的启示”等四个自选话题开放讨论,进程热烈而流畅、丰富而多彩。由厦门大学图书馆馆员谢明诠、陈晓亮、李剑组成的所谓“全亮剑”组合协助学会首创对学术活动的网上直播,实现了场内与场外实时互动,引起图书馆界的广泛关注和积极参与。次年夏天,学会再度邀请由厦门大学图书馆青年馆员组成一个六人直播组赴兰州协助学会学术年会的直播。

李国新教授对这次会议有个总结,他说:“创新也是这次青年论坛最突出的特点之一。这次论坛已经出现了许多在中国图书馆学会青年论坛历史上,乃至于在中国图书馆学会历史上堪称首创的形式和方法。”李超平教授也在其博客记述到“……他们在场上热门着,我们在场外看热门”,“今年的亮点是什么?自然是会议形式的升级,我把它命名为‘青年论坛2.0’,会议不安排主旨报告而以与会代表为中心,座席排成上海城隍庙的九曲桥以利于现场互动,网站现场直播和博客现场直播并接受现场提问,其实博客的现场直播还附带了一个功能——场外观众的现场点评”。

我们本来想的“武夷穷理”道场,就这样被全体参会者衍化成了一场“武夷论剑”。

革故鼎新谱华章，春晖普照再启航

——纪念中国图书馆学会成立四十周年

郭秀海

四十年前，改革开放的春风吹响了我国文化事业发展的号角。一群有理想、有追求、有情怀的图书馆人聚集在一起，怀揣着繁荣图书馆学术研究的初心与梦想，肩负起推动图书馆事业发展和社会进步的时代使命，成立了中国图书馆学会（以下简称“学会”）。

四十年来，学会在改革开放的洪流中上下求索，开创了良好的发展局面，真正成为我国图书馆行业组织机构最健全、学科分布最广泛、具有较大影响力和凝聚力、具有权威性和公信力的现代科技社团。图书馆事业的不断创新发展，赋予了学会新的时代精神和责任担当。一代又一代学会人不忘初心，不辱使命，接续奋进，开拓创新。正是这种初心的滋养和传承，使学会在继承中创新，在创新中发展，真正成为我国图书馆事业蓬勃发展的重要推动力量。

学会在光辉的四十年岁月中，始终勇立时代发展潮头，取得了光辉卓越的成就，做出了无愧于时代和历史的贡献。作为学会的一名资深会员，一个学会四十年辉煌历程的亲历者，我深刻体会到学会的发展离不开诸多方面的因素：一是广大图情工作者的参与和奉献。改革开放激发了图情科技工作者投身图书馆事业的使命和担当，正是这种力量，为学会发展注入了源源不断的新鲜血液。四十年间，学会中涌现出许多优秀会员代表，他们在各自从事和研究的领域，苦心钻研，勇于开拓，成为图书馆领域研究进步的实践者和带头人，在中国图书馆事业进步和学会发展进程中书写下一篇篇精彩华章。二是植根和服务于图书馆行业的工作理念。行业是学会生存的土壤和根基。面向行业主阵地、面向行业科技发展前沿、面向广大图情工作者的需求是学会工作的出

郭秀海，现任中国图书馆学会理事，济南市图书馆馆长，研究馆员。

发点和落脚点。学会在学术交流、政府决策咨询、科学普及、国际合作、教育培训、阅读推广、古籍保护等领域精准发力，着力在服务学术交流平台建设上下功夫，构筑了定位精准、特色鲜明、服务有效的全国图书馆学术服务平台体系。三是坚持改革创新，与时俱进。改革创新既是图书馆事业发展的不竭动力，也是学会发展的内在动力。随着新一轮科技革命与产业变革不断深入，大数据、云计算、人工智能、物联网、移动互联网等新一代信息技术成为图书馆技术建设和读者服务的重要基础，学会作为我国图书馆事业的重要引领者，在实施创新驱动发展战略、统筹推进重大文化项目、图书馆创新能力建设和阅读推广等方面发挥了巨大作用。

进入新的历史时代，我们欣喜地看到一座座匠心独具、气势不凡的图书馆新建筑拔地而起，不仅发展成为城市文化新地标，更见证了我国图书馆事业的蓬勃发展。作为一名图书馆人，我们也更加深刻地认识到，我国图书馆事业的发展，不仅是图书馆建筑外形的日新月异，其真正的演进在于内在功能的不断丰富、社会价值的不断提升、发展模式的不断优化，而这一切都离不开中国图书馆学会同人们辛勤耕耘和默默付出。正如著名图书馆学家阮冈纳赞所言："图书馆是一个不断生长的有机体"，学会就是其生长的动力源泉。

新时代赋予新使命，新作为呼唤新担当。党的十九大开启了新时代建设中国特色社会主义现代化强国的新征程，明确了中国特色社会主义进入了新时代。习近平总书记在党的十九大报告中提出"坚定文化自信，推动社会主义文化繁荣兴盛"，为我国图书馆界的发展指明了方向，提供了根本遵循，我国图书馆事业发展已站在历史新起点，即将开启新征程。为此，在中国特色社会主义新时期，学会应继续秉承"扎实推进图书馆事业繁荣与发展"的初心和使命，守正创新，以高昂的斗志和崭新的姿态，认真履行新时代赋予的新职责，对标国际一流学会，以更加开放的视野和胸怀，不断提升政治引领力、战略支撑力、群众组织力，团结和引领广大会员和图情工作者在图书馆事业发展进程中砥砺奋进，在建设文化强国的伟大实践中奋发有为。

一是做好承接政府转移职能。学会依托其学术权威性、社会公益性、行业公认性和第三方评价的公正性等属性，不仅是参与社会治理的重要力量，也是社会治理的重要主体。2017 年开展的"县级以上公共图书馆评估定级工作”是学会有序承接政府职能转移工作的重要尝试。通过评估定级工作促进了图书馆建设，增强了社会公众对公共图书馆的了解，进一步扩大了公共图书馆的社会效能。同时，学会是图情工作者自己的组织，因此学会承担政府转移职能在一定程度上为图情工作者提供了更深入地参与社会发展事务的机会。随着政府简政放权工作思路不断深入，学会有序承接政府转移职能的不断增多，学会自身也要做到“社会服务不放空，持续监管不放松”，实现让政府放心、社会满意、图书馆人认可、图书馆事业可持续发展的目标。

二是建设图书馆创新智库(即图书馆发展信息中心)。培育好各类型图书馆的数据库、信息库、知识库等基础性资源，推进专题型数据资源库建设，着力构建起相关学科专业人才服务队伍，打造具有图书馆特色的高水平创新智库服务。围绕国家、行业重大战略，信息科技前沿创新，公共服务新业态等领域，为政府和相关机构提供具有重要价值的决策建议和政策咨询服务。同时，打造出高端学术交流平台体系，紧紧围绕国内和国际图书馆事业发展的重点、热点和一些相关学科发展前沿，积极整合优质学术资源，着力拓展和丰富图书馆学专业学科系统。

三是强化学会国际化发展。在全球图书馆行业转型升级的时代背景下，国际交流合作是促进图书馆创新发展的重要动力源。因此，学会要站在全球视野下谋划事业发展，积极地实施对外合作战略，采取“请进来，派出去”的方法与各国同行建立实质性合作，不断强化学会的国际化交流属性，将目前单一、小范围的交流形式逐渐发展为良性的、全方位、多层次、多形式、大规模的交流合作模式，在交流中不断汲取国际同行先进经验等有益资源，为促进我国图书馆持续快速发展提供外部资源依托。同时，积极参与国际学术研究，适时承办国际性大型学术会议，支持和鼓励优秀会员在国际图联及其分支机构任职，创立面向国际的图情专业奖项等。通过多种途径的国际交流与碰撞，实现优势互补，展示好中国图书馆界的声音，为图书馆领域的国际发展贡献中国智慧，全面提升我国图书馆的国际学术地位。

四是完善“会员之家”建设。加强学会自身能力建设，不断提升为会员和广大科技工作者的服务水平。进一步增强服务意识，创新服务方式和机制，不断拓展服务内容，提高服务能力和水平。充分发挥学会联系图情工作者的桥梁和纽带作用，不断增强学会的凝聚力和向心力，畅通与图情工作者联系渠道，建设好图情工作者的“会员之家”，发挥好联系图情工作者的桥梁和纽带作用，团结和引领广大图书馆人为我国图书馆事业进步做出新的伟大贡献。

五是做好人才培育工作。发挥学会协作协调和人才队伍建设的平台作用，促进行业长远发展，通过研究引领和人才库建设的导向作用，鼓励科技创新，托举优秀人才成长，激发广大馆员的积极性，弘扬科学精神，抓好创新人才队伍建设，营造全行业创新争优的良好氛围，为广大会员和图情工作者在学术创新中脱颖而出创造条件。同时，不断加强图书馆领域重大科研课题的前瞻性研究，持续推动图书馆行业新思想、新做法、新理念、新技术、新方式的推广应用和研究成果的实践转化，全面增强我国图书馆界的创新能力和国际影响力。

雄关漫道真如铁，而今迈步从头越。对学会成立四十年最好的纪念，就是坚持实干创新不停顿，实现图书馆事业发展的新跨越。站在新的历史起点上，希望我们图书馆人都能不忘初心，牢记使命，继续团结带领广大图情工作者，端学术之风，筑科研之魂，为中国图书馆事业的繁荣与发展谱写新的篇章。

中图学会:图书馆人的精神家园

李静霞

岁月不居,时节如流,中国图书馆学会(以下简称“中图学会”)四十华诞,忽焉将至。四十年筚路蓝缕,中图学会团结带领广大图书馆人投身于改革开放的中国图书馆事业,在学术交流、阅读推广、人才培养、行业协调、对外交流等方面做出了无愧于时代的贡献。四十年砥砺前行,中图学会从成立到获评为中国科协世界一流学会建设项目建设学会,一路走来一路歌,用夺目的成绩书写了如诗如歌的峥嵘岁月。

我于 1996 年 6 月加入中图学会,作为一名忠实会员,我参加过中图学会的许多活动和工作,但更多的却是得益于学会的提携和帮助。落其实思其树,饮其流怀其源。可以说,我的每一点成绩、每一次进步,与中图学会是分不开的,我永远不会忘记中图学会这个大家庭给予的巨大鼓励和支持。在此撷取几个故事,透过个人的记忆,表达对中图学会真挚的感谢和深情的讴歌。

回首过去,许多往事,心中藏之,难以忘之。记得 2002 年 8 月,我参加在英国格拉斯哥举办的第 68 届国际图联大会,并受邀在会上发言。这是我第一次在国际会议上发言,紧张和忐忑的心情不言而喻。发言时,时任中国图书馆学会副理事长的吴建中馆长、中图学会的丘东江老师等都主动来会场并为我鼓劲加油。会议结束后,吴建中馆长还给我详细介绍了国际图联的组织架构及一些专业委员会的情况,希望我能更多地参与国际图联的活动,在全球图书馆事业的发展中能有更多中国图书馆馆员的声音。吴建中馆长学识渊博,平易近人,谦和儒雅,是我终身学习的榜样。

2002 年 11 月中图学会在河南省图书馆举办第一届青年学术论坛,时任中图学会副理事长的孙蓓欣馆长、中图学会的汤更生秘书长等推

李静霞,现任中国图书馆学会理事,武汉图书馆馆长,研究馆员。

荐我参加这次会议，并要我在大会上讲述参加国际图联大会的感想。有时看似一桩小事，却可能产生一定的影响。也许正是这次会议让我在业内有了那么点小名气。至今有些同行碰到我，还会说：你在国际图联会议上发过言的吧。呵呵，这些经历无疑像一股无形的动力，时时激励着我、鞭策着我。之后，我翻译出版了《国际图联因特网宣言》《婴幼儿图书馆服务指南》等国际图联的一系列重要指导性文件和指南。2015 年我撰写的《跨界合作助推图书馆服务的全覆盖——以武汉地区图书馆联盟为例》再次入选第 81 届国际图联大会发言论文，向世界讲述了中国图书馆的精彩故事。

2003 年我参加国际图联公共图书馆委员会 2003—2007 年任职席位的竞选。国际图联公共图书馆委员会是国际图联各专业委员会中的第四大专业委员会，有来自世界各国的 300 多家成员馆，设有 20 名常务委员席位，除继续留任的常务委员外，有 7 个席位空缺，当时共有来自 15 个国家的 20 人参加竞选。在中图学会的支持和帮助下，经过世界各国图书馆的投票选举，我以得票数第四当选为国际图联公共图书馆委员会的常务委员。

我是幸运的。我始终感恩祖国与时代的恩赐。个人前途与国家民族的命运紧密相连。改革开放以来，中国图书馆事业取得了举世瞩目的成就，赢得了国际同行的关注和探究，好风凭借力，搭上了顺风车；感恩优秀的图书馆人，他们用责任与担当，创新与拼搏，书写了中国图书馆事业发展的传奇，值得向世界讲述和展示；感恩中图学会这个图书馆人的精神家园，图书馆人的坚强后盾；感恩周和平部长、孙蓓欣馆长、刘小琴司长、陈力馆长、吴建中馆长、丘东江老师、汤更生秘书长、胡秋玲老师、胡京波老师等，还有其他的领导和老师们，恕未能一一提及，他们如同家人般给予我强有力的支持与帮助，让我终生难忘。

春去秋来，寒暑易节，学会人事变更，人员变化，但我与中图学会的联系仍然十分密切，与中图学会的许多领导和老师交往更甚从前。有才干、有担当的霍瑞娟秘书长，还有马俊老师、吴悦老师、李晨光老师等，他们敬业爱业，为图书馆人默默无闻地服务和奉献。记得有一次，我为武汉图书馆汤湖分馆的事情找了中图学会。汤湖图书馆由武汉经济技术开发区投资兴建，通过政府购买服务的方式，委托武汉图书馆管理。汤湖图书馆于 2015 年 2 月对外开放，是一座建在公园里的图书馆，呈园林式建筑风格，三面环水，草木葱茏，十分美丽，但所处的位置却很偏远，且公共交通不便。为提升汤湖图书馆在业内的知名度，我向学会提出承办中图学会专业学术会议的请求，学会很快回复并予以同意。2015 年 5 月“公共图书馆法人治理结构建设研讨班”、2016 年 10 月“未来城市图书馆发展理念与趋势”国际研讨会、2017 年 10 月“第七届青年学术论坛”等会议相继在汤湖图书馆召开。来自全国各地，乃至世界各地的代表们在参会之余，对汤湖图书馆的美景点赞不已，许多同行慕名前来参观交流，汤湖图书馆在业内迅速声名鹊起。2016 年，孩提之年的汤湖图书馆荣获“最美基层图书馆”称号，这是湖北省唯一获此殊荣的基层图书馆。现在的汤湖图书馆常常一位难求，有些读者专程从外地赶来，只为“打卡”这座最美的图书馆，汤湖图书馆成为“图书馆 + 公园”文旅融合的最佳典范。

爱其地，亲其人。我对中图学会有一种特别的亲近感，喜欢参加中图学会的工作，喜欢与中图学会的老师们交流，学会也给予了我更多学习交流和展示平台。2013 年和 2017 年我作为文化部评估专家组的成员，参加了第五次、第六次全国公共图书馆评估定级工作，这使我有机会更深入、更细致地了解和学习兄弟图书馆的先进经验。与此同时，武汉图书馆也积极争创并再次荣膺国家一级图书馆称号。2019 年 3 月 20 日第六次全国县级以上公共图书馆评估定级一级图书馆授牌仪式在上海举行，作为中部地区的代表，我骄傲地上台接受了牌匾。

2019 年 3 月我参加了由中国图书馆学会、中国国家图书馆、大英图书馆在成都主办的“2019 年中英图书馆论坛”，并在会议做了题为“聚焦产业工人及其家庭的图书馆服务”的报告，有力地宣传了武汉“读书之城”建设的成果。

回望来路，倍感欣慰，深深感慨自己有幸赶上了好时代，遇到了中图学会这个温暖的大家庭。展望未来，信心满怀，我将在平凡的工作岗位上继续奋斗，再立新功！

潮平两岸阔，风正一帆悬。时值中图学会成立四十年来临之际，衷心祝愿中国图书馆学会在创新与求索、发展与辉煌的交织辉映中倍道前行，引领行业发展，激荡未来，与祖国的伟大复兴同频共振。

在学会的大家庭里成长

金铁龙

我国公共图书馆的春天,不,是夏天到了!火热的夏天,灿烂的、夏花盛开的夏天!我以置身在这火热、灿烂的夏天而荣耀、欣喜。生命的夏天是最旺盛和最具魅力的,而四十岁的中国图书馆学会,是不是也一样呢?

2019 年 4 月初,作为中国图书馆学会(以下简称"中图学会")的理事,我有幸收到了《中国图书馆学会成立 40 周年纪念文集约稿函》,几乎同时,作为馆长,我又收到了中图学会代表文化和旅游部授予湖南省少年儿童图书馆的"一级图书馆"牌子。这两件看似平常的事情,其实不平常。先说前者吧,中图学会成立 40 周年恰好又是新中国成立 70 周年,两两相庆,意义自然就不一般。后者,全国县级以上公共图书馆评估定级工作至今已完成了六次,前五次都是文化部授的牌,而这一次的授牌,落款是"中华人民共和国文化和旅游部"!我在一阵惊喜之后陷入了沉思。联想到国家《公共图书馆法》的颁布实施,想到多年来我和图书馆以及中图学会的情结,我的内心深处,真是如潮水涌过一般。是该写一写、记一记了!

初识和结缘

2019 年 2 月 28 日,我第一次以理事的身份到北京参加了中图学会九届五次理事会。这次会议期间,学会秘书处号召与会的理事们都为学会成立 40 周年写一句话。我写了一首七绝:

金铁龙,现任中国图书馆学会理事,湖南省少年儿童图书馆馆长。

图林集合举长鞭，学会勋功业界传。

不惑之年逢盛世，全民阅读力驱先。

霍瑞娟秘书长收到我用短信传给她的诗稿后回信：“大赞！”其实，这并非我第一次为学会“唱赞歌”。

我真正与中图学会结下“心缘”，是在2011年。这一年的金秋十月，中国图书馆年会暨中国图书馆学会年会在贵阳隆重举办。这是第一次由文化部主办的全国性图书馆行业年会。参会者有来自全国各级文化行政主管部门的负责人，全国各级各类图书馆馆长，图书馆界和公共文化服务领域的专家、学者，以及国内外图书馆界代表近1500人。我有幸参加了这次盛会，当时的身份是湖南省文化厅社会文化处分管图书馆工作的副处长。自2003年任该职以来，我参加图书馆行业的会议也不算少了，但这一次的会议却是第一次让我受到了震撼。因为，这一次的大会场面宏大，到会领导级别高，让我感觉到像是走进了人民大会堂一样。此前多年，跟我接触的各级公共图书馆的馆长们，说起自己所从事的职业，大多显得“底气不足”，尤其是基层图书馆。而这次大会上，我看到来自全国各地的图书馆人面貌一新，不仅衣着整洁，脸上更是光彩闪闪。从这时候开始，我觉得图书馆行业真是一个大家庭，而中图学会，就是联系我们这个大家庭的纽带！

自2011年贵阳年会之后，文化部和学会又连续在广东东莞、上海浦东、北京东城区、广州、安徽铜陵、河北廊坊等地成功举办了历届年会，我几乎一次不漏都参加了。每次参会我都备受鼓舞，情不自禁地写下一些诗、联，为学会、为图书馆事业发展、为图书馆人唱一唱“赞歌”，算是表达一下我内心的敬爱。

在上海浦东新区举办的2013年年会，主题为“书香中国——阅读引领未来”。这次会议吸引了全球3000余名图书馆业内人士共聚一堂，参会人数比2011年增加了一倍。年会还在世博展览馆内举办了全面展示我国图书馆事业发展面貌的大型展览。我参加完年会后，又会同湖南的几位馆长到了杭州图书馆参观学习，留诗一首云：“上海大世界，苏杭好风光。浦东开盛会，追梦到天堂。”另有《听余秋雨说图书馆》诗二首：“早从《苦旅》识，今得咫尺聆。多少经典论，诗人当悟明。”“信息大爆炸，取舍当自如。洋洋闹市里，图林堪静湖。”

我从一个普通的图书馆行业管理者角色，开始了向这个行业内的融入。

加入和任职

从参加上海年会并寻访了南京、杭州等地的一些公共图书馆回来之后，我便决心加入中图学会。经省学会代为呈报、个人填表申请等程序，2014 年 6 月我被中图学会正式批准为会员。

2016 年 10 月我正式由湖南省文化厅调任省少年儿童图书馆馆长，这标志着我从机关公务员到职业图书馆人的转换，也定格了我这大半生的职业追求。从此，我将以自己所拥有的全部知识、阅历和才干贡献给中国图书馆事业发展。

2018 年 10 月，经中图学会九届九次常务理事会审议通过，批准我为学会第九届理事会理事，并聘请我为学会第九届理事会未成年人图书馆分会副主任。在省级学会，我还担任了湖南省图书馆学会副理事长兼未成年人图书馆服务专业委员会主任。

我在图书馆行业内的上述任职，为我投身奉献于中国图书馆事业发展提供了良好的工作和交流平台。虽然入行有点晚，但我不气馁。生命有限，事业永在，我决心要在数年的任职期内，努力精进，积极创新，既要把自己负责的湖南省少年儿童图书馆建设成为一个既美丽又有特色的图书馆，又要在学会交流和学术研究中发力与作为，以不负党和政府的重托，不负学会的信任！

精进和有为

既然我是在学会、年会的鼓舞和激励之下投身于图书馆事业之中，那我就不能只是为学会、年会唱唱赞歌，而是要在馆长的位置上努力精进，有所作为。我担任馆长两年多时间，勇敢地面对上一届馆领导班子遗留的问题，以求真务实、创新发展的精神，从大处着眼、小处着手，一点一点地实现着我心中那个“建设美丽的公共图书馆”的梦想。

学会无疑是全国图书馆行业的引领者。当了馆长之后，我紧跟学会入门入行，和学会的关系更加密切，受益也就愈多。除了年会之外，我还参加学会以及相关的专业委员会举办的论坛、峰会、业务培训班等。两年多来，我参加学会举办的各种会议、论坛、峰会、业务培训班近 20 次。在专业学术研究方面，我所撰写的论文和专题文章多次获奖或在专业报刊上发表。其中，在学会于 2017 年举办的“我身边的图书馆——公共图书馆法与新时代公共图书馆建设与服务”主题征文活动中，我所撰写的《建设美丽的公共图书馆》一文获优秀论文奖。我主持了“2017 全国少年儿童阅读年”系列活动启动仪式。我参加了“2018 全国少儿阅读峰会”并作嘉宾发言，首次提出“公共图书馆要积极为中小学生研学实践教育活动服务”的观点，相关论述在《图书馆报》刊登。我牵头组织所在图书馆参加学会举办的阅读推广活动案例评选并多次获奖。

在湖南省少年儿童图书馆的建设和服务实践中，我心里时刻装着读者，牢记“图书馆要服务好读者”的本分；善于用好法律政策这个有力武器，推动公共图书馆探索文旅融合转型，大胆创新和精进。我积极利用《公共图书馆法》的出台和施行，在半年时间里收回本馆临街出租的门面 1000 余平方米，争取财政资金 400 多万元，打造了儿童读者“阅创空间”和微型智能图书馆。阅创空间包括圆形儿童剧场 1 个、小读者主题阅创手作房 10 余间，从而大大拓展了图书馆的服务空间，创新了服务理念和手段。同时，将 90 年代建成使用的湖南省少年儿童图书馆阅览大楼二、三楼成功改造成为开放式的、面积 2000 多平方米的“阅读花园”，并将之与临街的“阅创空间”联通，在实际效果上，等于将图书馆主楼的服务前移到了城市的街道上。在图书馆前坪的改造中，我坚定地贯彻落实《公共图书馆法》关于少年儿童阅读要积极打造室外活动场地的要求，将前坪近 200 平方米的停车场改造成为景观花园。上述建设举措，让我们的老馆有了新貌，一下子呈现出勃勃生机和新时代的活力。2018 年，湖南省教育厅授牌湖南省少年儿童图书馆为“中小学生研学实践教育基地”，我动员、带领全馆同志，向着“文旅融合中有为有位的公共图书馆”目标，重组服务空间，全方位打造“阅读 + ”公共图书馆、少年儿童图书馆服务新模式。

我之所以在任馆长职务的短时间里，能够在学术研学和工作实践上获得“双丰收”,使之相得益彰,首先要感谢的就是学会！在今后的日子里,我还会一如既往地跟着学会继续前行。即便是退了休,我也还要继续参加年会和学会组织的全国图书馆学术研讨和事业发展工作交流活动。借此机会,衷心祝贺学会四十华诞,祝愿学会工作精进、永远年轻!

从起步到跨越　从支撑到引领

——纪念中国图书馆学会成立四十周年

屈义华

四十年，是我们国家完成辉煌蜕变的时间；四十年，是图书馆事业飞速发展的时间；四十年，是中国图书馆学会从诞生到腾飞的时间。如果说图书馆是市民读书求知的精神家园，那么中国图书馆学会则是图书馆人职业精神的摇篮。在中国图书馆学会搭建的大平台上，成千上万的专业人才得到滋养，丰富多彩的阅读推广项目开展交流，创新活力的工作创意在此迸发，高水平的科研成果不断涌现，推动着中国图书馆事业迈向一个又一个新高峰。经过多年的深耕细作，中国图书馆学会在行业协作、学科引领、全民阅读促进、对外合作与文化交流等方面的影响日益扩大，于2018年获评中国科协世界一流学会建设项目建设学会，这是对学会多年来锐意进取的肯定，是对图书馆事业发展的赞赏，也是对图书馆人不懈努力的认可。2010年，中国图书馆学会的"志愿者行动"荣获"美国图书馆协会国际创新奖"，学会的国际影响力日益扩大。在国际行业领域，中国图书馆学会不遗余力地展现中国图书馆事业创新创意、蓬勃发展的面貌，让中国图书馆事业赢得了越来越多的国际关注。2018年，佛山市图书馆荣获国际图联"最佳绿色图书馆"奖项，这与学会多年来在国际上为中国图书馆事业传播的正能量形象有很大关系。

2007年1月底，中国图书馆学会发布了"志愿者行动招募公告"，组织志愿者对基层图书馆工作者进行专业培训。怀着激动的心情和为基层图书馆出一份力的念头，我报名成为一名志愿者。此后的三年时间，我拥有了一段非常珍贵的人生经历。作为授课专家我参加了中国图书馆学会组织的"志愿者行动——基层图书馆馆长培训"，先后到甘

屈义华，现任中国图书馆学会理事，佛山市图书馆馆长，研究馆员。

肃、湖北、云南、福建、内蒙古、安徽等地为基层图书馆馆长授课，至今难以忘怀。“基层图书馆真是不容易！”这是我们最常感叹的一句话，他们的执着、智慧和奉献让我深受感动，他们工作的艰难、困苦也让我寝食难安。“办法总比问题多”，我们一场场讨论，一次次交流，让前进的道路逐渐明晰。通过培训班，我与同为志愿者的专家教授以及参加培训的图书馆馆长结下了深厚的友谊，坚定了图书馆的职业信念，共同憧憬着图书馆事业美好的明天。每次回忆起我们这一群图书馆人为事业的发展付出心血和努力的日子，都让人充满热情和希望，在奉献的同时收获着精神上的愉悦与满足。

2016 年起，我担任中国图书馆学会阅读推广委员会图书馆讲坛与培训专业委员会的主任一职。在中国图书馆学会的协调与支持下，各图书馆加强合作、资源共享、互帮互补，均衡推进图书馆公益讲座的全面发展，形成多层次、多维度的业务格局。2018 年底，由佛山市图书馆主推，历时三年建设而成的图书馆讲坛与培训专业委员会网站“荟·讲座”正式上线，成为全国图书馆公益讲座交流与共享的重要平台。这是一个意义重大的开始，也是我们迈出的关键一步。未来，我们将在学会的指导和支持下继续完善公益讲座资源的共享与二次开发，挖掘推广有地区影响力的讲座，打造具有行业代表性的文化品牌。

四十年砥砺奋进，四十年风雨兼程。中国图书馆学会走过了从起步到跨越、从探索到繁荣、从支撑到引领的一条发展道路。在四十年的发展过程中，涌现出一批具有代表性的学会工作者，他们积极探索、勇于创新，是各个图书馆之间的精神纽带，为中国图书馆事业的发展做出了杰出贡献。因为有了他们，中国图书馆界成了一个团结、奋进的整体。立足当下，创造未来。在中国图书馆学会的引领下，在学会工作者的不懈努力下，中国图书馆事业的未来必将更加璀璨！

我对专业图书馆转型的体会

魏东原

1993年的一个偶然机会，我来到了广东省科技图书馆（以下简称“粤科图”）工作，时光荏苒，转眼已26年。这26年也正是我国图书馆快速发展和变革转型的重要时期。在中国图书馆学会成立40年之际，回忆我26年从业经历，感慨良多，有许多事情难以忘怀，不过让我感触最深的事情是图书馆转型，特别是专业图书馆的转型。

最早对图书馆的印象来自于1981年我的母校中山大学图书馆，那时中国图书馆学会刚刚成立2周年，中国图书馆学会的成立就是图书馆人的春天，笔者也感受到了春天的气息，博览群书的地方是我对图书馆最初的印象。后来到中国科学院的研究所工作，年长的同事告知我，一定要马上办一个粤科图的借书证，因为在没有电子资源的时期，许多科技工作者都要去粤科图查阅科技文献，因此，去粤科图查询科技文献形成了我对专业图书馆的首次感觉。

其实真正到了图书馆工作，才知道以前对图书馆的了解很粗浅。随着时间的推移，我对图书馆的感觉，也从陌生到熟悉，最后发展到热爱。当你热爱一个事业的时候，你的投入就会完全不同。因为每天你都会琢磨着如何做好这份事业，当事业的发展出现波折时，你总是有“办法总比问题多”的信念。在此，我要特别感谢中国国图书馆学会，正是中国图书馆学会这个平台提供的交流和学习机会，让我受益匪浅，使我真正地了解了图书馆。

2004年，我刚刚担任副馆长不久，中国图书馆学会就在北京组织了一个馆长培训班的学习，这个培训使我基本了解如何当好一个图书馆的管理者。2004年之后，我几乎每年都参加中国图书馆学会或中国图

魏东原，现任中国图书馆学会理事，广东省科技图书馆（广东省科技信息与发展战略研究所）馆长（所长），研究馆员。

书馆学会专业图书馆分会等相关团体组织的年会以及专题会议，每次的交流和学习都能有所收获。中国图书馆学会这个平台使我意识到图书馆，尤其是专业图书馆转型的紧迫感。以我所在的专业图书馆粤科馆为例，实际上和公共图书馆、高校图书馆的使命有相同之处，也有不同之处。为什么呢？专业图书馆的压力和危机感比公共图书馆、高校图书馆更强。比如公共图书馆，城市里面需要一个公共图书馆就会盖一个。只要有钱都会盖，一个不够，盖两个。而高校的组成部分就有图书馆，所以高校怎么样也得建一个图书馆。可对于专业图书馆来说，就不一样了，如果你不作为，就会有生存的压力、会被边缘化，根本无法引起大家的重视。因此，转型是唯一的选择。

广东省科技图书馆属于广东省科学院（以下简称“省科学院”），对于省科学院的领导来讲，科技创新是他的工作主旋律，因此，你必须为科技创新服务。我不能把我们馆划个边界，告知广大馆员，这个能做，那个不能做，因为图书馆是服务机构，只要是为科技创新服务你都要做，也只有做好服务才能有所作为。

为了做好服务，我们馆经过研究，决定开展三个面向的服务，就是面向科普、面向科研、面向决策开展服务。

虽然说，三个服务都重要，但其实面向决策的服务更重要，做好为决策服务也很不容易。因为我自己对图书馆的认识都有一个过程，要让领导对图书馆深刻了解实际上很难，因为大多数领导对图书馆的认识还停留在他们读书时期接触的图书馆，我们图书馆人就要影响他们，让他们转变观念，让他们也意识到图书馆在变化、在转型，这时候我深刻理解了“有为才能有位”。刚开始我们省科学院领导交给我们一项任务的时候，他并不一定完全相信我，觉得可找其他处长或其他单位也可以做出来。结果我们以很快的速度做出来了，而且质量也不错，他就觉得图书馆是可以做出一点事的，从试试到信任、到现在慢慢开始依赖图书馆，就是说你必须有所作为才行。在关键时期，中国图书馆学会以及中国图书馆学会专业图书馆分会等相关团体组织的年会以及专题会议总能听到类似图书馆转型的声音，使我们对于转型这件事更加坚定。

那么面向科研服务，我们怎么做转型呢？我们开始做的也只能是提供资源的基础服务，比如找文章、提供书籍之类；后来开始定题检索、科技查新、做学科态势分析；最后就是嵌入科研环境，共同参加项目、出谋划策，到现在已经上升到研究所要发展什么学科，让图书馆做一个发展建议。现在我们再发展到一个层级，研究所的定位和以后的发展由图书馆来参与分析，实际上这个就是我们一直在做的探索。探索一段时间之后最大的感悟是不断学习、不断利用新技术、不断利用大数据等是图书馆转型发展的必要条件。在此，要特别感谢中国图书馆学会专业图书馆分会，由于他们组织的相关培训，使我们馆员队伍更加强大，也使我们的服务更加优质。

面向科普服务，我们充分利用优势，因为粤科图属于省科学院，省科学院的科学家多，请科学家与青少年有一个亲密接触，可以让青少年从小就认识到科学家原来是这么成长起来的，让他们热爱科学，喜欢科技创新。等他们成长起来，很多现在"卡脖子"的技术就能迎刃而解。我们也会定期组织开展多种形式的阅读推广与科普教育活动，为促进全民阅读和提高公众科学素养发挥积极作用。其实中国图书馆学会这个平台对我们开展科普服务的支持也很大，我们也参与了许多有针对性的活动和会议，这些活动和会议对提升馆员的科普服务水平很有帮助。

总而言之，图书馆，尤其是专业图书馆发展到现在，唯一的不变就是变化，你必须适应，也只有转型才能生存和发展。再次感谢中国图书馆学会这个平台！也祝福中国图书馆学会成立40周年！

春风化雨四十载 润物无声谱新篇

——庆祝中国图书馆学会成立四十周年有感

刘 红

春回大地，万物复苏，在这生机盎然的季节，中国图书馆学会即将迎来40华诞，作为会员的我，无比激动，感慨万千。过去40年，学会为事业谋发展、为学术谋繁荣、为会员谋福祉，在学术建设、阅读推广、行业协调与指导等多方面发挥了积极的作用，取得了巨大的成绩，极大地推动了公共图书馆事业蓬勃发展，推动了公共图书馆少儿服务创新发展。

中国图书馆学会是图书馆对外开放的“助推器”。中国图书馆学会为业界搭建起国际交流的平台，开辟了对外交流的窗口，组织业界参与国际图联大会，在了解世界各地图书馆最新动态、管理和服务经验的同时，也向国际图书馆界宣传我国图书馆事业建设取得的成就，提升了我国图书馆的国际影响力。我也有幸参加了在美国俄亥俄州哥伦布市举行的第82届国际图联（IFLA）年会，大会的主题是“连接、合作、共同体”，来自全球145个国家近4000名代表参加了会议，通过参观学习，将儿童优先理念，融入实际，服务少儿。

中国图书馆学会是图书馆人成长的“领路人”。中国图书馆学会每年举办的业界专业培训，为图书馆员提供接收最新理念、借鉴先进经验、了解资讯动态的机会。举办“阅读推广人”培训、第六次公共图书馆评估定级培训、《公共图书馆法》培训等，有效提升了图书馆员服务理念和服务能力。同时，也增进了图书馆员间友谊和情感。

中国图书馆学会是图书馆人学术能力的“提升者”。中国图书馆学会每年举办学术年会，以工作会议、学术会议、展览会为主题，全方位展

刘红，现任中国图书馆学会理事，重庆市少年儿童图书馆馆长，研究馆员。

示我国图书馆事业发展成就。同时,为图书馆人搭建了全国学术交流学习平台,繁荣学术研究,促进图书馆事业和信息化发展,更好地用理论指导工作实践。近几年,重庆少年儿童图书馆积极响应,每年均派出多名馆员参与。2016 年与中山图书馆以“‘图书馆 +’环境下少儿阅读推广的创新与变革”为主题,共同承办了 2016 年年会第 15 分会场,提升了馆员能力,培育了馆员队伍。

中国图书馆学会是全民阅读推广的“推动者”。中国图书馆学会每年组织开展“全国少年儿童阅读年”系列活动,为各地少年儿童才艺展示、同台竞技搭建平台。2018 年,重庆少年儿童图书馆策划承办了 17 项主旨活动其中的 1 项“全国少年儿童电子绘本创作大赛”,并组织本地区各公共图书馆参与 17 项主旨活动,报送作品 1673 件,获等级奖 284 个,14 个公共图书馆获优秀组织奖,展示了本地区少年儿童的风采。特别是 2016 年中国图书馆学会正式成立未成年人图书馆服务分会,这是里程碑式的开始,这是对少年儿童阅读推广的极大重视。

中国图书馆学会是图书馆服务规范的“方向标”。中国图书馆学会根据少年儿童图书馆服务对象、服务内容、服务方式和管理方式,切合实际制定第六次《评估省级(副省级)少年儿童图书馆等级必备条件和评估标准》。该标准科学、合理,对促进全国各级少儿图书馆的基础设施建设、服务工作和办馆效益的提升均起到了指导作用,实现了“以评促建”“以评促效”的目的,为少年儿童健康阅读提供了坚实保障。

最后,深情祝愿学会再展宏图!再谱新篇!

浓浓图书情　服务历艰辛

——写在中国图书馆学会成立四十周年之际

钟文一

2019 年,中国图书馆学会迎来成立 40 周年,作为中国图书馆学会第九次理事会理事,收到中国图书馆学会秘书处约稿,蓦然回首,我与图书馆结缘已经 37 年了。作为一名图书馆工作者,自己在业务工作中做过些什么?为图书馆拓展服务可曾做出一星半点贡献?夜深人静,扪心自问,一阵愧意涌上心头。我已接近花甲之年,虽还未到收官总结,但回顾作为馆员到研究馆员到馆领导的职业经历和心路历程,对年轻的图书馆从业者来说,也许有些启发与参考吧!

1978 年 3 月 18 日,在党中央决定动员全党全军全国各族人民,向农业、工业、国防和科学技术现代化进军的号角声中,召开了全国科学大会,方毅副总理在全国科学大会上的报告中正式提出,“努力实现实验手段和情报图书工作的现代化”“要尽快实现科学技术情报工作的现代化,用现代化手段装备情报机构。八年内要建立起一批文献检索中心和数据库,初步形成全国科学技术情报图书计算机检索网络”,把实现图书馆现代化作为一个努力的日标,列为向科学技术现代化进军需要扎扎实实地做好的工作之一,在全国图书馆界一片向现代化进军浪潮中,图书馆需要大量的理工科专业人员,20 世纪 80 年代初,大量的理工科专业人员到了图书馆,我也于 1982 年 7 月物理专业毕业后被分配到了贵州师范大学图书馆,开始了自己的图书馆员生涯。

钟文一,现任中国图书馆学会理事,贵州师范大学图书馆副馆长,研究馆员。

一、平凡的图书馆员

虽说教师、图书馆、实验室是高等学校的三大支柱，但图书馆在高校只是个教辅单位，并不受人重视，图书馆员也不令人羡慕。给人的感觉就是借借还还（图书），但我坚持了下来。刚到图书馆时，我被安排到流通组，工作是书库管理、借还图书，同时负责图书馆唯一的一个现代化设备——复印机维护。当时是闭架借书，读者只能通过读者目录检索自己需要的图书信息，填上索书条，交由图书馆员到书库去找出该书，然后办理借还手续。这就要求图书馆员熟悉馆藏，同时还要求馆员熟悉畅销书的流通情况，这样才能尽快给读者办理借还手续。我跟着老同志熟悉“人大法”17个大类级类目，一直到四级类目图书的排架位置，以便快速在书库中找出图书，同时还要记清楚畅销书的流通情况。说到畅销书，当时并不是很多，都是一些经典名著，如《简·爱》《复活》《静静的顿河》《傲慢与偏见》《悲惨世界》《呼啸山庄》《飘》《红与黑》等，由于受“文革”影响，这些书还没有完全公开出版，有些还被冠以《马克思主义文艺论著选读》之一、二、三等名称出版。找这些书还要注意书名不同、内容一样的问题，这样才能节约读者的时间。当我将书库内的图书找出来送到读者手里，得到读者满意的微笑时，非常有工作成就感。我经常是接索书条，跑书库，一天下来跑了十来公里，回家什么都不想动，但是我觉得为读者找书，把书推荐给读者非常有意义，后来我才知道这就是阮冈纳赞图书馆学五定律的内容。有时，还跟老同志排目录卡片，进行读者目录组织工作，按笔画排序、按分类排序等。在完成书库管理工作的同时，我还要抽出时间自学静电复印机工作原理，对图书馆的现代化设备进行维护，保证图书馆的现代化设备——长江600型静电复印机正常运行。不多久，又安排我到采编组工作，采编的老同志带我从图书验收、查重、个别登记、图书加工到分类、编目、给种次号再到做款目、刻钢板蜡纸著录又到做采访数据、总括登记，最后到目录组织，我每一道流程都认真学习、细心工作，不但掌握了怎么做，还知道了为什么做。作为图书馆员，我每天都认真仔细地做重复的工作，不厌其烦地默默奉献，去体会图书馆“读者第一，服务至上”的服务思想。编目工作虽在二线，但更是图书馆技术性强的工作，我深深懂得：即使在二线同样为读者服务。采编工作是图书馆为读者服务的基石，它紧紧地联系着每一个读者，编好书目是为了使读者快速地找到书。为了编好每一本书，我常常为一本书的分类、标引虚心向老同志请教，更有打破砂锅问到底的精神，由于我努力工作，认真学习，很快就了解了从图书采购、编目加工到典藏的工作流程，受到领导及同志们的好评。

1983年，根据当时国家对在图书馆工作而非图书馆学相关专业毕业的学生要进行图书馆学专业知识学习的要求，馆领导安排我到武汉大学图书馆学系进修。在那里我得到黄宗忠、彭斐章、陈光祚、詹德优老一辈图书馆学大师们亲自授课与指导，因为有了之前的实践，对课程的理解特别深，理论与实践结合得好，学习也就很自觉，开始对图书馆业务工作有了思考。

半年的学习进修结束后，图书馆领导又安排我到期刊阅览组工作。有了图书馆学理论知识，跟老同志学习期刊采购、记到、下架装订、编目等工作就容易了许多。我在接待读者的同时，还要为需要复印资料的读者提供复印服务。那时候的复印机设计、制造都比较粗糙，操作就更加要求细心，稍不注意就会卡纸、烧纸，我经常都会弄得一手、一脸花，就是这样我也为能够为读者服务而高兴。我当年服务的读者，有的现在已经是我校二级教授，全国知名的喀斯特研究专家，承担了许多国家级研究项目。

1984年底，馆领导要我与物理系老师一起进行计算机在图书馆工作中应用的研究，从期刊订购目录入手。当时使用的是一台内存64K、外挂一个360K的软盘驱动器，无硬盘的计算机。我跟着老师学习BASIC语言，学习仓颉汉字输入法，就这样一边工作、一边学习、一边实验，我使用BASIC语言进行期刊订购的编程，最终在1985年的期刊订购工作中，应用计算机实现了图书馆期刊订购的自动化管理。之后，馆领导又安排我到参考咨询组工作。至此，我在当时图书馆的各个业务部门都进行了工作，这对我今后开展图书馆现代化工作打下了业务基础。

1989年图书馆新馆竣工，领导又安排我参与组织图书馆的搬迁工作。由于有在各部门工作的经验，我对书库排架、阅览座位安排、借还工作台布置等都能做到心中有数，组织学生搬馆有章法，仅仅利用一个假期的时间就完成了图书馆整体搬迁,于10月1日正式开放服务。

二、见证发展有所作为

由于技术及经费的原因,1992年之前的十年,我都在进行传统图书馆的各项工作,与我学的专业没有什么关系,但我没有因专业不对口有任何怨言,都是服从组织安排,积极工作,积累经验。1992年以后,随着国家经济及科学技术的提升,贵州师范大学图书馆开始了图书馆现代化的进程,一些现代化设备的应用及服务的开展,都要我来做项目规划并负责实施。面对新技术、新设备,我当年所学习的知识远远不够,我自学新工作需要的知识,向同行学习,做项目规划,作实施方案,组织实施,牺牲了大量的休息时间,完成了图书馆听音室、声像资料阅览室、电子阅览室、计算机多媒体阅览室的建设。1996年,图书馆引进自动化集成系统(ILAS5.0),组织实施了图书馆业务自动化管理,完成了全馆馆藏书目回溯建库工作,到1997年全馆采、编、流、期刊实行了计算机管理,使计算机自动化管理迈上新台阶;1996年底,引进了图书馆第一个全文数据库——中国学术期刊光盘版,开始了利用数据库服务的新时代,之后为了更好地利用数据库,还引进了光盘塔、磁盘阵列等设备。每一项新设备的引进,我都要进行调研,学习使用,再给他人进行培训,每一次我都是不计报酬、竭尽全力、加班加点,超负荷地工作。这中间的艰难与辛勤就不一一言表。所有这些,我从没有怨言和后悔过,因为我把这些作为我自己的事业来做,把它当作自己的"孩子"来建设,当它有了成绩——为读者提供新的服务,自己非常高兴、欣慰。

2001年,为加快建设现代化、数字化图书馆,提高图书的使用效率,在校领导的关心和支持下学校投入300万元经费用于图书馆网络化、数字化建设。我校开始进行数字图书馆建设,这对我一个80年代初毕业的物理专业的学生来讲,完全是一个全新的课题。我不耻下问,辛勤工作,经过近一年的建设,该项目顺利完成,初步建立起了适应未来数字图书馆发展要求的网络架构,大幅度改善了图书馆网络化环境及电子阅览室规模,建成了具有我省先进设计水平和功能的图书馆百兆高速局域网络,引进了部分国内大型数据库,图书馆网络化具有省内高校一流的先进水平及功能。

我在付出艰辛的同时，也得到领导和同志们的认可，我1987年获馆员职称，1994年任图书馆办公室主任、技术部主任，1996年获副研究馆员职称，2004年获研究馆员职称，2005年任图书馆副馆长，2014年获专业技术三级。在工作之余，我积极参加各种学术活动，并申请相关科研项目，到目前为止，已在国内正式刊物上发表论文20余篇，主持及作为主要完成人完成省部级课题9项，理论上的收获带动了实际工作。

三、与图书馆学会的情缘

我于1982年7月毕业后被分配到贵州师范大学（原贵阳师范学院）图书馆工作，1983年成为中国图书馆学会会员。当时贵州省只有贵州省图书馆和贵阳师范学院图书馆两个中国图书馆学会理事单位，我有幸成为中国图书馆学会理事单位的一员，见证了贵州省图书馆学会、中国图书馆学会的发展。2015年前，我主要是在高校图书馆工作，并且参与贵州省图书馆学会的工作，自1986年4月至今，一直担任贵州省图书馆学会第三次至第九次会员代表大会的代表。在贵州省图书馆学会中，历任专业委员会委员、副主任、主任及学会副秘书长。同时，在2001年开始参与贵州省高校图工委秘书处的具体工作，受教育厅安排，参加了对我省21所普通本科、大专院校自1997年开始的第一轮图书馆评估工作，受文化厅委托，参加了对贵州省公共图书馆评估工作，参与协助教育厅制定了《贵州省教育厅关于加强高等学校图书馆管理工作的意见》和贵州省高校图书馆“十五”“十一五”“十二五”“十三五”规划。2015年4月，在中国图书馆学会第九次会员代表大会上，我当选为理事。

进入21世纪以来，随着信息技术的发展，读者对图书馆自动化、网络化、数字化的要求越来越强烈，教育厅在2004年给省高校图工委秘书处指示，制定《贵州省普通高等学校图书馆自动化建设评估方案》，从2005年开始用5年左右时间，对全省高校图书馆自动化建设进行专项评估，以确保高校图书馆自动化建设能够适应我省高等教育快速发展的需要。接到任务后，我草拟了《评估方案》，制定了贵州省普通高等学校图书馆自动化建设评估指标体系和贵州省普通高等学校图书馆自动化建设评估指标及标准，请专家论证修改，最后形成教育厅文件向贵州省内各高校颁布通知。自动化建设评估工作的开展，促进了我省高校图书馆自动化、网络化、数字化的水平，大大提高了我省高校图书馆的现代化服务能力。在这个工作中，我取得了自动化、网络化、数字化建设的经验，用这些经验对我省各级各类图书馆进行了现代化建设及服务的指导。

在工作期间，我参与组织、协调了各种学术年会、论坛、培训等工作，参与组织、协调了资源建设及共享工作，参与了对各类图书馆评估、指导等工作。

各种社会工作的增加，让我更加清楚地认识与人交流、协调工作的重要。在与教育部高校图工委、各省(区)高校图工委的交流，在参与图书馆学会的工作中，拓展了自己的视野，深入了解图书馆发展的前沿，看问题谋发展更能全面、深入，这对自己的业务能力有很大的帮助。在这期间作为项目负责人，完成了贵州省优秀科技教育人才省长专项资金项目《科技文献共享平台关键技术应用研究》等项目两项；作为主要参与人，完成了贵州省科技厅重大专项计划项目《贵州省科技文献共享平台建设》、CALIS 贵州省文献信息服务中心建设等项目 7 项；在大学图书馆学报等核心期刊上发表论文 7 篇，有论文获得中国图书馆年会征文一等奖。

四、近四十年的工作感悟

三十七年过去，弹指一挥间。我从青涩青年走近花甲老年，为图书馆事业的发展，贡献了青春、贡献了智慧，三十七年走来，我对工作、学习、研究有一些感悟，就作为一个结语吧。

其实我的感悟也很简单，就是“认真、坚持、准备、积累、总结”十个字。先说“认真”，毛主席说过：世界上怕就怕“认真”二字，共产党就最讲“认真”。认真体现了一个人的敬业精神，体现了对待工作及一切事物的态度。我们对待工作有了认真的态度，就会仔细、注意细节、一丝不苟，只有认真，才能出精品。在工作中才会兢兢业业、勤勤恳恳，才会将工作当事业，才会事无巨细、亲力亲为，克服粗心的毛病，工作才会有成绩，学习才会有收获，研究才会成果，所以，我们做任何事都要有认真的态度。

还有“坚持”，你能不能把“不”看成是一种挑战，而非拒绝？在你一次又一次的失败中，坚持到底！如果你做得到，那么你便能够体会到坚持的力量。我们做任何事，都贵在坚持，当你长期地坚持留了下来，你就是这一方面的专家，因为你在长期的坚持中有了经验、体会，这十分难能可贵。有一些事，就是在你再坚持一下而取得成功的。

再说“准备”，毛主席说：“不打无准备之仗”。打仗就必须胜利，要取得胜利，在战争开始前就要有周密的准备，这个道理大家都懂，但是做起来就不是这回事。许多事情做不好，就是因为不认真，没有做好充分准备。我们干事、做工作必须做好准备，要有预先的考虑，将各种因素考虑进去，做好应对措施，这样才能干好工作，工作起来也才游刃有余。

“积累”其实也是“准备”的一部分。荀子说：“不积跬步，无以至千里；不积小流，无以成江海。”学习工作贵在不断积累，只有在不断的积累中，人们才会在实践中获得知识和经验，才会有新的发现，从而产生创新的成果，可以说积累是一个从量变到质变的基础。

最后是“总结”，总结是人们在自身的某一时期、某一项目或某些工作告一段落或者全部完成后进行回顾检查、分析评价，从而肯定成绩，得到经验，找出差距，得出教训和一些规律性认识的一种书面材料。我们进行工作、学习、研究，都应该做好总结，每天的、每一个阶段的、每个项目的、每个工作内容的，通过总结得到经验，找出差距，提高自己的工作能力、学习能力、科研能力，最终成为行家里手。

当今的图书馆从传统图书馆走来，走过数字图书馆，向智慧图书馆走去。智慧图书馆的核心是智慧服务，需要具备新知识的人来开展，馆员新型专业能力的培养尤其重要，作为图书馆事业中的一员，我将会为我的事业做好传、帮、带。愿贵州师范大学图书馆一如既往，与时俱进，蓬勃发展；愿中国图书馆学会在推动图书馆事业中发挥更大的作用。

甘洒汗水写春秋　无私奉献谱华章

——忆与中国图书馆学会相伴岁月

朗东·多吉卓嘎

青藏高原高高隆起，雪峰高耸，江河纵横，被世人称为“世界屋脊”“地球第三极”。这里空气稀薄，气压低，氧气含量少；日照多，辐射强烈；气温较低，温差大。因此，西藏自东南向西北依次有热带、亚热带、高原温带、高原亚寒带、高原寒带等各种气候类型。藏民族在这片神奇而严酷的环境中创造了灿烂辉煌的文明，藏医药和天文历算就是其中最为耀眼的明珠。

受家庭影响从小我便接触图书，喜欢阅读，热爱西藏文化，尤其是藏医药及天文历算知识。20 世纪 80 年代末，我从西藏大学抽调参与西藏藏医学院的筹建工作，具体负责图书馆的建设工作。当时我刚从部队退役不久也未曾接受过类似教育，作为负责人其中的困难不言而喻。幸好，那时的西藏藏医学院聚集了全藏区最有学问的国医大师强巴赤列、措如才郎堪布等一大批德高望重的大师，通过他们的帮助，西藏藏医学院图书馆的藏书慢慢充溢起来，又在政府帮助下购买了新书和搜集了古籍文献。我每天在编目登记、借书阅读、搜集图书情报、接待读者中常常忘记了下班时间，忘记吃午饭。也是在那年，我无意中看到了中国图书馆学会出版的“中国图书馆学情报学论文选丛（1949—1989）”，并知道了其对 10 年科研成果开展了首次评奖时，才了解到这个图书馆学会不得了，并且已成立了很多年。1993 年 5 月学院让我担任图书馆的副馆长，但是很快就发现面对高深的藏医药及天文历算古籍，我仅凭借我那浅薄的藏文知识，简直就是看天书，看不懂。我利用所有的闲暇时间学习藏文，1996 年我顺利拿到了中专和大专的毕业证

朗东·多吉卓嘎，现任中国图书馆学会理事，西藏自治区藏医药大学图书馆馆长。

书，藏文水平有了大幅度提高，工作得以顺利开展。

1997 年 7 月，学院领导找我谈话，让我担任图书馆的馆长，这让我犹豫了很长时间，面对书不离手的德高望重的大师们，面对通晓中西文化的博士们，面对学习热情高涨的莘莘学子，我能做好服务工作吗？对图书管理工作的热爱让我不能辜负大家的期望，不能辜负校党委的信任；我是西藏自治区政协第八届、第九届、第十届委员，我的使命就是承担责任。于是我毅然接受了组织交托的重任，这一干就是一辈子。先后担任了图书馆副馆长、馆长、科研处副处长兼图书馆馆长，并兼任了中国古籍保护协会理事、西藏自治区图书馆学会常务副秘书长、西藏自治区高校图工委副秘书长、西藏自治区哲学社会科学界联合会成员、世界中医药联合会中医药传统知识保护研究专业委员会第一届理事会常务理事。

白驹过隙，西藏藏医学院也从学院变成了大学，从最初的几百名学生、十几名教师发展到现在的 2235 名学生、190 名教职员工。在中国共产党的领导下，西藏发生了巨大的变化，西藏文化取得了巨大的成绩，我是经历者，也是实践者。

众所周知，藏医药是中国传统医学宝库中的一颗璀璨的明珠。据史料记载，藏医药已有 3900 多年的历史。早在远古时代，生活在雪域高原的藏族先民在长期生产劳动、生活过程和与大自然的斗争中逐步认识到了一些植物和矿物的性能；在狩猎过程中，又逐渐了解了一些动物的药理作用，从而产生了藏医药学。原始藏医药吸收了祖国内地医学的内容，同时也受古印度吠陀医学、古阿拉伯医学的影响，形成了以为五源说（土、火、水、风、空）和三因说（隆、赤巴、培根）为主的理论体系。

随着全球范围内热衷传统疗法，崇尚利用天然药物治疗疾病的新潮流逐步形成，在人类日益关注健康的新形势下，诞生和发展于世界屋脊的藏医学也紧跟时代的步伐，为现代人类的健康做了巨大的贡献，尤其在治疗心脑血管、肝胆、神经系统、消化系统、免疫系统、妇科疾病等方面成效卓著，赢得了愈来愈多患者的赞誉，为世界医学界所瞩目。

我在担任学院图书馆馆长期间，努力把图书馆建成全区一流特色图书馆，希望将浩如烟海的藏医药古籍文献整理、保护和传承下来。藏医药学规模宏大，内容丰富，传统藏医药的教学采用通俗易懂的唐卡绘制方式呈现，如人体结构、经脉网络、动植物药物特性等，为此藏医学院图书馆绘制了80幅《四部医典》教学唐卡，用于学生教学，但这些远远不够。在近30年的图书馆工作时间里，我非常清楚地知道要想实现自己的理想，就要有“衔沙填海志，炼石补天情”的精神。这些年里，我主持编写了以藏医药为主的甘珠尔、丹珠尔、藏医药、天文历算名人文集等54卷详细目录和2卷简称目录，这也是西藏自治区科技厅的重点项目。出版的2卷简称目录，即《藏医药天文历算古籍文献目录》(130余万字、1300多页)，也是目前同类文献中，反映藏医古籍最全面、权威的一部参考工具书，在藏学古籍目录和现代文献学、目录学等学科交叉研究方面有所创新，填补了国内有关藏医药和天文历算的藏学文献目录研究的空白。

藏医学院图书馆和我个人取得的成绩也得到了国家图书馆和中国图书馆学会的大力支持。原文化部副部长周和平亲临我校指导工作时，他肯定了我校图书馆为建设少数民族特色图书馆做出的贡献，我深受鼓舞和激励。国家图书馆原馆长詹福瑞带领各省图书馆馆长到西藏自治区藏医药大学图书馆考察并指导工作，也对图书馆弘扬民族文化的工作给予了高度评价。在国家古籍保护中心的引导和我们的努力下，最终将《四部医典·后续部注释》等古籍选入了第一批和第三批《国家珍贵古籍名录》。作为藏医学院科研处的负责人，积极协调相关单位申报并获得了中央财政支持地方高校项目资金300万元，西藏藏医学院以“建设世界上最具权威的藏医药及天文星算古籍文献中心”为目标，成立了藏医药和天文历算特色古籍文献研究所。近些年来，我克服重重困难，全年无节假日、每天工作近11个小时，先后走访了拉萨、日喀则、山南、阿里等西藏地区的各大寺庙，随后又走访了北京、四川、青海、甘肃、云南、内蒙古、敦煌等地的各大院校、科研院所和民间藏医，搜集出6000多种30多万叶古籍文献，仅布达拉宫藏医药、天文历算珍藏的收集和整理就耗时近两年，目前整理和修复工作已完成40%。2013年3月，由我主持的《中国藏医药影印古籍珍本》出版项目获国家出版基金1100万元支持，已经出版了30卷，拟在2019年开始陆续出版31—60卷，为藏医药数字资源库的建设奠定了基础。首套30卷自发行以来，引起了国内外藏医药界的巨大反响，相关机构和专家一致认为此套丛书的编纂出版填补了该项空白，也是新中国成立以来在藏医药古籍文献保护开展的最大规模的挖掘整理工作，对藏医药为主的藏族传统文化的传承和发展起到不可估量的作用。国家古籍保护中心、国家中医药管理局等上级部门也对丛书的出版给予了高度评价。为了继续出版《中国藏医药影印古籍珍本》，同时也为了尽可能完整收集古籍文献资料，我们还将继续进行全国性的搜集。从开始到现在我们的总行程已超过 37 000 多公里，已走访收集到的文献中绝大部分为手抄本、珍本、善本和绝本。经深入研究、收集、整理和审校，31—60 卷出版的前期工作已经完成，不久此书将会呈现给广大读者。另外我所同时开展的古籍文献数字化建设项目，已获得了国家项目资金 450 万元，项目于 2019 年 4 月正式启动。

2010 年，西藏藏医学院图书馆里设立了西藏藏医学院非物质文化遗产办公室，院党委再次让我担当重任，我先后组织开展了“藏医药拉萨北派水银洗炼法、藏医药仁青常觉配伍工艺、藏医外治疗法”等 3 项国家级非物质文化遗产名录项目的申报和学院 5 名代表性传承人的申报确认工作，收集整理、出版“西藏非物质文化遗产系列丛书”之一——雪康·索朗达杰专家论文集《歌舞的海洋》一书。

我在以往的工作中也先后被文化部、国家中医药管理局聘为《中华医藏·藏医卷》编纂委员会委员；2007 年 7 月被中国图书馆学会评为 2005—2007 年“中国图书学会优秀会员”；2013 年 11 月，被中国图书馆年会组委会评为“2013 年中国图书馆榜样人物”；2014 年被世界文化艺术研究中心收入《世界优秀专家人才名典》中；2015 年 2 月被中华全国总工会评为“全国五一巾帼标兵”；2016 年 12 月又被评为 2013—2016 年“中国图书馆学会优秀会员”“全区非物质文化遗产普查工作先进个人”等光荣称号。

岁月冉冉，光阴似箭。我也已到了退休年龄，经西藏藏医药大学党委同意让我光荣退休，但我仍将继续为大学的古籍事业努力工作，刻苦、沉着、精进不休！

文化科技深度融合,守正创新生生不息

王学杰

我作为中国图书馆学会理事单位安徽华博胜讯信息科技股份有限公司的创始人,同时也是中国图书馆学会的一名理事,双重身份让我对中国图书馆学会的工作有了更全面的了解和更加深入的认识。

作为公司创始人,我当初是带着热爱文化事业的初心和为全民公众提供知识文化服务的情怀,带领团队投身从事公共文化服务行业。2010 年,公司以公共图书馆的信息化服务为入口,组织团队研发了公共电子阅览室管理系统、数字资源管理服务系统等产品,在安徽省图书馆、江西省图书馆等多家省、市、区县级图书馆使用,获得了客户的一致好评。2013 年中国图书馆学会在安徽省图书馆召开行业会议,华博胜讯作为安徽省文化科技融合企业的代表参与了此次会议,并有幸和中国图书馆学会的领导、专家进行了交流。在交流中发现,中国图书馆学会作为我国图书馆界的全国性社会组织,是党和政府联系图书馆工作者的桥梁和纽带,特别在行业研究、行业引领等方面具有非常大的优势。而我们企业,长期从事文化行业的产品技术研发工作,在技术上有很好的积累,为了更好地为全国图书馆界的用户提供服务,通过进一步的沟通,公司与中国图书馆学会合作为全国会员服务研发一套信息化管理系统。将学会在学术研究、阅读推广、行业协调、国际交流、人才培养、行业年会等业务整合到面向全国会员服务的信息化平台,加强了学会与会员之间的联系对接,提高了工作效率,获得了用户的一致认可。

随着合作的不断深入,企业与学会之间的信任不断增强,公司与中国图书馆学会达成战略合作协议,在平台建设、技术服务、培训咨询等业务方面建立了更加深入的合作关系。企业也迎来了更好的发展机

王学杰,现任中国图书馆学会理事,安徽华博胜讯信息科技股份有限公司总经理,高级工程师。

遇，2014 年 1 月成功登陆新三板，2015 年申请成立国内首家省级智慧公共文化服务工程技术研究中心，当年销售收入突破 1 亿元，这一切成绩的取得与我国图书馆事业发展是密不可分的，同时也很荣幸能有机会和中国图书馆学会一起为行业的发展做出贡献。

而作为一名理事，能够有机会深入参与到文化事业大发展的浪潮中，要从与学会合作完成第六次全国县级以上公共图书馆评估定级工作说起。中国图书馆学会作为行业创新型学会，在政府职能转变的大背景下，承接原文化部下达的第六次全国县级以上公共图书馆评估定级工作，组织行业专家制定第六次全国县级以上公共图书馆评估定级标准和定级必备条件，华博胜讯凭借信息化大平台开发能力承接评估定级平台研发和运营工作，在各地文化行政部门的精心组织和各级公共图书馆的共同努力下，全国约 3000 家图书馆通过评估定级信息化平台完成了填报工作，专家通过平台完成了评分，这也是评估定级工作首次采用信息化方式完成，整体评估工作已于 2018 年 8 月圆满完成。在这场历时四年多的合作过程中，充分感受到了学会人为行业发展付出的艰辛，也感受到了各个会员对于工作的认真、负责，特别是图书馆人对于职业的坚守、对事业的热情、对工作的动力。在深入合作的基础上，我带领团队成员不断积极创新，开展更多的新产品研发工作，也积累了更多的核心技术和发明专利。2018 年 5 月，中国图书馆年会——中国图书馆学会年会 · 中国图书馆展览会在廊坊召开，华博胜讯携公共文化云平台、智慧图书馆云平台、公共文化评估监管大数据平台、智能共享书柜、O2O 运营服务外包、VR 绘本馆等产品参展，为公共文化行业赋能。

岁月不居，时间如流。转眼之间，我们共同迎来了中国图书馆学会成立四十周年的日子，四十年风雨兼程，学会坚守初心，恪守正道，充分发挥党和政府联系图书馆工作者的桥梁和纽带作用，引导行业全面落实科学发展观和新时代中国特色社会主义思想，推动图书馆事业蓬勃发展；四十年春华秋实，学会坚持科学发展，创新引领，加强文化与科技融合，丰富知识传播方式和渠道，提高全民综合文化素质，助力建设学习型社会；四十年励精图治，学会在组织建设、学术交流、全民阅读、编译出版、对外交流等领域硕果累累，培养了一批又一批专业人才，树立了一个又一个先进的行业标杆，不仅丰富了文化业态形式，同时也满足了人们多样化的文化需求。

法国著名作家福楼拜说：科学与艺术在山脚下分手，在山顶上汇合。今天，人们对于文化消费产品不仅追求良好的体验感、交互性和场景化，更提出了极致化、个性化、审美化的需求，文化与科技深度融合变得日益重要。未来，我们将与学会一起，继续聚焦公共文化行业，以“平台+运营”为经营理念，以“赋能+共享”为核心价值观，建立了“用科技提升文化，用文化丰富我们的生活”为发展愿景的企业文化，致力于成为优秀的城市文化运营服务商，为公共文化服务行业提供更加优质的产品与服务。

缘起图书馆

吴文智

日子匆匆，岁月悠悠，总有些记忆留在生命深处，成为人生的重要标记。2015 年 12 月 16 日对于我来说，是个值得标注的日子。这一天，2015 年中国图书馆年会开幕式在广州白云国际会议中心世纪大会堂隆重举行。当进行到"2015 年中国图书馆榜样人物"颁奖仪式时，我走上台，面对来自全国各地图书馆界的领导和老师，从颁奖嘉宾手中接过"2015 年中国图书馆榜样人物"奖杯时，心情无比激动，几近哽咽。奖杯捧在手中，感恩溢满心胸，我能获得这项殊荣，首先要感谢中国图书馆学会和福建省文化和旅游厅、福建省图书馆学会领导的关心和厚爱，正是有这些领导的大力支持和推荐，我才能站上这个领奖台。这个沉甸甸的奖杯，与其说属于我个人的荣誉，倒不如说属于广大基层图书馆工作者们，是他们用默默无闻的匠人品格，打造出这个奖杯的无上价值。

惦念过去，踏上岗位

站在荣耀的舞台上，总是让人想念过去。我出生于 20 世纪 70 年代末，从小在农村长大。在我 4 个月大的时候，左小腿患上骨膜炎，因没有得到及时治疗，导致残疾，行走不便。让我排解抑郁之情，忘却身心烦恼的地方，就是班级里的图书角。中学时，学校里的图书馆只对老师开放，对我来说是个神秘又向往的地方。我真正与图书馆结缘是在 1997 年的高考。我因左脚残疾，很多专业不能填报，但幸运的是，我顺利地被福建师范大学图书馆学专业录取。

吴文智，中国图书馆学会会员，现任福建省南靖县图书馆馆长。

2002 年 2 月大学毕业,我回到母校南靖二中,担任学校图书馆的临时管理员。当时的二中图书馆依然只是对老师开放,9 月开学后,我向校方建议:扩大借阅权限,成功将借阅图书的权限从老师扩大到全校师生;增加服务时长,每周累计增加 4 个半小时。这些举措受到学生的热烈欢迎,即便是午休时间,200 平方米的图书馆依旧挤满了学生,也让我更加坚定了扎根图书馆事业的决心。2005 年 5 月,我来到南靖县图书馆工作。县图书馆大楼是新加坡华侨张庆重先生捐资兴建的,1996 年 6 月正式对外开放,建筑面积 4185 平方米。我到馆不久,馆里由手工登记转向启用 ILAS 图书馆自动化管理系统进行图书著录、查询和借阅登记,从此南靖县图书馆迈进新的发展阶段。2008 年 4 月,我由一名普通工作人员直接被任命为图书馆馆长。在全馆只有 5 名工作人员的情况下,图书馆实行 365 天全年开放制度,周末及节假日照常开放;图书馆基本服务全部向社会公众免费开放;积极举办各类亲子阅读、电子资源阅读推广、少儿诗词阅读推广、送书下乡等活动;在学校、乡镇文化中心、社区居委会、县消防大队等地设立图书流通点,让更多群众享受到文化惠民成果。2010 年 7 月,在县政府大力支持下,南靖县图书馆进行了大规模改造,并于年底完成,改造后的县图书馆实行大开间流通模式,读者可以快捷直观地查阅自己喜爱的图书。2014 年 9 月,在省图书馆的指导下,我主持开展全县宗祠文化普查,组织有关人员深入到全县 183 个行政村获取第一手资料,用 3 个月时间完成全县 628 座宗祠原始数据的收集、登记和录入工作。功夫不负有心人,2013 年 5 月,在第五次全国县级以上公共图书馆评估定级活动中,南靖县图书馆取得的成绩得到上级领导的肯定和认可,被评为“一级图书馆”。

锐意进取,紧跟时代

到县图书馆工作以后,我接触到更多新的专业技术和先进服务理念,深刻意识到以前书本上所学的知识适应不了图书馆事业日新月异的发展。为了尽快提高工作能力和服务水平,我抓住每一个能向图书馆同人学习和交流的机会,积极参加中国图书馆学会和省图书馆学会的学术年会及培训班,不断补充和完善自身的知识结构。为此,我先后参加了2008年9月在福州举办的共享工程县级支中心培训班、2010年1月在福州举办的全省图书馆馆长岗位培训班、2012年9月在浙江杭州举办的文化部县级图书馆业务骨干培训班、2015年8月在北京举办的全国基层文化队伍示范性培训福建省公共数字文化建设培训班等。

在参加培训学习的同时，我还认真完成中国图书馆学会和省图书馆学会布置的工作和活动安排。近年来，中国图书馆学会和省图书馆学会为弘扬优秀传统文化，促进全民阅读深入基层，组织了内容多样的展览和阅读推广活动。南靖县图书馆结合实际，分别承办了多场由中国图书馆学会主办、全国公共图书馆联合承办的展览活动，主要有2011年3月的读书乐摄影作品展、2013年2月的中国古代书籍史展览、2016年2月的“同筑中国梦　共度书香年”楹联文化展、2016年6月的“我与中华古籍”创客大赛作品展、2018年2月的年俗文化展、2019年1月的“品书香、赏年俗”楹联文化展等。

播种希望，收获认可

正是有中国图书馆学会、省图书馆学会和各地图书馆同人的关心与厚爱，我在基层图书馆平凡的工作岗位上努力践行“全心全意为读者服务”的宗旨，并不断成长进步。近年来，南靖县图书馆也取得了长足的发展，获得由文化部、福建省、漳州市等颁发的各大奖项，奖项涵盖共享工程、阅读推广、科普基地、文明单位等，给予我们最大的鼓励与肯定。

此外值得一提的是，2017年1月，文化部开展第六次全国县级以上公共图书馆评估定级工作，评估标准的各项指标比第五次评估定级时有大幅度提高。因南靖县图书馆建筑面积仅4000平方米出头，未建设新馆，年财政拨款总额也保持在100万元左右，与“一级图书馆”要求的馆舍建筑面积6000平方米和年财政拨款总额160万元还有较大差距，因此由“一级图书馆”降为“三级图书馆”。等级降下来了，但我们为读者服务的宗旨没有变，为读者提供优秀文化成果和推广全民阅读的信心和决心不能降也不会降。2018年，我馆共举办各类展览6场，亲子阅读公益讲座5场；“迎新春”赠送春联活动已连续举办3年；“小书馆读书会”从2018年10月第一期开始，目前已举办5期。今年在现有8个基层图书流通点的基础上，又启动图书馆分馆建设项目，计划到2020年建成2—3个图书馆分馆。

细数时光，今年正值中国图书馆学会成立40周年，也是我从事图书馆工作17周年。回顾我的成长历程，每一步都离不开各级领导、图书馆学会以及众多图书馆同人的关心帮助。在今后的岁月里，我将不忘初心，继续发扬奉献精神，勤勤恳恳、踏踏实实，做好平凡而又神圣的图书馆工作，让全民阅读深入到全县城乡基层，让广大群众享受到更实惠的文化惠民成果，开创我县图书馆事业更加美好的明天。